Gero Lomnitz

Multiprojektmanagement

REDLINE WIRTSCHAFT

Gero Lomnitz

Multiprojektmanagement

Projekte erfolgreich planen, vernetzen und steuern

REDLINE WIRTSCHAFT

Gero Lomnitz
Multiprojektmanagement
Projekte erfolgreich planen, vernetzen und steuern
Frankfurt: Redline Wirtschaft, 2004
ISBN 3-636-03015-9

Unsere Web-Adresse:

http://www.redline-wirtschaft.de

Umschlag: INIT, Büro für Gestaltung, Bielefeld
Copyright © 2004 by Redline Wirtschaft, Redline GmbH, Frankfurt/M. Ein Unternehmen der Süddeutscher Verlag Hüthig Fachinformationen
Satz: Fotosatz Amann, Aichstetten
Druck: Himmer, Augsburg
Bindung: Thomas, Augsburg
Printed in Germany 03015/090401

Inhaltsverzeichnis

Angaben zum Autor

Gero Lomnitz ist geschäftsführender Partner des IPO in Köln. Seit 1976 ist er als Berater und Trainer für zahlreiche Firmen im In- und Ausland tätig. Dabei handelt es sich überwiegend um Industrie- und Dienstleistungsunternehmen, aber auch um öffentliche Institutionen.

Die Bereiche Projektmanagement, Beratung von Veränderungsprozessen, Konfliktmanagement, Commitment in Organisationen, Teamentwicklung und Coaching bilden den Schwerpunkt seiner Arbeit. Zu den Themen Organisationsentwicklung, Projektmanagement und Führung hat er zahlreiche Beiträge publiziert und ist darüber hinaus Koautor des Buchs „Projektleiter-Praxis".

Kontaktadresse:

IPO Köln
Institut für praktische Psychologie und Organisationsberatung
Beratung · Training · Coaching
Gero Lomnitz · Dipl. Volksw. soz. wiss. R.
Kinkelstraße 14 · 50935 Köln
Fon: 0221/4302016 · Fax: 0221/9439917
E-Mail: ipo-lomnitz@t-online.de
www.ipo-koeln.de

Vorwort zur zweiten Auflage

Immer mehr Unternehmen erkennen, dass erfolgreiche Projektarbeit nur möglich ist, wenn das System Projektelandschaft in seiner Gesamtheit geplant und gesteuert wird. Anders lassen sich die Prioritätenprobleme in der Regel nicht lösen. Multiprojektmanagement (MpM) ist ein zentraler Erfolgsfaktor für die Projektarbeit. Die Praxis verlangt Antworten auf folgende Fragen: Wie kommen die richtigen Projekte in das Projektportfolio? Wie können die Abhängigkeiten zwischen den Projekten koordiniert werden? Wie werden die Kapazitäten in der Projektelandschaft geplant? Welche Grundlagen müssen bestehen, um Multiprojektmanagement wirkungsvoll einzuführen? Das Buch versucht, Antworten zu bieten.

Die zweite Auflage unterscheidet sich in einem Punkt erheblich von der ersten Auflage: Ich habe mich entschieden, die Thematik der IT-Tools herauszunehmen, weil aufgrund der technologischen Entwicklung die Aktualität nicht gewährleistet werden kann. Hinzugekommen sind drei Beiträge aus der Unternehmenspraxis. Bei der Auswahl habe ich sehr genau darauf geachtet, dass nur Unternehmen zu Wort kommen, in denen das Multiprojektmanagement wirklich lebt. Sie können also beruhigt davon ausgehen, dass Sie keine Potemkin'schen Dörfer finden. Dr. Peter Bette beschreibt das Multiprojektmanagement in der Entwicklung von Arzneimitteln bei Boehringer Ingelheim. Herbert Benz und Bruno Güntlisberger erläutern das Portfolio-Management der Graubündner Kantonalbank. Martin R. Sedlmayer stellt das Multiprojektmanagement der Schweizerischen Mobiliar Versicherungsgesellschaft vor. Alle Beiträge bieten dem Leser konkrete Anhaltspunkte, wie Multiprojektmanagement in der Praxis funktioniert. Besonders interessant erscheint mir die hohe Übereinstimmung in der Bewertung der Erfolgsfaktoren für MpM. Ich möchte allen Autoren für ihr Engagement sehr herzlich danken. Durch ihre Beiträge tragen sie wesentlich zur Attraktivität der zweiten Auflage bei.

Stefan Krahm gilt weiterhin mein Dank für die Unterstützung bei der Ausarbeitung des 3. und 4. Kapitels.
Mein besonderer Dank gilt meiner Assistentin Jeanette Baer, die in mühevoller Kleinarbeit die Produktion der neuen Auflage ermöglicht hat.

Im Vorwort zur ersten Auflage hatte ich die Hoffnung geäußert, dass mein Buch dem Praktiker hilft, Multiprojektmanagement einzuführen bzw. weiterzuentwickeln. Die Resonanz aus der Praxis zeigt, dass mein Wunsch in einer Reihe von Fällen in Erfüllung gegangen ist. Ich wünsche mir, dass die neue Auflage auch weiterhin dazu beiträgt, Multiprojektmanagement einzuführen bzw. weiterzuentwickeln.

Ich bin sehr daran interessiert, welche Erfahrungen Sie als Leser mit Multiprojektmanagement gemacht haben, und lade Sie auf diesem Wege www.ipo-lomnitz.de zum Gedankenaustausch ein.

Köln, August 2004   Gero Lomnitz

Kapitel 1

Multiprojektmanagement – Bedeutung, Ziele und Kernfragen

Die Projektelandschaft muss geplant und gesteuert werden

Multiprojektmanagement – ich benutze auch die Kurzform MpM – ist mittlerweile zum geläufigen Begriff im Projektmanagement und in der allgemeinen Managementlehre geworden. Die Gründe liegen auf der Hand, denn die Vielzahl und die Komplexität der einzelnen Projekte und deren wechselseitige Abhängigkeiten in der Projektelandschaft der Unternehmen haben in den letzten Jahren stark zugenommen.

Immer stärker, wird bedingt durch die Globalisierung, der Faktor Internationalität der Projektarbeit in den Unternehmen. Über Ländergrenzen hinweg werden IT-Systeme eingeführt und Produkte entwickelt. Die Projektelandschaft ist in zahlreichen Unternehmen längst international, multikulturell und wird somit in erheblichem Maße durch Virtualität beeinflusst. Das schafft neue Spannungsfelder zwischen lokalen und internationalen Projekten. Für das Multiprojektmanagement ergeben sich dadurch neue organisatorische und politische Herausforderungen, um die Übersicht über die Projektelandschaft zu erreichen. Ich möchte hier nur auf die Bedeutung des Informationsflusses für ein gut funktionierendes MpM hinweisen.

In Unternehmen ab einer gewissen Größenordnung gehören Projekte einfach zum Alltag. Das trifft nicht nur für die großen Finanzdienstleistungs-, Pharma-, Bau-, IT- und Automobilkonzerne zu, sondern auch Krankenhäuser, Spezialmaschinenbauer oder größere PR-Agenturen führen ständig Projekte durch. Bei aller Unterschiedlichkeit in den einzelnen Branchen und Projekten stehen alle Projektbeteiligten vor der gleichen Aufgabe: Die einzelnen Projekte müssen realistisch geplant, klar gesteuert und qualifiziert kontrolliert werden. Die Verantwortung für diese Aufgaben liegt grundsätzlich beim Projektleiter, beim Auftraggeber und bei den Mitgliedern des Lenkungsausschusses des jeweiligen Projektes. Daneben sind in zahlreichen Unternehmen noch andere Stellen wie das Qualitätsmanagement, das Finanzcontrolling, Reviewboards oder die Revision beteiligt.

In der Praxis bedeutet Projektmanagement in der Regel Kampf um knappe

Ressourcen und Umgang mit Druck: Projekte zur Prozessoptimierung, komplexe IT-Projekte oder die zahlreichen gleichzeitig laufenden Produktentwicklungs- und Marketingprojekte in einem Unternehmen, sie alle benötigen möglichst qualifizierte Mitarbeiter, die auch in ausreichendem Maße zeitlich zur Verfügung stehen müssen. Projektarbeit findet unter erheblichem Zeitdruck statt, der durch die inhaltliche Komplexität des Projektes, durch politisch geprägte Entscheidungen oder durch die sich ständig ändernden gesetzlichen Rahmenbedingungen exponentiell steigt. Die Projektbudgets sind teilweise gewaltig und die überschrittenen Budgets noch gewaltiger. Aus all diesen Gründen ist es menschlich und organisatorisch verständlich, dass jedes einzelne Projekt bestrebt ist, endlich fertig zu werden. Projektleiter und Auftraggeber verfolgen ihre Ziele, jeder versucht, für „sein" Projekt die besten Mitarbeiter (die auch noch Zeit haben), ein optimales Budget oder die notwendigen IT-Ressourcen zu bekommen. Häufig lautet die Devise: Augen zu und durch. Nur nicht nach rechts oder links schauen, denn dadurch könnten zusätzliche Komplikationen auftreten und das Projekt ist inhaltlich schon schwierig genug und die zeitliche Belastung erheblich. Der Preis dafür ist allen bekannt: Auf diese Weise geht die Übersicht über das Ganze verloren bzw. sie entsteht erst gar nicht. Nicht mein Bier, sondern dein Bier – auch ein Weg, um gemeinsam zu verdursten.

Bei gleichzeitiger Durchführung mehrerer großer, komplexer Projekte wird sehr schnell deutlich, dass häufig weder die Organisation noch die Führungskräfte des Unternehmens ausreichend auf die übergreifende Steuerung von Projekten vorbereitet sind. Durch die Vielzahl und die Komplexität der Projekte sowie durch die Abhängigkeiten zwischen den Projekten entsteht ein permanenter Koordinierungsbedarf, denn

▽ die inhaltlichen Abhängigkeiten zwischen einzelnen Projekten müssen erkannt und gesteuert werden,
▽ die Aufteilung der Mitarbeiter sowie der technischen und finanziellen Ressourcen auf die einzelnen Projekte muss so geplant und ausbalanciert werden, dass ein Gesamtoptimum für das Unternehmen erreicht wird,
▽ das Unternehmen benötigt Vorgehensweisen und Spielregeln, um diese teilweise äußerst schwierigen Aufgaben zu bewältigen. Die Standards, Methoden und Tools müssen nicht nur definiert bzw. gekauft, sondern auch gelebt und angewandt werden.

Mit anderen Worten: Um die Vielzahl der Projekte zu steuern, benötigen die Unternehmen die Stelle Multiprojektmanagement mit sachlich richtig definierten Aufgaben und einer klaren Verantwortung mit den entsprechenden Kompetenzen. Letzteres umfasst natürlich nicht nur die Entscheidungskompetenzen, sondern auch die qualifikatorische Kompetenz. Standards, Methoden und Instrumente müssen verbindlich eingeführt werden, um die Projektelandschaft zu planen und zu koordinieren. Der Multiprojektmanager betrachtet alle Projekte des Portfolios wie ein Landschaftsgärtner, der die einzelnen Gebiete der Landschaft in seine Arbeit einbeziehen muss. Dazu gehört vor allem, die verschiedenen Aktivitäten der einzelnen Gärtner zu planen, zu steuern und zu koordinieren. Er muss dafür sorgen, dass sich die einzelnen Anpflanzungen im besten Fall gegenseitig bereichern, zumindest nicht behindern und sich auf keinen Fall gegenseitig ersticken. Seine Aufgabe ist, die Information und Kommunikation zwischen den Gärtnern herzustellen. Er muss die Widersprüche und die Blokkaden, die durch unrealistische oder unklare Vorgaben der Landschaftsbesitzer entstehen, sammeln und kommunizieren, um eine Klärung zu erreichen.

Für wen habe ich dieses Buch geschrieben?

In erster Linie habe ich es für diejenigen geschrieben, die sich bereits mit dem Management von Einzelprojekten beschäftigt haben und sich jetzt mit der Koordination vieler Projekte – dem Management der Projektelandschaft – auseinander setzen möchten.

▼ Zur Zielgruppe gehören Projektkoordinatoren, Projektcontroller, Projektportfolio-Manager, Multiprojektmanager, Projektleiter, interne und externe Berater oder Qualitätsmanager, die sich in ihrer Praxis auch mit der Optimierung des Projektmanagement-Prozesses beschäftigen.

▼ Ich spreche auch die Leiter von Großprojekten an, die in manchen Unternehmen Programm-Manager genannt werden. Viele Themen des MpM sind auch für das Programm-Management relevant, denn sowohl der Multiprojekt- als auch der Programm-Manager muss sich ständig mit Komplexität auseinander setzen. Multiprojektmanagement und Programm-Management werden in Theorie und Praxis oft begrifflich gleichgesetzt. Ich habe mich für eine Differenzierung der Begriffe entschieden und gehe darauf im ersten und zweiten Kapitel ein. Ich möchte aber klarstellen, dass dieses Buch sich nicht primär mit dem Thema Programm-Management beschäftigt, sondern dieses Gebiet streift.

▼ Die Entscheidungsträger der Unternehmen, Geschäftsführer oder Vorstände, Mitglieder von Projektportfolio-Boards, IT-Leiter oder die Verantwortlichen von Forschungs- und Entwicklungsbereichen zähle ich aus gutem Grund ebenfalls zu den potenziellen Lesern. MpM steht und fällt nämlich mit der richtigen organisatorischen Anbindung und der eindeutigen Rückendeckung durch das obere Management.

▽ Zukünftige Multiprojektmanager, Trainees und Studenten können durch dieses Buch bereits ein wenig in die Praxis hineinschnuppern und ein Gespür dafür entwickeln, was hinter diesem Thema steckt und wie herausfordernd und spannend diese Aufgabe ist.

Praxisprobleme und Praxisfragen

Seit über 20 Jahren beschäftige ich mich als Berater, Trainer und Coach mit Projektmanagement. Immer wieder werden ähnliche Probleme und Fragen aus der Praxis des Multiprojektmanagements genannt. Die folgenden Problemschilderungen sind ein repräsentativer Querschnitt:

▽ „Es gibt einfach zu viele Projekte in unserem Unternehmen, die gleichzeitig realisiert werden sollen. Wie können wir das Spannungsfeld zwischen Marktdruck und interner Machbarkeit der Projektabwicklung in den Griff bekommen? Geht das überhaupt oder müssen wir mit diesem Zielkonflikt leben?"
„Welche Möglichkeiten gibt es, um die Prioritäten der Projekte zu bewerten?"
„Unterschiedliche Strömungen im Konzern führen zu inkonsequenten Strategien, Flickwerk verdrängt bei uns zu häufig strategisch orientierte Projektentscheidungen – was tun?"

▽ „Einzelne Projekte sind inhaltlich, zeitlich und personell nicht gründlich genug abgestimmt. Dadurch starten Projekte mit unklaren oder widersprüchlichen Prioritäten: Das Projekt hat höchste Priorität und keiner hat Zeit. Zu oft werden unrealistische Terminvorgaben mit entsprechend politischem Hintergrund gemacht. Was kann ich in meiner Funktion als Multiprojektmanager unternehmen, damit nicht mehr eingeplant wird, als durchführbar ist?"

▽ Der horizontale Blick auf die Projekte fehlt in vielen Unternehmen. Die Abhängigkeiten zwischen den Projekten werden zu spät erkannt. Die Abstimmung und Vernetzung zwischen den Projekten in den Projektverläufen ist zu schwach. „Wie behalte ich bei den sechs bis acht großen und den vielen kleineren R&D-Projekten den Überblick? Aus der Neuartigkeit ergibt sich ein ständiger Abstimmungsbedarf hinsichtlich der Ziele, der Technologie, der Methodik und nicht zuletzt der Ressourcenplanung. Welche Methoden für die Planung und Kontrolle sowie für das Aufzeigen von Abhängigkeiten können Sie uns empfehlen?"

▽ „Es gibt kein Riskmanagement für neue Projekte, nicht einmal für die Großprojekte. Gehört das Riskmanagement zu den Aufgaben des Multiprojektmanagers? Wenn ja, wie baut er ein qualifiziertes Riskmanagement für die Projekte und für das Projektportfolio auf?"

▼ Die Transparenz über den Fortschritt der einzelnen Projekte fehlt. „Auch die Gesamtprojektleiter einzelner Großprojekte in unserer Firma haben den Überblick über die aktuelle Situation verloren. Was tun, wenn Projekte aus dem Ruder laufen und andere Projekte dadurch gefährdet sind?"

▼ Die Projekte konkurrieren um interne und um die externen Mitarbeiter, die bereits im Unternehmen tätig sind und mittlerweile die Abläufe gut kennen. „Wie können die knappen Ressourcen am besten koordiniert werden?"

▼ Der Einfluss von externen Beratern auf die Projekte ist in vielen Unternehmen erheblich, die Abhängigkeit von externen Mitarbeitern ist gerade in IT-Projekten unangemessen hoch. Leider werden Externe nicht richtig koordiniert und in manchen Projekten auch nicht richtig eingewiesen. Es fehlen Standards für die Zusammenarbeit. „Was kann MpM tun, um eine gute Basis für die Zusammenarbeit mit externen Partnern zu erreichen?"

▼ Moving targets – was tun? „Bei uns wird grundsätzlich mehr geplant, als wir leisten können. Das Schieben und Verlängern von Projekten gehört in dieser Firma zur Tagesordnung. Leider geht das auch manchmal auf Kosten der Qualität. Wie können wir die gesetzten Ziele mit den vereinbarten Prioritäten besser erreichen? Wie werden die Auswirkungen von Ziel- und Zeitveränderungen auf die Projektelandschaft erfasst? Wie können wir Auswirkungen von Zieländerungen im Projekt A auf das Projekt B und die daraus resultierenden Probleme für das Projekt C transparent machen?"

▼ Die Analyse in einem mittelständischem Unternehmen ergab, dass die Projektleiter und Teilprojektleiter sich wenig Zeit nehmen, um ihre Projekte richtig zu planen. „Man muss bei uns pragmatisch handeln und da kann man nicht lange planen wie in den Großkonzernen, am besten direkt anfangen und schauen, dass die Ergebnisse kommen." Der für die Projektkoordination zuständige Mitarbeiter fragte: „Wie kann ich es schaffen, einen möglichst einfachen, systematischen Planungsprozess einzuführen, der nicht zu ‚schwerfällig' ist und dann mit Sicherheit von den Führungskräften der Linie und den Projektleitern abgelehnt wird? Dann haben wir ‚Schrankware' und keine ‚Orgware'.
In diesem Zusammenhang wird auch immer wieder nach einem Projektmanagement-Tool gesucht, das wirklich durchgängig und doch schlank Termin- und Kapazitätsplanung inklusive Plan-Ist-Vergleich und Restaufwandschätzung ermöglicht, und das Ganze auf Multiprojektebene.

▼ „In unserem Konzern haben die verschiedenen Organisationseinheiten immer noch unterschiedliche Berichtswesen. Das gilt nicht nur für die Ressorts, sondern auch für einzelne Projekte. Dadurch entstehen inhaltliche und zeitliche Probleme sowie zwischenmenschliche Konflikte, es kommt ständig zu end- und auch fruchtlosen Abstimmungsgesprächen. Auf diese Weise wird die Übersicht über die Projektelandschaft faktisch verhindert.

Wir benötigen kontinuierliche und aussagekräftige Informationen in einem einheitlichen und möglichst schmalen Berichtswesen. Dagegen sperren sich bei uns manche Herren. Was können wir als Verantwortliche für das Multiprojektmanagement tun, um diesen Zustand zu verbessern?"

▼ Das Ressortdenken erschwert die Projektarbeit erheblich, die Koordination der verschiedenen Projekte stößt auf Widerstände. Einzelne Vorstände, Bereichsleiter oder Projektleiter lassen sich nicht gerne in die Karten schauen. Projektleiter entwickeln eine Scheuklappenmentalität, um sich vor zusätzlichen Belastungen zu schützen – auf Kosten des Gesamtsystems. Gemeinsame Aufgaben und Verantwortung werden nicht wahrgenommen.

▼ Die Organisationseinheit Multiprojektmanagement ist nicht immer organisatorisch richtig eingebunden, der Multiprojektmanager hat zu wenig Kontakt zur Geschäftsleitung, was sowohl strukturelle als auch persönliche Gründe haben kann. Die Eskalations- und Entscheidungsprozesse sind sehr lang, zu viele Hierarchiestufen müssen überwunden werden.

Die Rolle des Multiprojektmanagers im Unternehmen ist unklar beschrieben oder sie wird unterschiedlich interpretiert. Von manchen wird er als Oberprojektleiter gesehen, der für alle Projekte zeitlich, budgetmäßig oder gar inhaltlich verantwortlich ist. Einige Multiprojektmanager mögen sich in dieser Rolle sogar gefallen, wobei das Risiko der fachlichen, zeitlichen und nervlichen Überforderung extrem hoch ist. Was muss ich als Multiprojektmanager gegenüber den Projektleitern beachten, um nicht in deren originäre Aufgaben einzugreifen? Was gehört in den Aufgabenbereich der einzelnen Projektleiter und was in das Multiprojektmanagement?

In anderen Unternehmen werden die Multiprojektmanager als die Schnüffler der Unternehmensleitung mit Argwohn betrachtet. Wie kann der Multiprojektmanager das notwendige Vertrauen aufbauen? In manchen Unternehmen sind die Schnittstellen zum Controlling oder zur Qualitätssicherung nicht klar herausgearbeitet worden. Auch dadurch wird die Arbeit des MpM erschwert.

▼ Bruchstellen sind Fundstellen, das MpM hat auch die Aufgabe, die Projektarbeit kontinuierlich zu verbessern. Doch die Realität sieht manchmal ganz anders aus: Projekte werden nicht richtig ausgewertet – lieber „Schwamm drüber". Die Praxisfrage für das MpM lautet: Wie können die Erfahrungen aus den einzelnen Projekten für neue Projekte genutzt werden? Welche Lernchancen für Personen, Teams und die Organisation bieten erkannte Fehler? Werden die Erfahrungen im Sinne des Wissensmanagements systematisch verarbeitet und genutzt?

▼ Mangelnde fachliche, methodische und soziale Kompetenz der Projektleiter gefährdet nicht nur das einzelne Projekt, sondern dadurch wird auch die Projektelandschaft erheblich belastet. „Gehört es zu meinen Aufgaben als

Multiprojektmanager, Qualifikationsmaßnahmen für die Projektleiter durchzuführen? Leider gibt es in unserem Unternehmen ein ärgerliches Kompetenzgerangel mit den Personalentwicklern." Meine Empfehlung zu diesem Thema lautet: Der Multiprojektmanager muss einen wesentlichen Beitrag zur Professionalisierung der Projektleiter, Teilprojektleiter und Projektmitarbeiter leisten – und das in enger Zusammenarbeit mit der Personalentwicklung und den Linienvorgesetzten.

▼ Was muss beachtet werden, damit Multiprojektmanagement nicht nur Theorie bleibt? „Wir haben eine fantastische Projektkultur, aber nur in den Sonntagsreden. Klare Rollenbeschreibungen, Standards, Methoden und Tools, das haben wir alles, teils selbst entwickelt, teils gekauft. Doch auch heute noch, nachdem wir uns zwei Jahre mit diesem Thema beschäftigt haben und die Voraussetzungen für die Projektarbeit entwickelt worden sind, funktioniert es immer noch nicht richtig. Wie können wir MpM am besten einführen, welche Schritte sind sinnvoll? Wie erreichen wir Akzeptanz bei den Projektleitern und die notwendige Rückendeckung der Unternehmensleitung?" Diese Fragen müssen beantwortet werden, wenn Multiprojektmanagement dauerhaft leben soll.

Um diese Probleme zu lösen, benötigen die Unternehmen ein professionelles Multiprojektmanagement, wobei es auf die folgenden Kernpunkte ankommt:

▼ Der Multiprojektmanager muss das Gesamtsystem der Projekte beachten und den Entscheidungsträgern sowie den einzelnen Projektleitern regelmäßig einen Überblick über den Zustand der Projekte geben.

▼ Der Status der Einzelprojekte wird in intensiver Zusammenarbeit mit den Projektleitern diskutiert und abhängig vom Selbstverständnis und der daraus resultierenden Aufgabenbeschreibung des Multiprojektmanagements genauer unter die Lupe genommen. Es gilt, den Grad der inhaltlichen und zeitlichen Zielerreichung der einzelnen Projekte sowie den Zustand der Projektbudgets zu erfassen, um die Auswirkungen von Abweichungen auf andere Projekte und auf die Linienorganisation transparent zu machen.

▼ MpM muss dafür sorgen, dass rechtzeitig über die notwendigen Anpassungen in der Projektelandschaft entschieden wird. Dabei kommt es ganz entscheidend auf die Erwartungen an das Multiprojektmanagement an.
Die Entscheidungen über Änderungen im Projektportfolio trifft die Unternehmensleitung oder das Portfolio-Board und nicht der Multiprojektmanager. Er bereitet vor und hat durch die Sammlung und Aufbereitung der Informationen einen erheblichen Einfluss auf den Entscheidungsprozess.

▼ Die Informationen aus den einzelnen Projekten können nur aufbereitet werden, wenn sie dem MpM auch vorliegen. Diese Aussage ist sicher trivial, doch trifft sie einen wunden Punkt in vielen Unternehmen. Notwendige Informationen werden nicht immer geliefert bzw. nicht rechtzeitig oder unvollständig. Der Multiprojektmanager muss deshalb auch der Initiator und Wächter von Standards, Methoden und Tools sein. Er muss die infrastrukturellen Grundlagen für das MpM schaffen und weiterentwickeln.

▼ Ich sehe den Multiprojektmanager auch als den Berater für die einzelnen Projekte, für die Projektteams, die Projektleiter und für die Entscheidungsträger wie Auftraggeber und Steering Committees.

▼ Nicht zuletzt sollte der Multiprojektmanager in regelmäßigen Abständen – ich empfehle einmal jährlich – allen Projektbeteiligten einen Lagebericht zur Situation des Projektmanagements im Unternehmen bieten und Verbesserungsprozesse initiieren. Diese Aufgabe kann er nur gemeinsam mit den Projektbeteiligten durchführen.

Ziele des Buches

Die geschilderten Praxisprobleme sind keine Ausreißer, nicht die „exotischen Härtefälle", sondern sie geben aus meiner Sicht einen guten Überblick zur Situation der Projektarbeit im Allgemeinen und zur Praxis des Multiprojektmanagements im Besonderen. Ich möchte Orientierung, Impulse und konkrete Antworten auf die oben genannten Themen bieten. Es ist sicher kein reines Rezeptbuch, in dem Sie überwiegend Methoden, Workflows und Checklisten finden. Doch keine Sorge, Sie finden auch Checklisten und Grafiken. Es sollen Grundlagen zum Verständnis des Multiprojektmanagements geboten werden. Der gut informierte Leser wird das eine oder andere Thema kennen. Über die Rollen wird er bereits in diversen Beiträgen zu Aufbauorganisation und Rollen in Organisationen gelesen haben. Planung und Reporting sowie Projektmanagement-Tools gehören zu den grundsätzlichen Gebieten des Projektmanagements und der einschlägigen Literatur. Über die Bedeutung von Werthaltungen und Methoden im Rahmen von organisatorischen Veränderungsprozessen – die Einführung von Multiprojektmanagement ist eine erhebliche Veränderung für das organisatorische und politische Gleichgewicht des Unternehmens – sind einige Meter geschrieben worden. Über Projektmanagement-Tools sind nicht nur zahlreiche Beiträge veröffentlicht worden, sondern beinahe täglich kommen Werbesendungen ins Haus, mal in Papierform, mal als Demo-Version. Der Ansatz des Buches besteht darin, all diese Themen auf Multiprojektmanagement als Führungs-, Organisations- und Arbeitsform auszurichten.

▽ Im Kapitel 1 erläutere ich mein Verständnis von Multiprojektmanagement. Was bedeutet MpM? Der Begriff ist unklar, er wird in der Theorie und in der Praxis unterschiedlich interpretiert. Wie soll die Stelle heißen, falls es eine Stelle ist? Die Bezeichnung allein macht es sicher nicht, aber der Name ist Programm! Die Ziele, Aufgaben und die Reichweite des MpM müssen klar definiert werden, um erfolgreich zu arbeiten. Ist der Leiter eines Groß-projektes ein Multiprojektmanager? Wodurch unterscheidet sich MpM vom Programm-Management? Wann lohnt es sich, MpM einzuführen? Woran muss sich der Multiprojektmanager messen lassen?

▽ Erfolgreiches Projektmanagement erfordert Rollendenken und -handeln. Dies gilt umso mehr für den Multiprojektmanager, will er nicht zwischen die Mühlsteine der unterschiedlichen Interessen und politischen Ströme geraten. Alle Projektbeteiligten müssen wissen, welche Aufgaben und Verantwortung der Multiprojektmanager hat und welche die Projektleiter und die Auftragge-ber der einzelnen Projekte haben. Im zweiten Kapitel stelle ich die aufbau-organisatorischen Grundlagen dar und beantworte Kernfragen zu den Rollen im MpM: Inwieweit ist MpM für den Erfolg des einzelnen Projektes verant-wortlich? Kann und darf diese Verantwortung überhaupt beim Multiprojekt-manager liegen? Welche Stellen gehören zum Netzwerk des Multiprojekt-managers? Wo soll die Stelle MpM am besten organisatorisch angebunden sein? Wie viel Macht braucht der Multiprojektmanager, um die Projektland-schaft wirksam planen und beeinflussen zu können? Welche Entscheidungs-kompetenzen benötigt er? Nun ist Macht nicht nur das, was man darf, son-dern auch das, was man kann. In einem Anforderungsprofil für Multiprojekt-manager werden die verschiedenen Qualifikationsfelder dargestellt.

▽ Multiprojektmanagement wird auch Projektportfolio-Management genannt. Die Projekte müssen qualifiziert geplant und mit geeigneten Bewertungskri-terien ausgewählt werden, damit sie mit der richtigen Priorität im Projekt-portfolio erscheinen. Im Kapitel 3 beschäftige ich mich mit dem Planungs-prozess der Projektelandschaft. Worauf kommt es beim Planungsprozess an? Welche Daten werden für die Planung benötigt und wer muss die Infor-mationen liefern? Nach welchen Kriterien werden die Projekte geordnet und bewertet?

Welche Bedeutung haben die strategischen Ziele für das Projektportfolio-Management? Wie werden Projektportfolios gebildet? Mit welchen Metho-den können die Informationen gewichtet werden, um eine fundiertere Ent-scheidungsgrundlage zu haben? Welche Kernfragen müssen im Rahmen dieses Planungsprozesses gestellt werden? In welchen Abständen müssen die Planungsprozesse laufen? Der Stellenwert des Riskmanagements in den Unternehmen hat zugenommen, nicht nur wegen der gesetzlichen Bestim-mungen. Projekte – vor allem komplexe Projekte mit ihrer Größenordnung und der langen Laufzeit – sind häufig mit hohen Risiken verbunden. Die Risiken aus den einzelnen Projekten müssen im Planungsprozess erkannt und ihre Auswirkungen auf das System Projektelandschaft analysiert und dargestellt werden. Die Bedeutung einer fundierten Risikoanalyse wird deshalb in diesem Kapitel beschrieben. Wie können die Risiken der Projekte und ihre Auswirkungen auf die Projektelandschaft erfasst und dargestellt werden?

▽ Der Multiprojektmanager ist der Navigator der Projektelandschaft. Eine fundierte Standortbestimmung muss durchgeführt und die Informationen müssen in der richtigen Weise kommuniziert werden. Im Kapitel 4 beschäftige ich mich mit dem Reporting im MpM. Es gilt, eine Vielzahl von Daten zu sammeln, zu analysieren und so zu verdichten, dass auf der einen Seite die Zustandsbeschreibung der Projektelandschaft noch verdaubar und auf der anderen Seite nicht so oberflächlich ist, dass es zu Fehlentscheidungen kommt. Dieses Thema erinnert mich immer an die Quadratur des Kreises: Biete mir eine möglichst genaue Information, sodass ich richtig entscheiden kann, aber bitte informiere mich nicht so umfassend, dass ich nichts mehr verstehe. Es geht um einfach zu stellende, aber in der Praxis schwer zu beantwortende Fragen: Welche Informationen über die einzelnen Projekte und die Projektelandschaft benötigt das Top-Management, um Entscheidungen treffen zu können? Welche Informationen benötigen die Projektleiter, um ihren Einfluss auf das Netzwerk der Projekte zu erkennen? Wer muss wann und wie informiert werden? Nicht zuletzt geht es in diesem Kapitel auch um die Frage: Was tun, wenn die Berichte niemand hören will oder die Informationen nicht zu den notwendigen Maßnahmen führen?

▽ Der Multiprojektmanager kann nur dann seine Tätigkeit erfolgreich durchführen, wenn das Ziel, die Aufgaben, die Rollenverteilung und die Vorgehensweise von allen Projektbeteiligten verstanden und akzeptiert werden. Die besten Methoden und Tools nutzen nichts, wenn sich niemand daran hält. Es geht hier um die Gretchenfrage: Will die Unternehmensleitung wirklich wissen, wie es um die gesamte Projektelandschaft steht und ist sie bereit, daraus Konsequenzen zu ziehen? Soll ein starkes Multiprojektmanagement entstehen? Wenn ja, worauf ist zu achten, damit die Einführung erfolgreich läuft? Im 5. Kapitel beschreibe ich Schritte zur erfolgreichen Einführung von Multiprojektmanagement. Welche Grundlagen müssen vorhanden sein? Welche Machtpromotoren benötigt der Multiprojektmanager? Zum Schluss des Kapitels finden Sie einige todsichere Empfehlungen zum Scheitern des Multiprojektmanagements.

▽ In seinem Beitrag „Multiprojektmanagement in der Pharma-Entwicklung bei Boehringer Ingelheim am Standort Biberach" stellt Dr. Peter Bette, Abteilungsleiter Projektmanagement in der Forschung und Entwicklung, das Multiprojektmanagement (MpM) dar. Es geht um das Multiprojektmanagement für die Planung und Steuerung der chemisch-pharmazeutischen und pharmakologisch-toxischen Aspekte von Arzneimittelentwicklungsprojekten. Ausgehend von den Besonderheiten der Entwicklung von Medikamenten werden die Ziele, die Rollen, die Entscheidungsprozesse und der Planungsprozess beschrieben. Der Autor ist als Mitglied des F&E Managements verantwortlich für das Multiprojektmanagement.

▽ Der Beitrag „Steuerungsrelevantes Portfolio-Management in der Graubündner Kantonalbank" bietet dem Leser einen Einblick in das MpM der Graubündner Kantonalbank. Herbert Benz und Bruno Güntlisberger von der Graubündner Kantonalbank (GKB) geben u.a. Antworten auf folgende Fragen:
  • Warum wurde das Projektportfolio-Management eingeführt?
  • Welchen Auftrag hat das Projektportfolio-Management in der GKB?
  • Wie ist das Multiprojektmanagement aufbauorganisatorisch geregelt?
  • Wie wird die Projektelandschaft geplant und gesteuert?
  • Worauf kommt es bei der Einführung von MpM an?

  Herbert Benz ist Fachspezialist Projektportfolio-Management in der Stabsfunktion Portfolio-Management und Leiter Projekt-Office. Bruno Güntlisberger ist Leiter des Portfolio-Managements der GKB und Leiter des Projektmanagement-Pools innerhalb der Bank.

▽ In Martin Sedlmayers Beitrag „Multiprojektmanagement bei der Schweizerischen Mobiliar Versicherungsgesellschaft" werden zunächst die Kernelemente des Einzelprojektmanagements als Basis für das MpM dargestellt. Darauf aufbauend werden die Ziele, die Rollen und die Prozesse des MpM bei der Mobiliar beschrieben. Die zentrale Bedeutung des Business Case für die effektive Planung des Projektportfolios kommt sehr klar zum Ausdruck. Seine kritischen Erfolgsfaktoren für die Einführung des MpM dürften fast für alle Unternehmen gelten. Der Autor baute das Multiprojektmanagement bei der Mobiliar auf und leitet es seit vier Jahren.

Multiprojektmanagement hat viele Namen und mehrere Bedeutungen

Treffen sich „Multiprojektmanager" aus verschiedenen Branchen, Unternehmen und Projektarten auf einer Tagung, so tritt gerade zu Beginn oft Verwirrung auf, weil die Teilnehmer in ihrer Praxis verschiedene Aufgaben sowie ein unterschiedliches Rollenverständnis haben. Kein Wunder, denn in Theorie und Praxis ist die Bezeichnung Multiprojektmanagement bisher weder begrifflich noch inhaltlich eindeutig definiert.

Der Name ist Programm

Für die Stelle des Multiprojektmanagers habe ich in der Praxis und in Publikationen unterschiedliche Bezeichnungen gefunden:
Projektportfolio-Management, Programm-Management, Projektcontrolling, strategisches Projektmanagement, Projektkoordination, Projektleitstand, Multiprojektmanagement, Multiprojekt-Management-Office oder Projektkoordination & Projektberatung. In einigen Unternehmen wird die Stelle schlicht als Projektmanagement oder gar als Oberprojektleitung bezeichnet, wobei beide Begriffe der Aufgabe des MpM sicher nicht gerecht werden. Bei der Oberprojektleitung ist der „Geruch" des Schnüfflers nicht allzu weit entfernt und bei der Bezeichnung Projektleitung kommt die projektübergreifende Funktion des MpM nicht zum Ausdruck. Die richtige Bezeichnung ist wichtig, weil dadurch der Anspruch, die Ziele und das Rollenverständnis des MpM ausgedrückt werden. Darum sollte man sich sehr gut überlegen, wie man diese Stelle nennt, denn mit dem Namen sind Ansprüche und Assoziationen verbunden. Beim Projektportfolio-Management denken viele an Strategie und Unternehmensplanung. Bei Projektkoordination & Projektberatung ist der Beratungsanspruch bereits im Begriff enthalten, mit Projektcontrolling verbinden viele nur Zahlen, wenn nicht gar Kontrolle. Es gibt nicht den besten, den eindeutig richtigen Namen, der für jedes Unternehmen passt. Entscheidend ist, welches Selbstverständnis mit dem Begriff vermittelt werden soll. Wenn Sie Multiprojektmanagement noch nicht eingeführt haben und einen passenden Namen suchen, dann können Ihnen die folgenden Fragen weiterhelfen, die sowohl einen Inhalts- als auch einen Marketingbezug haben:

- Welchen Anspruch, welches Selbstverständnis hat das MpM im Unternehmen?
- Welche Ziele sind im Einzelnen mit dem Anspruch verbunden?
  Kommen diese Punkte durch den Namen in geeigneter Weise zum Ausdruck?
- Welche Erwartungen hat die Geschäftsleitung?
- Gibt es bereits ähnliche Begriffe und können daraus Missverständnisse, ungewollte Witze oder gar Spott entstehen?
- Wenn der Name eine Abkürzung erhalten soll, welche Buchstabenfolge ergibt sich und welche Assoziationen können ausgelöst werden?
- Welche Bezeichnung ist für internationale Unternehmen geeignet?
- Was können Kunden und Lieferanten mit der Bezeichnung anfangen?

Multiprojektmanagement und Programm-Management

Was ist Multiprojektmanagement auf keinen Fall, auch wenn es professionell klingen mag? Leitet jemand gleichzeitig mehrere, in der Regel kleinere (hoffentlich!) Projekte, die weitgehend inhaltlich voneinander unabhängig sind, so ist er sicher kein Multiprojektmanager und auch kein Programm-Manager, sondern der Projektleiter der Projekte A, C und K. In diesem Fall ist der Begriff Multiprojektmanagement wohl ein ungewollter Etikettenschwindel.

Mit Multiprojektmanagement sind in der Praxis unterschiedliche Konzepte, Aufgaben, Rollen und Organisationsformen verbunden. Prinzipiell müssen zwei Organisations- und Führungsformen unterschieden werden:

1. Großprojekte mit einer Anzahl von Subprojekten werden oft als Multiprojekt bezeichnet und der Gesamtprojektleiter ist dann der Logik entsprechend der Multiprojektmanager. Häufig benutzt man dafür die Bezeichnung Programm-Management oder Großprojektmanagement.
2. Es gibt ein anderes Verständnis von Multiprojektmanagement: die Planung und Steuerung vieler Projekte im Projektportfolio des Unternehmens. In diesem Falle spreche ich von Multiprojektmanagement (MpM), während ich mich im ersten Fall für Programm-Management entschieden haben.

Um definitorische und inhaltliche Irritationen zu vermeiden, ist eine klare Unterscheidung zwischen Multiprojektmanagement und Programm-Management sinnvoll.

Auch Programme können im Projektportfolio des Multiprojektmanagements betrachtet werden. Dabei stellen sich jedoch folgende grundsätzliche Fragen, die im Vorfeld gründlich abzuwägen sind:

▽ Ist die Eingliederung von Programmen (Großprojekte) in das Projektportfolio des MpM sinnvoll oder würde dadurch die Komplexität der Projektelandschaft überdimensioniert? Selbstverständlich müssen regelmäßige Abstimmungsgespräche stattfinden. Es geht bei dieser Frage um den Grad der Eingliederung oder anders gesagt um eine vertretbare Reduktion von Komplexität durch Abgrenzung.

▽ In welcher Tiefe können die Informationen aus dem Programm mit seinen verschiedenen Projekten und Teilprojekten vom MpM aufgenommen und analysiert werden? Einzelne Teilprojekte des Programms können erheblichen Einfluss auf andere Projekte haben, die außerhalb des Programms laufen.

▽ Wie sieht die Aufgabenverteilung zwischen dem Programm-Manager und dem Multiprojektmanager aus?

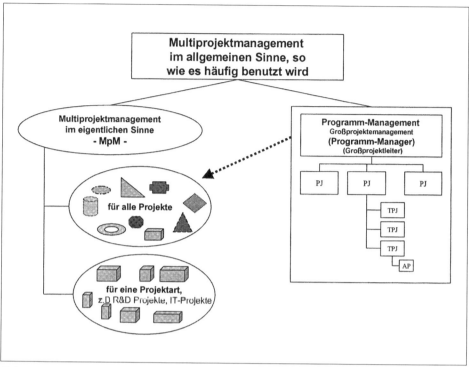

Abb. 1: Unterscheidung Multiprojektmanagement (MpM) und Programm-Management

Diese Fragen sollten geklärt werden, wenn Großprojekte/Programme im Portfolio des Multiprojektmanagers enthalten sind. Eine Alternative besteht darin, für ein Programm ein eigenes Portfolio zu installieren und eine übergeordnete Planungs- und Koordinationsfunktion zu schaffen.

Multiprojektmanagement (MpM)

Der Verantwortungsbereich des Multiprojektmanagers kann unterschiedlich groß sein.

▼ *Der Multiprojektmanager ist verantwortlich für die gesamte Projektelandschaft des Unternehmens.* Der Planungs- und Priorisierungsprozess für das Projektportfolio und die Koordination aller Projekte gehört zu seiner Verantwortung. Diese Funktion kann für Unternehmen mit einer noch überschaubaren Projektlandschaft durchaus sinnvoll sein, um Synergieeffekte zu ermitteln und eine realistische Ressourcenplanung zu erreichen.

▼ *MpM plant und steuert die Projekte einer Projektart.* In Konzernen dagegen

– mit einer kaum mehr überschaubaren Zahl von Projekten und Programmen, die mehr oder minder komplexer Natur sind – erscheint dieser Anspruch unrealistisch. In diesem Fall wird sich das Multiprojektmanagement auf eine bestimmte Projektart beziehen müssen:

- ORG/IT-Projekte
- R&D-Projekte

  In sehr großen Entwicklungsbereichen können die F&E-Projekte noch weiter klassifiziert werden, um die Planung und Koordination zu vereinfachen:

  – Produktneuentwicklung
  – Produktredesign
  – Standardisierung
  – Basisprojekte

  Diese Differenzierung ist dann sinnvoll, wenn die R&D-Leitung detailliertere Projektportfolios haben möchte, um die Ausgewogenheit der Aktivitäten zu gewährleisten. Allerdings muss darauf geachtet werden, dass bei der Differenzierung nicht der notwendige Gesamtüberblick verloren geht, der nicht nur für die Ausgewogenheit des Projektportfolios wichtig ist, sondern vor allem für eine realistische Kapazitäts- und Budgetplanung.

- Marketingprojekte
- Investitionsprojekte
- Personalentwicklungsprojekte

▽ *Der Multiprojektmanager beschäftigt sich „nur" mit dem Portfolio der strategisch relevanten Projekte.* Das Unternehmen verzichtet bewusst auf die Koordination der mittleren und kleineren Projekte, um sich gezielt auf die Planung und Steuerung der strategisch relevanten Projekte zu konzentrieren. Dieser Ansatz ist nicht ohne Tücken, denn „Kleinvieh macht bekanntlich auch Mist". Kleinere oder mittlere Projekte binden nicht nur personelle Ressourcen, sondern sie können auch erhebliche inhaltliche Auswirkungen auf größere Projekte haben.

Wie weit auch immer der Verantwortungsbereich des Multiprojektmanagers im konkreten Fall gehen mag, die Reichweite des MpM muss klar definiert sein: Welche Projekte müssen vom Multiprojektmanagement geplant und gesteuert werden? Ist der Multiprojektmanager für alle Projekte im Unternehmen verantwortlich oder „nur" für eine Projektart? Die Reichweite muss nicht nur klar sein, sondern sie muss auch realistisch sein. Es nutzt überhaupt nichts, wenn das MpM alle Projekte im Unternehmen koordinieren soll, wenn diese Aufgabe weder zeitlich noch qualifikatorisch noch politisch machbar ist. Wenn die Aktionsgrenze des MpM nicht geklärt wird, sind Konflikte und Widerstände aus einzelnen Projekten und aus der Linie sehr wahrscheinlich: „Was mischen die sich in unsere Projekte ein?"

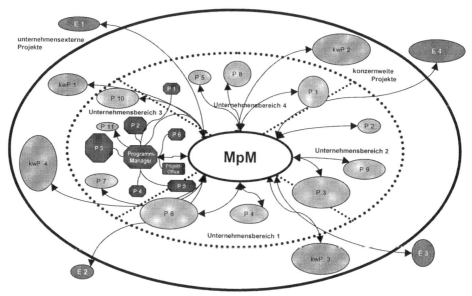

Abb. 2: Die Projektlandschaft des MpM

Zur Projektelandschaft in Abbildung 2 gehören unterschiedliche Projekte:
- unternehmensbereichsinterne Projekte P 1 bis P11, die eine unterschiedliche Größe haben und zwischen denen teilweise Abhängigkeiten bestehen.
- konzernweite Projekte kwP1 bis kwP 4
- unternehmensexterne Projekte E1 bis E4, die das Unternehmen beispielsweise in Kooperation mit einem Kunden und mit anderen Lieferanten gemeinsam durchführt.
- das Programm mit seinen 6 Einzelprojekten P1bis P6, in das drei Unternehmensbereiche involviert sind. MpM koordiniert die Einflüsse der 6 Projekte des Programms auf die anderen Projekte in enger Abstimmung mit dem Programm-Manager.

Programm-Management

Wie bereits erwähnt wird MpM auch für die Planung und Steuerung eines Groß- projektes bzw. eines Programms benutzt. Beispiele hierfür sind die oft sehr komplexen Projekte zur Ablösung einer alten IT- Infrastruktur, die Entwicklung einer neuen Turbine auf Basis hoch innovativer Technologie, die Neuentwicklung eines Kundenbestandssystems in einem Finanzdienstleistungskonzern nach einer Fusion, Großprojekte im Forschungsbereich oder in der Getriebeentwicklung. Solche Programme oder Großprojekte werden in ihrer teilweise mehrjährigen Laufzeit aus einer beträchtlichen Zahl von Projekten und Teilprojekten gebildet. Auch dafür wird in der Praxis die Bezeichnung Projektportfolio verwendet. Diese Großprojekte haben eines gemeinsam: Sie sind in der Regel komplexere Vorhaben, sie beschäftigten viele Mitarbeiter, sie haben gewaltige Budgets und ihre Bedeutung für den Unternehmenserfolg ist außerordentlich hoch. Im Gegensatz zum Multiprojektmanagement sind die Planungs- und Steuerungsaufgaben im Programm immer zeitlich gebunden an das Großprojekt selbst. Ist es beendet, so wird das Programm-Management für dieses Vorhaben aufgelöst. Demgegenüber ist MpM eine permanente Aufgabe, solange es eine gewisse Zahl von Projekten gibt, die in ihren Abhängigkeiten gesteuert werden müssen.

Es gibt einen anderen wesentlichen Unterschied zwischen Programm-Management und MpM. Der Programm-Manager hat in viel stärkerem Maße Führungsaufgaben zu bewältigen. Er ist verantwortlich für die Ergebnisse der einzelnen Projekte. Die Projektmitarbeiter sind ihm in der reinen Projektorganisation auch personell unterstellt. Er ist der Unternehmer des Projektes und die Höhe seine Jahreseinkommens ist in manchen Firmen unmittelbar an den Projekterfolg gebunden. Der Multiprojektmanager dagegen ist der Navigator des Systems Projektelandschaft. Er muss die Situation analysieren und kommunizieren, Konsequenzen aufzeigen und Empfehlungen ausarbeiten, um klare Entscheidungen zu ermöglichen. Aber die Entscheidung über Prioritäten- oder Zielveränderungen wird er nicht treffen.

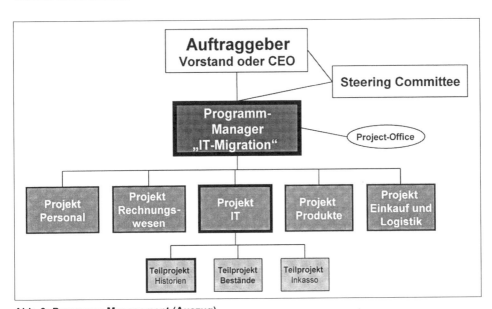

Abb. 3: Programm-Management (Auszug)

Die Abbildung gibt einen Ausschnitt aus einem Gesamtprojekt „IT-Migration" wieder. Besonders wichtig für den Erfolg des Programms ist das IT-Projekt mit seinen Teilprojekten. Der Programm-Manager „IT-Migration" leitet das Gesamtprojekt und hat demnach eine klare Führungsfunktion mit der entsprechenden Verantwortung für den Erfolg des Programms.

Aufgaben des Multiprojektmanagements

In diesem Kapitel möchte ich bereits einen kurzen Überblick über die Aufgaben des MpM geben, im zweiten Kapitel gehe ich ausführlich auf die Aufgaben und die Rolle des Multiprojektmanagers ein. Multiprojektmanagement ist vom Anspruch her sicher viel mehr als die Auflistung aller laufenden Projekte mit einer entsprechenden Übersicht, welche Mitarbeiter in welchen Projekten von wann bis wann eingeplant sind. Wobei diese Informationen bereits sehr nützlich sind, falls sie der Realität entsprechen – und das ist bekanntlich nicht immer der Fall. MpM hat auch nicht die Aufgabe, den Auftraggebern und den Mitgliedern der Lenkungsausschüsse der diversen Projekte den Projektstatus zu präsentieren, das gehört zu den Aufgaben des Projektleiters.

Im Zentrum der Aufmerksamkeit des Multiprojektmanagers steht das Netzwerk der verschiedenen Projekte. Es geht um das Erkennen von Redundanzen und Synergien in der Planungsphase, um klare Prioritäten, um die Auswirkungen von Zieländerungen oder Terminüberschreitungen in einem Projekt auf andere Projekte. Der Multiprojektmanager muss die Projektelandschaft zusammenhalten, ein Abdriften einzelner Projekte genau so verhindern wie ein unproduktives Aufeinanderprallen der Projekte.

Einen guten Einblick in die vielfältigen Aufgaben des MpM geben die Erwartungen des Top-Managements, der Projektleiter und der Linienvorgesetzten an das Multiprojektmanagement.

Welche Antworten erwartet die Unternehmensleitung vom Multiprojektmanager?

▼ Wie viele Projekte können wir dieses Jahr noch machen? Wie sieht unser aktuelles Projektportfolio aus?
▼ Welche Auswirkungen auf andere Projekte und Vorhaben gibt es, wenn wir ein weiteres größeres Projekt durchführen?
▼ Wie sieht unsere Ressourcensituation aus?
    Wie viele interne und externe Mitarbeiter arbeiten in den einzelnen Projekten?

▼ Wie stark sind unsere Abhängigkeiten von den internen und externen Key-players?

▼ Wo stehen die anderen Projekte inhaltlich und zeitlich? Wie viele Kosten sind bisher in den einzelnen Projekten und Programmen entstanden?

▼ Warum wird im Konzern an zwei Stellen an ähnlichen Projektzielen gearbeitet?

▼ Sind die Synergieeffekte geprüft worden?

▼ Kann man daraus ein Projekt machen?

▼ Warum dauern die Projekte so lange?

▼ Warum werden die Zeiten nicht eingehalten und die Budgets überschritten?

▼ Wieso werden die Risiken zum Beginn der Projekte nicht systematisch erfasst?

▼ Warum sind die Statusberichte der Projektleiter teilweise so unzuverlässig?

▼ Können die Berichte für das Management nicht einfacher gestaltet werden, damit die Entscheidungen besser und schneller getroffen werden können?

Nun kommen die Fragen und Anforderungen nicht nur vom Top-Management. Auch die Projektleiter, die Teilprojektleiter und die Linienvorgesetzten als Ressourcenmanager haben Erwartungen an das MpM:

Welche Antworten erwarten Projektleiter und Linienvorgesetzte vom Multiprojektmanager?

▼ Warum werden die Prioritäten von der Geschäftsführung immer wieder verschoben?

▼ Nach welchen Kriterien wird im Konzern über Projekte entschieden?

▼ Wieso werden die verkündeten Projektmanagement-Standards und Regeln vom Vorstand und den Bereichsleitern nicht beachtet?

▼ Wie können politische Einflüsse auf die Projektarbeit eingeschränkt werden?

▼ Warum mischt sich MpM in die Projektarbeit ein, die Verantwortung für die Projektergebnisse liegt doch bei den Projektleitern? Wer kann veranlassen, dass ein Projektreview durchgeführt wird?

▼ Wozu benötigen wir ein einheitliches Projektmanagement-Tool?

▼ Wenn wir schon ein einheitliches Tool benötigen, warum ist es so kompliziert zu handhaben?

▼ Was können wir tun, um die Teilprojektleiter und jüngere Projektleiter zu qualifizieren?

▼ Wie kann im Unternehmen der Erfahrungsaustausch zwischen Projektleitern verbessert werden?

▽ Welche Verfahren gibt es, um aus den Stärken und den Schwächen der Projekte für die Zukunft zu lernen?
Wann bauen wir ein Knowledge-Management für die Projektarbeit auf?

Wenn man sich diese Fragen genauer ansieht, so können folgende Kernaufgaben unterschieden werden:

1. *Planung der Projektelandschaft*
    Mit Hilfe des Multiprojektmanagements soll erreicht werden, dass die richtigen Projekte mit der notwenigen Priorität in das Projektportfolio kommen.
    MpM hat die Aufgabe, projektübergreifende Entscheidungen so vorzubereiten, dass die Unternehmensleitung oder das Portfolio-Board eindeutige und verbindliche Prioritäten setzen kann.
2. *Steuerung der Projektelandschaft – Controlling und Reporting –*
    den permanenten Status der Projektelandschaft ermitteln und
    kommunizieren
    Der Multiprojektmanager muss die Situation der einzelnen Projekte hinsichtlich der Inhalte, der Zeit, der Kapazitäten und der Budgetentwicklung ermitteln und die daraus resultierenden Auswirkungen auf die Projektelandschaft analysieren und transparent machen.
3. *Die Infrastruktur für professionelles Projektmanagement entwickeln*
    Der Multiprojektmanager hat die Aufgabe, Projektmanagement als Führungs-, Organisations- und Arbeitsform zu etablieren, er ist verantwortlich für den Projektmanagement-Prozess. MpM ist auf ein gut funktionierendes Projektmanagement angewiesen: Die Prozesse müssen klar definiert sein, die Standards gelebt, Projektmanagement-Tools genutzt werden, und wenn dann noch die Kommunikation und Kooperation stimmen, dann ist das Projektmanagement einen riesigen Schritt weiter. Der Multiprojektmanager muss diesen Entwicklungsprozess mal vorantreiben und mal begleiten. Die Akzeptanz in Bezug auf MpM hängt entscheidend vom Einführungsprozess ab.
4. *Das Multiprojektmanagement hat einen Pool von erfahrenen Projektleitern und Projektberatern*
    In manchen Firmen findet man im Multiprojektmanagement auch einen Pool von erfahrenen Projektleitern oder Projektberatern, die für einen gewissen Zeitraum den Projekten als Dienstleister zur Verfügung gestellt werden können.

MpM lohnt sich dann, wenn projektübergreifende Koordination nötig ist

Wann sollte ein Unternehmen Multiprojektmanagement einführen? Dieser Schritt ist recht allgemein gesagt dann sinnvoll, wenn eine gewisse Anzahl von Projekten gleichzeitig durchgeführt wird und zwischen diesen Projekten so hohe inhaltliche, zeitliche und personelle Abhängigkeiten bestehen, dass eine übergeordnete Koordination notwenig wird. Ich kann in diesem Buch keine verlässlichen Zahlen oder objektiven Kriterien für die zugegebenermaßen schwammige Formulierung ‚gewisse Anzahl‘ nennen: Bereits bei 15 mittleren, gleichzeitig laufenden Projekten oder 4 komplexen Projekten kann sich MpM für ein Unternehmen auszahlen. Nähern wir uns deshalb dieser Frage von einer anderen Seite.

Es wird dann Zeit, intensiv über die Einführung von Multiprojektmanagement nachzudenken, wenn folgende Probleme auftreten:

▽ Die Vielzahl der Projekte und deren Bedeutung für den Unternehmenserfolg verlangen einen regelmäßigen Planungsprozess und ein qualifiziertes Reporting.

▽ Die inhaltlichen und zeitlichen Abhängigkeiten zwischen den einzelnen Projekten werden von den Projektleitern, den Auftraggebern und den Gremien der einzelnen Projekte nicht mehr überblickt oder nicht berücksichtigt. Dadurch kommt es zu Überschneidungen, Ressourcen werden auf diese Weise vergeudet.

▽ Die Konkurrenzsituation zwischen Projekten um Mitarbeiter und Geld führt zu Reibungsverlusten, die am besten durch eine übergeordnete Koordinationsstelle vermieden werden.

▽ Der Stand der Projekte ist nicht transparent. Der Grad der Zielerreichung und die Personalsituation in den Projekten sind unklar, verbindliche Angaben können nicht gemacht werden oder man will sich nicht festlegen, weil man entweder nicht richtig geplant hat oder die Komplexität des Projektes die Zusage eines festen Endtermins sehr schwierig macht.

▽ Die Unternehmensleitung möchte eine Stelle haben, die das Gesamtbudget für alle Projekte plant und steuert, was natürlich nur in Abstimmung mit den Projektleitern und der Unternehmensplanung erfolgen kann.

Multiprojektmanagement erfolgreich einführen ist keine kurzfristige Angelegenheit. Die Grundkonzeption des MpM mit den Zielen, den Erfolgsfaktoren und der organisatorischen Anbindung ist relativ schnell zu formulieren. Daraus müssen die einzelnen Maßnahmen in der richtigen Reihenfolge abgeleitet und natürlich umgesetzt werden, nur das zählt. Dieser Veränderungsprozess wird teilweise begleitet von Widerständen und politischen Einflüssen und das kostet Zeit und

Geld. Der Einführungsprozess dauert aus meiner Erfahrung von sechs Monaten bis zu zwei Jahren, wobei ich bei dieser Aussage eine kontinuierliche Arbeit annehme.

Wovon ist die Dauer abhängig?

▼ *Von der Größe des Unternehmens und der Reichweite des MpM*
Mit zunehmender Reichweite des MpM wird der Aufwand für die Abstimmungsgespräche, die Überzeugungsarbeit und die Qualifikationsprozesse immer höher.

▼ *Von der Komplexität der Projekte*
Die Komplexität der Projektelandschaft beeinflusst den Einführungsprozess in sehr starkem Maße. Die Entwicklung von Planungs- und Reportingsystemen ist schwieriger, wenn die Projektelandschaft aufgabenbedingt intransparent und dynamisch ist.

▼ *Von der bereits bestehenden infrastrukturellen Basis für Projektarbeit*
Wenn das Gebäude bereits ein solides Fundament, tragfähige Mauern und ein dichtes Dach hat, dann lassen sich die Optimierungsarbeiten schneller ausführen. Auf der Grundlage von qualifizierten Planungs- und Steuerungsverfahren für die einzelnen Projekte und gut geschulten Projektleitern lässt sich MpM wesentlich leichter aufbauen.

▼ *Von der Unternehmenskultur*
Innovationsfreudige Unternehmen mit einer offenen Kommunikationskultur und unkomplizierter, bereichs- und hierarchiestufenübergreifender Zusammenarbeit werden die Einführung von MpM viel schneller bewältigen als Unternehmen, in denen langwierige Entscheidungsprozesse und Bereichsdenken zur Tagesordnung gehören.

▼ *Von der Bereitschaft der Unternehmensleitung*
Der Wille der Unternehmensleitung, MpM einzuführen, ist ein wichtiger Beschleunigungsfaktor.

▼ *Von den Anforderungen des Marktes und vom Kundendruck*
Eine Erfahrung habe ich immer wieder gemacht: Wenn die Kunden einen starken Einfluss auf die Projektarbeit haben, auf festen Terminen und Qualitätszusagen auf der Grundlage von Verträgen bestehen können, dann wird dadurch die Einführung von MpM erheblich erleichtert.

Die Erfolgsfaktoren für Multiprojektmanagement bestehen aus Hard facts & Soft facts

Woran muss sich Multiprojektmanagement bewerten und messen lassen? Die Kriterien sind unterschiedlicher Art. Sie lassen sich teilweise quantifizieren, andere können deskriptiv erfasst und teilweise mithilfe von empirischen Methoden objektivierbarer werden. Die durchschnittliche Verkürzung der Projektlaufzeiten bei den Produktentwicklungsprojekten von 14 Monaten auf 11 Monate kann recht leicht festgestellt werden. Auch die Gründe für die Beschleunigung lassen sich in der Regel gut analysieren: Die Projektaufträge sind klarer, es gibt eine straffere Organisationsform mit schnelleren Entscheidungswegen, durch bessere Priorisierung kommt es zu weniger Verzettelungen, um nur einige Beispiele zu nennen. Daneben gibt es die Soft facts, beispielsweise das gestiegene Selbstvertrauen der Projektleiter in Diskussionen mit der Unternehmensleitung oder eine andere Stimmung in den Projektteams, die im Gegensatz zu früher als locker und produktiv zugleich bezeichnet werden kann. Die Soft facts sollten als nicht quantifizierbare Größe nicht vernachlässigt werden, denn die Realität im Unternehmen lässt sich nicht nur durch Zahlen abbilden.

Erfolgfaktoren für das Multiprojektmanagement

▼ *Die Projekte laufen seit der Einführung von MpM besser*
Die Zahl der erfolgreichen und nicht erfolgreichen Projekte muss im Zeitabschnitt von sechs bis zwölf Monaten regelmäßig erfasst werden. Werden im Unternehmen viele kürzere Projekte gemacht, so empfehle ich eine halbjährliche Analyse. Bei länger laufenden Projekten sollte diese im Jahresrhythmus durchgeführt werden.
Im Mittelpunkt stehen folgende Fragen:
- Inwieweit wurden die Ziele der Projekte erreicht?
- Haben die Projekte den geplanten Zeitrahmen eingehalten?
- Wurden die Budgetziele erreicht?
- Traten Ressourcenprobleme auf und wie wurden sie gelöst?
- Wie war die Zusammenarbeit mit Kunden und Lieferanten?
- Wie liefen die Entscheidungsprozesse zwischen den Projektbeteiligten ab?
- Wurden die Abhängigkeiten von anderen Projekten im Projektverlauf genügend beachtet?
- Wurden die Projektpläne regelmäßig an die aktuelle Situation angepasst?
- Waren die Kunden mit den Projektergebnissen zufrieden?
Aus erfolgreichen Projekten kann genauso gelernt werden wie aus den

Misserfolgen. Entscheidend ist die Frage: Was können wir aus dem Projektverlauf für die weitere Projektarbeit lernen?

▽ *Es gibt fundierte Projektaufträge*
- Projektideen werden gründlich analysiert und bewertet.
- Es gibt ein klares Genehmigungsverfahren für neue Projekte.
- Für jedes Projekt gibt es eine Machbarkeitsstudie mit einer ersten Kosten-Nutzen-Analyse.
  Damit ist nichts über den Umfang dieser Studie gesagt, wesentlich ist nur, ob die Machbarkeit geprüft wurde.
- Die Strategiekonformität der Projektziele wird analysiert.
- Risikoanalysen bei größeren Projekten werden durchgeführt.
- Es gibt kein Projekt ohne klaren Auftrag.
- Es gibt kein Projekt ohne klare Ressourcenvereinbarung.

▽ *Die Ressourcenplanung hat sich verbessert*
- Es gibt eine realistische Übersicht über den Personaleinsatz in den Projekten.
- Die Fluktuation von guten Projektmitarbeitern wegen permanenter Überlastung hat abgenommen.

▽ *Der Einsatz von externen Mitarbeitern in den Projekten wird richtig koordiniert*
- Es ist klar, welche Externen in welchen Projekten mit welchem Auftrag mitarbeiten.
  Begründung: In manchen Unternehmen ist der Einsatz von externen Mitarbeitern, die gleichzeitig in verschiedenen Projekten arbeiten, zu unklar. Im Extremfall sind die Externen kaum mehr steuerbar.
- Es gibt einen Rahmen für die Vertragsgestaltung mit externen Partnern.
  Der Rahmen wird von den einzelnen Projektleitern oder Auftraggebern beachtet. Abweichungen, die durchaus auftreten können, werden mit dem MpM abgestimmt.
- Der Know-how-Transfer ist geregelt: Welches Wissen geht wann und in welcher Form an welche internen Mitarbeiter über?
- Die Zusammenarbeit mit den externen Partnern ist gut und sie wird bei Bedarf vom Multiprojektmanager richtig koordiniert.
  Je nach Auftrag und Vertrag geht es in der Zusammenarbeit mit externen Partnern auch um die Abhängigkeiten. Fachliche, technologische und rechtliche Abhängigkeiten in den einzelnen Projekten und in der Projektlandschaft sollten systematisch erfasst und kommuniziert werden.

▽ *Es gibt eine laufende Übersicht über die Keyplayer in den Projekten*
- Die Keyplayer werden regelmäßig ermittelt. Projektleiter, Keyplayer, Auftraggeber, Linienmanager und der Multiprojektmanager analysieren gemeinsam die Situation, wägen die Vor- und Nachteile der Situation ab und erarbeiten eine Empfehlung.

- Nach gründlichem Abwägen der Vor- und Nachteile wird von der Unternehmensleitung/vom Portfolio-Board entschieden, ob dieser Zustand akzeptabel ist oder nicht.

▼ *Die inhaltlichen, zeitlichen und personellen Vernetzungen zwischen den einzelnen Projekten sind transparenter geworden*
Vernetzungen werden in gemeinsamen Planungs- und Koordinationsrunden mit den Projekt- und Teilprojektleitern, Auftraggebern und/oder Mitgliedern der Lenkungsausschüsse besprochen, um Redundanzen zu erkennen bzw. Synergien zu finden.

▼ *Es gibt ein aussagefähiges und zeitnahes Reporting*
Die Situation der Projektelandschaft und der daraus resultierende Entscheidungsbedarf werden durch ein handlungsorientiertes Reporting vom MpM aufgezeigt.

▼ *Projektrisiken werden aktiv angegangen*
Die Projekte melden selbstständig die aufgetretenen Risiken und zeigen die notwendigen Maßnahmen zur Minimierung auf.
Der Multiprojektmanager analysiert die Risiken für das Projektportfolio in Zusammenarbeit mit allen Projektbeteiligten inklusive der Unternehmensleitung.

▼ *Standards, Methoden und Projektmanagement-Tools sind vorhanden und werden gemäß den damit verbundenen Richtlinien genutzt.*

▼ *Die Professionalität der Projektbeteiligten ist gestiegen*
- Die methodische, soziale und strategische Qualifikation der Projektleiter ist gestiegen.
- Die Teilprojektleiter sehen sich als Teil des Netzwerks Projektelandschaft. Auch sie haben methodisch und sozial dazugelernt.
- Auftraggeber, Gremien und das Linienmanagement nehmen ihre Rolle in den Projekten richtig wahr.

▼ *Es gibt eine Wissensdatenbank, die permanent gepflegt wird; sie wird von vielen Projektbeteiligten genutzt*
In dieser Datenbank sind u. a. enthalten Referenzprojekte, Muster für Projektaufträge, Abschlussberichte, Erfahrungen mit Lieferanten bis hin zu guten Hotels und Sportmöglichkeiten in anderen Städten, in denen Mitarbeiter des Unternehmens im Rahmen von Projekten häufiger arbeiten.

▼ *Die Akzeptanz der Projektarbeit ist gestiegen*
Die Projektmanagement-Kultur entwickelt sich positiv weiter. In größeren Abständen – jährlich oder alle zwei Jahre – sollte der Multiprojektmanager eine empirische Analyse über den Zustand des Projektmanagements durchführen bzw. durchführen lassen. Wird eine solche Analyse der Projektmanagement-Kultur wiederholt durchgeführt, so verfügt die Organisation über eine gute Orientierung, um sich weiterzuentwickeln.

Empfehlungen

▽ Um die Vielzahl der Projekte zu steuern, benötigen die Unternehmen eine Stelle Multiprojektmanagement mit einer klaren Verantwortung und entsprechenden Kompetenzen. Im Zentrum der Aufmerksamkeit des Multiprojektmanagers steht das Netzwerk der verschiedenen Projekte. Es geht um das Erkennen von Redundanzen und Synergien in der Planungsphase, um klare Prioritäten, um die Auswirkungen von Zieländerungen oder Terminüberschreitungen in einem Projekt auf andere Projekte.

▽ Standards, Methoden und Instrumente müssen verbindlich eingeführt werden, um die Projektelandschaft zu planen und zu koordinieren.

▽ Der Multiprojektmanager muss das Gesamtsystem der Projektelandschaft beachten und den Entscheidungsträgern sowie den einzelnen Projektleitern regelmäßig einen Überblick über den Zustand der Projekte bieten. MpM muss dafür sorgen, dass notwendige Anpassungen in der Projektelandschaft erfolgen.

▽ Durch die Bezeichnung kommen das Selbstverständnis, die Ziele und das Rollenverständnis des MpM zum Ausdruck. Es gibt nicht den richtigen Namen, der für jedes Unternehmen passt.

▽ Der Verantwortungsbereich des Multiprojektmanagers kann unterschiedlich groß sein.

1. Der Multiprojektmanager ist verantwortlich für die gesamte Projektelandschaft des Unternehmens.
2. MpM plant und steuert die Projekte einer Projektart.
3. Der Multiprojektmanager beschäftigt sich „nur" mit dem Portfolio der strategisch relevanten Projekte.

Die Reichweite des MpM muss klar definiert sein. Wenn die Aktionsgrenze des MpM nicht geklärt wird, sind Konflikte und Widerstände aus einzelnen Projekten und aus der Linie sehr wahrscheinlich.

▽ MpM lohnt sich dann, wenn projektübergreifende Koordination nötig ist, d.h.:

• Die Vielzahl der Projekte verlangt einen regelmäßigen Planungs- und Steuerungsprozess.
• Die Konkurrenzsituation zwischen Projekten um Mitarbeiter und Geld wird am besten durch eine übergeordnete Stelle koordiniert.
• Der Stand der Projekte ist nicht transparent.
• Das Gesamtbudget für alle Projekte soll projektübergreifend geplant und gesteuert werden.

▽ Die Erfolgsfaktoren für Multiprojektmanagement bestehen aus Hard facts & Soft facts. Sie müssen zu Beginn des Einführungsprozesses definiert und kommuniziert werden.

Sind die Erfolgfaktoren für das Multiprojektmanagement bekannt?

Erfolgsfaktoren	ja	nein
Die Projekte laufen seit der Einführung von MpM besser.		
Es gibt fundierte Projektaufträge.		
Die Ressourcenplanung hat sich verbessert.		
Der Einsatz von externen Mitarbeitern in den Projekten wird richtig koordiniert.		
Es gibt eine laufende Übersicht über die Keyplayer in den Projekten.		
Die inhaltlichen, zeitlichen und personellen Vernetzungen zwischen den einzelnen Projekten sind transparenter geworden.		
Es gibt ein aussagefähiges und zeitnahes Reporting.		
Projektrisiken werden aktiv angegangen.		
Standards, Methoden und Projektmanagement-Tools sind vorhanden und werden gemäß den damit verbundenen Richtlinien genutzt.		
Die Professionalität der Projektbeteiligten ist gestiegen.		
Es gibt eine Wissensdatenbank, die permanent gepflegt wird. Sie wird von vielen Projektbeteiligten genutzt.		
Die Akzeptanz der Projektarbeit ist gestiegen, die Projektmanagement-Kultur entwickelt sich positiv weiter.		

Kapitel 2

Aufgaben und Rollen im Multiprojektmanagement

Erfolgreiches MpM – Balance zwischen Intervention und Zurückhaltung

Wenn die Projektelandschaft richtig geplant und erfolgreich gesteuert werden soll, dann muss das Multiprojektmanagement ein einflussreicher Faktor im Unternehmen sein:

▼ Der Multiprojektmanager informiert das Top-Management über den Zustand der Projekte, Fehlentwicklungen werden transparent, was zu unangenehmen Nachfragen führen kann. Einerseits muss er die Probleme klar kommunizieren, darf aber andererseits nicht zum Schnüffler der Geschäftsleitung werden – abhängig von der Unternehmenskultur ein schwieriger Balanceakt.

▼ Persönliche Interessen oder partielle Ziele von Organisationseinheiten werden erkannt und aufgrund übergeordneter Prioritäten teilweise nicht berücksichtigt. MpM hat übergeordnete Ziele zu realisieren, darf jedoch den Spielraum der Bereiche nicht über das notwendige Maß hinaus einengen.

▼ Die Projektleiter müssen sich in gewisser Weise auf die Finger schauen lassen, Führungsprobleme in den Projekten werden deutlich. Der Multiprojektmanager ist auch Projektdiagnostiker, und das nicht nur in den Teams, sondern auch in den Lenkungsausschusssitzungen. Er darf und kann sich aber nicht im Detail des einzelnen Projekts verlieren. Er muss genügend strukturelle Macht und persönliche Kompetenz haben, um erfolgreich die Projektelandschaft zu steuern. Andererseits dürfen seine Aktivitäten und seine Verantwortung nicht so weit gehen, dass er neben oder, besser ausgedrückt, über den Projektleitern Verantwortung für das einzelne Projekt übernimmt.

▼ Multiprojektmanagement erfordert projektübergreifende einheitliche Prozesse, Standards, Methoden und PM-Tools, die von allen Projektbeteiligten einzuhalten sind. Aber wehe, wenn die Strukturierung in Überstrukturierung ausartet! Dieses Problem lässt sich niemals objektiv bewerten; was dem einen zu viel ist, ist dem anderen zu wenig. Der Multiprojektmanager muss auch hier die richtige Balance finden.

▼ Die Geschäftsleitung wird mit ihrer widersprüchlichen Entscheidung „das Projekt hat höchste Priorität und keiner hat Zeit" konfrontiert, die sie nur durch klare Prioritäten auflösen kann. MpM kann nur dann erfolgreich arbeiten, wenn Konflikte in jeder Richtung, unabhängig von der hierarchischen Position, aufgezeigt werden. Ein guter Multiprojektmanager ist ein unbequemer Mitarbeiter, wobei „unbequem" im Sinne von konstruktivem Ungehorsam zu verstehen ist. Weder der Nörgler noch der introvertierte Toolspezialist sollten sich um diese Position bewerben, denn zum Repertoire des Multiprojektmanagers gehört auch professionelle Konfrontation. Er muss die Konsequenzen von Fehlentscheidungen im Vorstand deutlich machen; gleichzeitig darf er sich aber nicht so viele Feinde dabei schaffen, dass er die Härte der Macht blockierend erlebt – zugegeben, dies ist oft ein Drahtseilakt.

Übersicht zu Kapitel 2

Um das Thema Rollen im Multiprojektmanagement zu behandeln, müssen Antworten auf folgende Fragen gegeben werden:

1. Wer spielt im Konzert des Multiprojektmanagements alles mit? Wer hat welche Aufgaben im Multiprojektmanagement?
2. Welches Instrument spielt der Multiprojektmanager? Ist er der erste Geiger, haut er auf die Pauke, muss er unterschiedliche Instrumente spielen oder ist er gar der Dirigent?
   * Welche Aufgaben hat er? Was muss er tun und was kann er anbieten? Woran muss er sich messen lassen?
   * Welche strukturelle Macht benötigt er, um einen guten Job zu machen? Wo ist die Stelle organisatorisch richtig angesiedelt? Welche Entscheidungskompetenzen benötigt er?
3. Welche persönliche und fachliche Kompetenz sollte ein Multiprojektmanager haben?

Der Erfolg von MpM steht und fällt mit der Rollenklarheit

Das Projekt hat höchste Priorität und keiner hat Zeit – paradoxe Situationen erkennen und auflösen

In meiner Praxis finde ich häufig den Widerspruch: Der Multiprojektmanager hat die Verantwortung für die Koordination der Projekte, doch die aufbauorganisatorischen Voraussetzungen für seine Arbeit werden ihm nicht gegeben. Diese paradoxe Situation, die in der Kommunikationstheorie als Double Bind bezeichnet wird, muss aufgelöst werden, ansonsten kommt der Multiprojektmanager schnell zwischen die Mühlsteine des politischen Kraftfelds der Organisation.

Seien Sie sensibel für Double Binds und weisen Sie auf solche Widersprüche hin. Erarbeiten Sie ein Lösungskonzept, fordern Sie Klarheit und suchen Sie sich den richtigen Adressaten, damit die Lösung auch umgesetzt werden kann.

Double Binds	Lösungen	Adressaten
MpM hat die Verantwortung für die Koordination der Projektelandschaft, doch die organisatorischen Voraussetzungen werden von der Unternehmensleitung (UL) verweigert.	MpM entwickelt ein Konzept, in dem die organisatorischen Voraussetzungen beschrieben sind: • Organisatorische Anbindung • Verantwortung der UL und der Projektleiter • Den Planungsprozess beschreiben	Unternehmensleitung
MpM soll einen verbindlichen Planungsprozess erreichen, doch die Änderungen der Projektziele laufen an MpM vorbei. Weder die UL noch die Projektleiter halten sich an ihre Aussagen.	Probleme operational beschreiben: • Welche Projekte? • Wer ist gemeint? • Wie oft passiert es? • Verfahren ggf. verbessern • Klare Vereinbarung treffen	Unternehmensleitung und Projektleiter, Auftraggeber
Anspruch: Das Unternehmen braucht eindeutige Prioritäten für die Projekte. Realität: Bei uns hat jedes Projekt Priorität A.	• Die damit verbundenen Probleme mit ihren Konsequenzen aufzeigen • Widerspruch zwischen Anspruch und Realität deutlich machen	Unternehmensleitung, Auftraggeber
Der Multiprojektmanager: „Ich möchte Ihnen gerne ein Review für dieses Projekt anbieten, und wenn Sie nicht wollen, dann werde ich es trotzdem machen."	• Das eigene Rollenverständnis reflektieren • Klarheit erreichen, was getan werden muss und was angeboten werden kann	Multiprojektmanager mit sich selbst oder im Gespräch mit einem erfahrenen Kollegen oder einem Coach

Drei Kernfragen zur Rollenklärung

Um die Rollen im Multiprojektmanagement erfolgreich zu klären, müssen aus meiner Erfahrung drei Kernfragen bearbeitet werden:

1. Ist die Rolle des Multiprojektmanagers richtig definiert? Stimmt die Aufgabenverteilung und sind die Verantwortungen und Entscheidungskompetenzen geeignet, die Projektelandschaft in ihrer Reichweite zu planen und zu steuern?
2. Sind die Aufgaben und die Verantwortungen im Multiprojektmanagement allen Beteiligten klar? Werden sie verstanden?
3. Werden Multiprojektmanagement als Funktion und der Multiprojektmanager als Person akzeptiert?

1. Ist die Rolle des Multiprojektmanagers richtig definiert, damit MpM seinen Beitrag zur Erreichung der Unternehmensziele leisten kann?

▽ *Welche Aufgaben und Verantwortungen müssen im Rahmen des Multiprojektmanagements im Unternehmen definiert werden?*
Die Aufgaben und die Verantwortung des Multiprojektmanagers zu beschreiben macht nur dann Sinn, wenn gleichzeitig auch die anderen Rollen im Multiprojektmanagement geklärt werden: Welche Aufgabe haben die Unternehmensleitung und das Portfolio-Board? Was müssen die Projektleiter verantworten und wie ist die Abgrenzung zum Multiprojektmanager? Es reicht keinesfalls aus, nur ein Stellenprofil für die Organisationseinheit MpM zu formulieren, sondern der gesamte Entscheidungsprozess muss transparent sein.

▽ *Welche Ziele und Aufgaben hat der Multiprojektmanager? Welches sind seine Mussaufgaben und welches sind Kannaufgaben?*
Um seine Aufgaben erfüllen zu können, sollten alle Beteiligten verstehen, welche Aufgaben vom MpM getan werden müssen und welche getan werden können.

▽ *Welche Reichweite soll das MpM haben?*
Die Rolle des Multiprojektmanagers steht in unmittelbarem Zusammenhang mit der Ausdehnung bzw. der Systemgrenze der Projektelandschaft. Für welche Projekte bzw. Projektarten ist das MpM zuständig? Beschäftigt sich der Multiprojektmanager „nur" mit den Produktentwicklungsprojekten oder ist er für die Koordination aller Projekte im Unternehmen zuständig? Koordiniert er die Projektelandschaft einer strategischen Geschäftseinheit oder die des gesamten Unternehmens? Im ersten Kapitel habe ich bereits auf die

Bedeutung der Reichweite der Projektelandschaft hingewiesen, sie muss plan- und steuerbar sein. Wovon ist das abhängig?

- Von der quantitativen und qualitativen Personalausstattung
- Von der Unterstützung durch die Unternehmensleitung
- Von der Komplexität der einzelnen Projekte, der Komplexität der Projektarten und der Projektelandschaft insgesamt
- Auch der geografische Faktor spielt in der Praxis eine nicht zu unterschätzende Rolle. Die Koordination der Projektelandschaft zwischen São Paulo, Osaka, Boston, London und Frankfurt erfordert einen ganz anderen Aufwand als die Steuerung an einem Standort. Allein die Zeitverschiebung ist ein Problem für sich, von Kulturunterschieden und Standortinteressen ganz zu schweigen.

▽ *Wie soll diese Stelle bezeichnet werden?*

Der Name muss zum Rollenverständnis passen. Ich bezeichne diese Funktion als Multiprojektmanagement, der Leiter ist der Multiprojektmanager. Arbeiten mehrere Personen in der Organisationseinheit MpM, so spreche ich vom MpM-Team. Ein kleiner Zusatz in der Funktionsbeschreibung „Multiprojektmanagement R&D" oder „MpM ORG/IT" hilft, die Reichweite zu verdeutlichen.

▽ *Hat der Multiprojektmanager genügend strukturelle Macht?*

- Wo ist MpM organisatorisch angebunden, damit die Stelle genügend Einfluss im Unternehmen ausüben kann?
- Auf welche Machtpromotoren kann sich der Multiprojektmanager verlassen?
- Stimmen seine Entscheidungskompetenzen mit seiner Rolle überein?

▽ *Welche Qualifikation sollte der Multiprojektmanager haben, wenn er einen guten Job machen will?*

Welche fachliche, methodische, soziale und politisch-strategische Kompetenz braucht er, um akzeptiert zu werden?

Die Rolle des Multiprojektmanagers muss stimmen, damit er seinen Beitrag zur Erreichung der Unternehmensziele leisten kann:

▽ Aufgaben, Verantwortungen und Entscheidungskompetenzen aller Beteiligten im Rahmen des Multiprojektmanagements klären.

▽ Muss- und Kannaufgaben des Multiprojektmanagers differenzieren.

▽ Die Reichweite des MpM festlegen.

▽ Die Bezeichnung hat eine Signalfunktion.

▽ Der Multiprojektmanager benötigt strukturelle und personelle Macht.

▽ Die Akzeptanz der Multiprojektmanager hängt auch von der Qualifikation ab.

2. Sind die Aufgaben und die Verantwortungen im Multiprojektmanagement allen Beteiligten klar?

Es nutzt wenig, wenn die Aufgaben richtig definiert sind, doch aufgrund von fehlender Kommunikation falsch verstanden oder unterschiedlich interpretiert werden. Missverständnisse, falsch verwendete Abkürzungen oder erstaunte Kommentare „Ist das denn nicht Ihre Aufgabe?" können Anhaltspunkte für Unklarheiten sein. Im Einführungsprozess des Multiprojektmanagements müssen die Pflöcke in die Erde gerammt werden, um ein tragfähiges Gebäude zu bauen. Neue Projektleiter müssen über die Spielregeln des MpM gut informiert werden.

3. Werden Multiprojektmanagement als Funktion und der Multiprojektmanager als Person akzeptiert?

Die Ziele, die Aufgaben und die Verantwortungen sind richtig beschrieben und allen Projektbeteiligten klar. Das sind notwendige, aber keine hinreichenden Bedingungen für den Erfolg, der dritte Faktor ist Akzeptanz. Es kommt wesentlich darauf an, wie der Multiprojektmanager, und nicht nur er, das Thema und sich selbst verkauft:

▽ Werden Fortschritte im Projektmanagement erreicht und die Erfolge kommuniziert?

▽ Können sich die Projektleiter mit ihren Fragen wirklich an das MpM wenden und bekommen sie schnell qualifizierte Antworten? In dem Zusammenhang: Sind die Mitarbeiter des MpM überhaupt erreichbar oder ständig unterwegs? Ich betone diesen Punkt, weil in vielen Fällen die Antworten der Multiprojektmanager sehr lange dauern. Die Gründe liegen meist in der mangelnden Personalkapazität des MpM. Der Multiprojektmanager kann Service Levels formulieren, an denen er sich von den Projektleitern und anderen Projektbeteiligten messen lassen sollte.

▽ Geht der Multiprojektmanager sensibel mit seiner strukturellen Macht um oder kehrt er ständig die Nähe zur Unternehmensleitung heraus?

▽ Werden die Ergebnisse der Projektauswertungen zur kontinuierlichen Verbesserung des Projektmanagements genutzt?

▽ Hält sich die Unternehmensleitung an ihre Zusagen oder gibt es starke Diskrepanzen zwischen Verfassung und Verfassungswirklichkeit im Projektmanagement?

Diese Aufzählung ließe sich beliebig fortsetzen. Je mehr Fragen Sie in Ihrer Praxis mit einem Ja beantworten können, desto höher wird Ihre Akzeptanz sein.

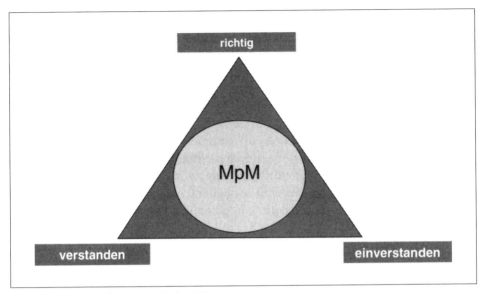

Abb.4: Die drei Kernfragen zur Rollenklärung

Nature&Business sucht einen Multiprojektmanager

Folgen Sie mir nun in die Projektelandschaft von Nature&Business, um die Rollen im Multiprojektmanagement und die Bedeutung des Rollenbewusstseins an einem Beispiel kennen zu lernen.

Unsere Landschaft – ich habe ihr den Namen Nature&Business (N&B) gegeben, gehört einer reichen Familie, welche die Landschaft als Unternehmen betrachtet und entsprechend wirtschaftet. Innerhalb der Projektelandschaft gibt es fünf Herrensitze und einen Damensitz – diese Aufteilung dürfte der Realität entsprechen. Die sechs Anwesen sind unterschiedlich groß und deren Chefs, die sich übrigens als Spartenleiter bezeichnen, haben auf die Entwicklung von Nature&Business unterschiedlich großen Einfluss. Jeder hat seine Ziele, Aufgaben, Interessen und Vorlieben. Die übergeordneten Entscheidungen, die zur Steuerung des Gesamtsystems notwendig sind, sollen von den Spartenleitern möglichst einvernehmlich getroffen werden. Das größte Anwesen gehört traditionell dem Oberhaupt der Familie, das im Gegensatz zu seinen Vorfahren nur in Ausnahmefällen die alleinige Entscheidung trifft, zumal es finanziell und personell auf die Leiter der anderen Anwesen angewiesen ist.

Die landwirtschaftlichen Maschinen und der Fuhrpark werden gemeinsam genutzt und in einer Werkstätte gewartet. Es gibt ein eigenes Klär- und ein kleines Elektrizitätswerk, denn man will unabhängig sein. Die Mitarbeiter sind nur teil-

weise den Leitern der sechs Anwesen unterstellt. Viele Mitarbeiter, drei Spartenleiter meinen zu viele, werden aus Kostengründen in einer Querschnittsfunktion
gemeinsam genutzt und aus einem Topf bezahlt, denn nur auf diese Weise kann
das Gesamtsystem N&B langfristig überleben. Seit einiger Zeit verfügt man auch
über eine zentrale IT-Abteilung, um die Anfragen und Buchungen der zahlreichen
Gäste kundenorientiert abzuwickeln, den Lagerbestand von Schrauben und Düngemitteln optimal zu planen und die Gehaltsabrechnungen pünktlich fertig zu
machen. Vor einigen Wochen wurde auf ausdrücklichen Wunsch des Geschäftsführers mit erheblichem finanziellem und personellem Aufwand trotz einiger
Widerstände eine neue Finanzsoftware eingeführt, die mehr Einblick in die
Kostenstruktur der einzelnen Anwesen ermöglicht.

Unsere Landschaft ist ziemlich groß, es gibt einen ordentlichen Mischwald mit
dazugehöriger Jagd und einen kleinen See mit Ruderbooten und Fischzucht. Mehrere Felder, Mais, Sonnenblumen, Gerste, Hopfen, Weizen und weithin bekannte
Rosenfelder – seit langer Zeit wird in einem der Anwesen Rosenöl hergestellt –
gehören zu den Einkommensquellen. Einige Biotope mit ihrer interessanten
Pflanzen- und Tierwelt ziehen immer mehr Besucher an, die natürlich Eintritt
bezahlen müssen. Die Lust- und Wandelgärten mit ihren kleinen Restaurants sind
gerade an Sonnentagen bei Städtern sehr beliebt. Eine Perle ist der im Vergleich
zu anderen außerordentlich große und dennoch zierlich gestaltete japanische
Garten, der traditionell mit dem englisch gestalteten Park um die Gunst der Besucher konkurriert, was seit einiger Zeit in Besucherzahlen gemessen wird.

Probleme und Widersprüche

Natürlich gibt es immer wieder Probleme, unterschiedliche Interessen und Spannungen, die seit ungefähr zwei Jahren durch den finanziellen Druck, die ständig
geänderten Auflagen der Behörden, durch Personalprobleme sowie durch die
höheren Ansprüche der Besucher gestiegen sind:

▼ Der japanische Garten ist sicher sehr schön, aber die Pflege ist unangemessen hoch, meinen fünf Spartenleiter, sehr zum Verdruss des verantwortlichen Sechsten. Übrigens ist die Arbeit bei vielen qualifizierten Mitarbeitern
dort sehr beliebt, weil man sich frei entfalten kann. Man weiß auch nicht
genau, wie viele Mitarbeiter dort jedes Mal arbeiten und wie lange diese
Arbeiten dauern. Der verantwortliche Chefgärtner – den Sie als Projektleiter ansehen können – möchte sich da nicht so genau festlegen, weil die Arbeiten nach seiner Aussage sehr meditativ sind und von der Inspiration ge-
leitet werden. Es ist eben anders als beim einfachen Getreideanbau.

▼ Der „Kampf" um die knappen Ressourcen für die Arbeit auf dem Maisfeld
und dem Hopfenfeld hat Tradition. Was kommt zuerst – Mais oder Hopfen?

Der Leiter der Biotope, den man einfach Bio nennt, vertritt schon länger die Ansicht, dass hier Mais und Hopfen verloren sei, und stellt immer lauter die Frage, ob es nicht besser wäre, diese Aktivitäten zu verringern und stattdessen zwei weitere Biotope anzulegen, denn darin liegt die Zukunft von Nature&Business.

▽ Was im Wald so alles passiert, ist recht unklar, da stehen die fünf anderen Spartenleiter im Dunkeln. Wann werden die geplanten Maßnahmen zur Sanierung des Waldes abgeschlossen sein, und welcher Return on Investment kann erwartet werden? Ist eine solche Rechnung überhaupt gemacht worden? Wer hat die Zahlen geprüft? Und wie steht es um das Projekt „Eindämmung der Wildschweinplage"? Es wird endlich Zeit, dass etwas Durchgreifendes passiert, denn die Säue richten erheblichen Schaden an, vor allem auf den Gemüse- und den Rosenfeldern. Der Spartenleiter Wald hat momentan aber andere Sorgen, er benötigt dringend Budget, weil er eine original Köhlerklause mit Spielplatz bauen will, um auch von den steigenden Besucherzahlen zu profitieren. Wie viel Geld haben eigentlich die anderen Projekte schon ausgegeben? Seiner Meinung nach wird es endlich Zeit, über ein „straffes" Projektcontrolling nachzudenken.

▽ Eine Spartenleiterin, von ihren Kollegen respektvoll die Seedame genannt, blickt besorgt auf einige Ideen und Aktivitäten ihrer Kollegen: Wird durch noch mehr Biotope das ökologische Gleichgewicht des Sees zerstört? Welche Risiken sind damit verbunden? In den letzten Jahren wurde nach ihrer Meinung zu viel Wasser für das Rosenfeld verbraucht. Warum holt man sich das Wasser nicht woanders her? Sie drängt darauf, das Wasser aus dem Klärwerk intensiver zu nutzen oder Wasser bei externen Versorgern zu kaufen. Sie kritisiert scharf den Leiter des Projekts „Sanierung und Erweiterung Klärwerk" (SEK), der einem anderen Spartenleiter untersteht. Dieser schreibt nach ihrer Meinung nicht nur unklare Berichte über den Stand des Vorhabens, sondern sogar falsche. Sie fordert, für das Projekt SEK ein Review durchzuführen, um endlich Transparenz zu erreichen. Auch sie benötigt personelle Ressourcen. Warum bekommt der See immer als Letzter die dringend benötigten Mitarbeiter? Das Seeufer muss saniert werden, einige Stege sind baufällig und die Behörde droht mit Schließung. Zur Realisierung neuer Ideen zur optimalen Nutzung des Sees bleibt überhaupt kein Raum mehr, diese fallen mangels Ressourcen buchstäblich ins Wasser.

Offensichtlich haben die Verantwortlichen einen hohen Koordinierungs- und Entscheidungsbedarf. Doch dabei treten Probleme auf:

▽ Bei den Leitern der Anwesen handelt es sich um viel beschäftigte Personen, die sich bis auf den eher bodenständigen Waldmenschen oft außerhalb des

Territoriums von N&B befinden, um die Entwicklung des Unternehmens voranzutreiben. Sie verhandeln mit Behörden und Reiseveranstaltern, man sieht sie auf Touristikmessen und anderen Events. Meetings mit der PR-Agentur und den Vertretern der Schulbehörde gehören genauso zu ihren Aufgaben wie die Verhandlungen mit den Lieferanten von Düngemitteln, Software, Maschinen, Gräsern, Fläschchen für das Rosenöl … Dazu kommen noch die vielen gesellschaftlichen Anlässe, wo man sich einfach zeigen muss.

▽ Neben der zeitlichen Beanspruchung gibt es noch ein weiteres Problem: Die unterschiedlichen Interessen führen immer wieder zu Abstimmungsproblemen. Es treten Missverständnisse auf und manche Entscheidungen möchte man auch nicht so klar treffen, um den Konsens im Kollegenkreis nicht zu gefährden. Feste Zusagen werden auch nicht immer eingehalten, was nicht weiter tragisch ist, weil es keine Konsequenzen gibt. Außerdem macht es jeder mal so.

▽ Außerdem sind die Aussagen der Projektbeteiligten oft zu ungenau, was nach Meinung der Spartenleiter vor allem für die Projektleiter zutrifft. Die Berichte kommen zu spät und manche überhaupt nicht. Man weiß nicht immer, wo die einzelnen Vorhaben wirklich stehen. Die Seedame bestreitet diese Aussage für ihre Mitarbeiter vehement und verweist stattdessen auf den Projektleiter SEK, der ein Paradebeispiel für Intransparenz darstellt.

▽ Alle sind sich darüber einig: Es muss etwas geschehen, um die Probleme müsste sich jemand kümmern! Ein Koordinator muss her, der die verschiedenen Projekte in der Landschaft plant und steuert! Nach Abwägen der Vor- und Nachteile wird gemeinsam entschieden, einen Koordinator einzustellen. In der Zeitung und im Internet finden die Interessenten die auf S. 49 dargestellte Stellenanzeige.

▽ Ein Koordinator muss her, der die verschiedenen Projekte in der Landschaft plant und steuert! Leicht gesagt, doch was gehört zu seiner Verantwortung? Was darf er entscheiden und was nicht? Damit sind wir bei der Rollenfrage angelangt.

Ihre Chance
Multiprojektmanager Nature&Business

*Die Anzahl und die Komplexität unserer Projekte steigen,
denn N&B will und muss sich weiterentwickeln.*

Planung, Koordination und Steuerung unserer Projekte sind ein strategischer Erfolgsfaktor für N&B – davon sind wir überzeugt.

Wir suchen eine/einen erfahrene(n) MultiprojektmanagerIn
mit profundem Know-how und pragmatischer Tatkraft.

Was erwarten wir:

> ➢ *Aufbau des Multiprojektmanagements*
> ➢ *Planung, Koordination und Steuerung der Projekte*
> ➢ *Intensive Unterstützung der Geschäftsleitung beim Projektportfolio-Management*

Entscheidungsfragen werden offen diskutiert

▼ Wer entscheidet über die Priorität der Projekte und Aufgaben?

▼ Wer entscheidet über die Verteilung des Budgets? Köhlerklause oder teure australische Kröten für die Biotope?

▼ Wer prüft, wie viel Geld für welche Aktivitäten bereits ausgegeben worden ist?

▼ Wer kontrolliert den Einsatz der Mitarbeiter in den Projekten? Wer „klopft den Künstlern des japanischen Gartens auf die Finger", wenn die Inspirationen ausbleiben und andere Projekte darunter leiden?

▼ Wer kümmert sich um die inhaltlichen Risiken der Projektideen? Schaden noch mehr Biotope dem See wirklich? Wer prüft die inhaltlichen und zeitlichen Abhängigkeiten zwischen den Projekten und die damit verbundenen Risiken?

▼ Wer weiß eigentlich, wie viele Projekte momentan laufen? Wo bekommen die Leiter der sechs Anwesen die richtigen Informationen her? Was sollen die Projektleiter erfahren und in welcher Reihenfolge müssen die Informationen fließen? Wer sorgt für die Transparenz?

Die Rollen in der Projektelandschaft von Nature&Business

Der Spartenleiter Biotope stellt die Rollen im Projektmanagement von Nature&Business dar. Er treibt dieses Thema voran, weil er davon überzeugt ist, dass nur durch Klärung der Aufgaben und Entscheidungsprozesse der zukünftige Multiprojektmanager eine Chance hat. Er wird von der Seedame unterstützt, während der Waldmensch und der Spartenleiter Felder dieses Thema eher für überflüssig halten: „Davon wächst das Korn auch nicht besser."

1. Die sechs Spartenleiter
   * sind zuständig für ihr jeweiliges Anwesen und müssen dafür sorgen, dass die tägliche Arbeit gemacht wird;
   * sind Auftraggeber der Projekte, die in ihrem Verantwortungsbereich laufen. Bei kleineren Projekten können auch Abteilungsleiter die Auftraggeberfunktion übernehmen.

2. Die Spartenleiter bilden als Gremium die Geschäftsleitung der Landschaft. Sie müssen die übergeordneten Fragen in N&B beantworten und bestimmen gemeinsam das Projektportfolio mit den Prioritäten. Bio betont immer wieder, dass die Leiter der Anwesen in ihrer Rolle als Geschäftsleiter nicht die Brille des Spartenleiters aufsetzen dürfen, sondern der Fokus muss auf der ganzheitlichen Sichtweise liegen. Er zieht eine Parallele zu Biotopen, die wie Organisationen nur als System verstanden werden können. Seine Kollegen hören ihm freundlich zu.

3. Das Oberhaupt der Familie ist der Geschäftsführer von N&B. Im Zweifelsfall entscheidet er. Als Leiter des größten Anwesens gerät er dabei manchmal in Rollenkonflikte, die er nach bestem Wissen und Gewissen löst. Man erwartet von ihm klare Entscheidungen, wenn man sich im Gremium nicht einigen kann.

4. In den einzelnen Anwesen gibt es Führungskräfte, die den Spartenleitern unterstehen. Sie sind verantwortlich, dass rechtzeitig gesät und geerntet wird oder das E-Werk genügend Strom liefert. Sie müssen Mitarbeiter für die Projekte abstellen, wobei sie immer wieder abwägen, welche Mitarbeiter im Projekt und welche im Tagesgeschäft arbeiten sollen, denn die besten werden überall benötigt.

5. Es gibt in N&B einige Spezialisten, die überall gebraucht werden: Die Elektriker, die sich im komplizierten, mit den Jahren gewachsenen Gewirr der Schaltungen und Kabel gut auskennen. Die Schweißer, die unter unmöglichen Bedingungen die Teile zusammenbiegen, sind genauso begehrt wie die Installateure, die um den Verlauf ihrer Rohre wissen. Nicht zuletzt seien die Biologen erwähnt, die sich mit dem ökologischen Gleich-

gewicht in N&B beschäftigen und wichtige Gesprächspartner der Behörden und Verbände sind. In vielen Projekten werden diese Keyplayer mit ihrem Know-how benötigt.

6. Die Projektleiter planen und steuern die einzelnen Projekte. Sie koordinieren die Aufgaben innerhalb ihres Projekts und überwachen den Projektfortschritt der einzelnen Arbeitspakete. Das größte Problem für sie besteht darin, die richtigen Mitarbeiter zum richtigen Zeitpunkt zu bekommen. Das Ringen um die Spezialisten ist besonders stark. Der Leiter des Projekts Sanierung und Erweiterung Klärwerk (SEK) hat es in diesem Fall recht einfach. Er weist auf die gesetzlichen Auflagen hin und kann auf die Konsequenzen von Zeitüberschreitungen von SEK für die tägliche Arbeit und für einige Projekte jederzeit aufmerksam machen. Alle wissen, dass SEK durchgeführt werden muss. Andere Projektleiter bemühen sich vergeblich um Mitarbeiter und fordern von ihren Vorgesetzten und den Spartenleitern klare Entscheidungen.

7. Man weiß, dass die Aufgaben des Multiprojektmanagers genau definiert werden müssen, um Ärger zu vermeiden. Sie vereinbaren, dieses Thema zu vertagen und sich die Vorstellungen der Bewerber anzuhören. In den nächsten Tagen kommen drei Bewerber, die man in die engere Wahl gezogen hat.

Die Bewerber erläutern ihr Rollenverständnis

▽ Der erste Bewerber – ein erfahrener Manager, der für die letzten 15 Jahre seiner Karriere eine neue Herausforderung sucht – präsentiert der Geschäftsleitung seine Konzeption über die Funktion des Multiprojektmanagers in der Unternehmensleitung:
  - Er hat die Verantwortung für alle Projekte.
  - Die Projektleiter müssen regelmäßig ihre Statusberichte liefern.
  - Neue Projekte dürfen nur dann starten, wenn er diese genehmigt hat.
  - Er entscheidet als Portfoliomanager in Abstimmung mit dem Geschäftsführer über die Priorität der Projekte und damit verbunden über den Einsatz der Ressourcen und die Verwendung des Gesamtbudgets.

Man bedankt sich für die Ausführungen und erteilt eine schriftliche Absage.

▽ Der zweite Bewerber, ein junger Mann mit exzellentem Hochschulabschluss, vertritt einen konträren Ansatz:
  - Er versteht sich vor allem als Consultant der Projekte. Er hat eine koordinierende, moderierende Funktion und seine Primary Task besteht darin, die Projekte – die Projektleiter, die Teams und die Auftraggeber – zu coachen. Entscheidend ist für ihn der Lernprozess aller Beteiligten im Sinne einer „Learning Organization". Die Beteiligten müssen selbst

die Erkenntnis gewinnen, dass das Ganze mehr ist als die Summe seiner Teile.

Man bedankt sich freundlich für die Ausführungen und wünscht ihm für seinen weiteren Werdegang viel Glück.

▼ Der dritte Bewerber – eine erfahrene Projektleiterin, die sowohl über eine recht gute theoretische Ausbildung als auch über reichhaltige Projekterfahrung verfügt – stellt ihre Vorstellung als Multiprojektmanagerin dar:

- Sie hat die Verantwortung für die Koordination der einzelnen Projekte. Die inhaltlichen, zeitlichen und personellen Abhängigkeiten werden von ihr erfasst.

- Sie bietet der Geschäftsleitung in regelmäßigen Abständen einen groben Überblick über den Stand der einzelnen Projekte und über den Zustand der Projektelandschaft.

- Die Verantwortung für die einzelnen Projekte muss beim Projektleiter und dem Auftraggeber liegen.

- Sie ist angewiesen auf richtige und rechtzeitige Information. Sie benötigt die Entscheidungskompetenz, solche Informationen zu verlangen bzw. zu holen.

- Sie sieht ihre Aufgabe darin, die methodischen, qualifikatorischen und instrumentellen Voraussetzungen für ein erfolgreiches Projektmanagement zu schaffen. Diese Aufgabe möchte sie in enger Zusammenarbeit mit den Beteiligten machen.

- Sie weist klar darauf hin, dass die Verantwortung für die Prioritäten der Projekte, für die Verwendung des Gesamtbudgets der Projekte bei der Geschäftsleitung liegt.

- Sie will organisatorisch einer Person unterstellt werden und hält die Anbindung an den Geschäftsführer für richtig. Während ihre Vorstellungen bisher von allen positiv aufgenommen worden sind, bemerkt sie nun bei einigen ein gewisses Unbehagen. Für einen Augenblick überlegt sie, ob sie diese Forderung relativieren soll, entscheidet sich aber dann, es nicht zu tun.

Der Geschäftsführer bedankt sich sehr für die Darstellung und bietet der Bewerberin eine Führung durch den japanischen Garten an. In der Zwischenzeit möchte man sich in der Geschäftsleitung beraten.

Der Geschäftsführer teilt ihr nach der Rückkehr aus dem japanischen Garten mit, dass sie die Stelle erhält, und erläutert die Entscheidung:

1. Ihr Konzept hat alle überzeugt. Die Balance zwischen notwendigen strukturellen Vorgaben und Spielräumen für die Projektleiter erscheint sinnvoll, denn man möchte auf keinen Fall eine alles dominierende Oberprojektleitung, was aus Sicht der Beteiligten ohnehin nicht möglich wäre.

2. Die Klarheit ihrer Ausführungen und das freundliche Auftreten bei gleichzeitiger Bestimmtheit haben allen imponiert.

3. Sehr positiv aufgenommen wurde von fast allen Geschäftsleitern ihr Ansatz, die Grundlagen für das Projektmanagement gemeinsam mit den Projektleitern und Linienstellen zu entwickeln, denn Akzeptanz ist wichtig für die Mitarbeitermotivation. Auch die Geschäftsleiter sind bereit, ihren Beitrag zu liefern.

Verlassen wir nun Nature&Business und wenden uns den Rollen, den Entscheidungsprozessen und den Aufgaben im Multiprojektmanagement anderer Unternehmen zu.

Die Rollenverteilung im MpM

Wie bei Nature&Business müssen in jedem anderen Unternehmen die Aufgabenverteilung und die Entscheidungsprozesse transparent sein.

▼ Aufgaben und Verantwortung der Unternehmensleitung
▼ Aufgaben und Verantwortung des Portfolio-Board
▼ Aufgaben und Verantwortung der Auftraggeber der einzelnen Projekte
▼ Aufgaben und Verantwortung der Projektleiter
▼ Aufgaben und Verantwortung der Linienvorgesetzten
▼ Aufgaben und Verantwortung der Mitarbeiter von Querschnittsfunktionen, wie Qualitätsmanagement, Controlling, Personalentwicklung und IT
▼ Und nicht zuletzt: Aufgaben und Verantwortung des Multiprojektmanagers

Diese Rollen müssen nach meiner Erfahrung geklärt werden, damit das Zusammenspiel aller Beteiligten im MpM funktioniert. Reibungslos und spannungsfrei wird es nie laufen, weil Zielkonflikte, unterschiedliche Sichtweisen und persönliche Differenzen unvermeidbar sind. Entscheidend für die Praxis ist, wer die Konflikte löst und wie sie gelöst werden. Das Netzwerk des Multiprojektmanagers muss tragfähig sein, damit es Spannungen und Belastungen aushalten kann.

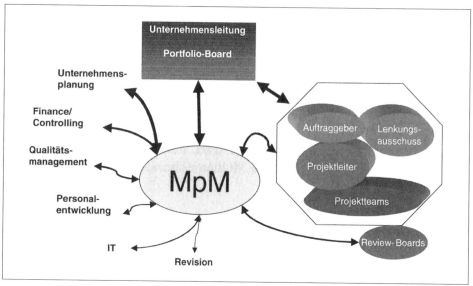

Abb. 5: Netzwerk des MpM

Welche Aufgaben und Verantwortung hat die Unternehmensleitung im MpM?

Diese Frage ist schnell beantwortet: Selbstverständlich entscheidet letztlich die Unternehmensleitung, welche Projekte mit welcher Priorität durchgeführt werden. Bei größeren Projekten wird sie auch über Projektverschiebungen entscheiden. Neben diesen strategischen Entscheidungen mit ihren zahlreichen verästelten operativen Konsequenzen hat die Unternehmensleitung auch die Aufgabe, die Entwicklung des Multiprojektmanagements zu fördern. Ohne Rückendeckung des Top-Managements geht es nunmal nicht.

Welche Aufgaben und Verantwortung hat das Portfolio-Board im MpM?

Für dieses Gremium findet man in der Praxis unterschiedliche Begriffe: zentraler Lenkungsausschuss, Steering Committee oder Multiprojektmanagement-Gremium. Ich habe mich für den Begriff Portfolio-Board entschieden, weil dadurch die Nähe zu den strategischen Entscheidungsprozessen am besten zum Ausdruck kommt.

Gleichgültig, wie die Bezeichnung auch lauten mag, es handelt sich hier nicht um einen Lenkungsausschuss für ein Projekt oder ein Programm, sondern um die Instanz, die über die Prioritäten im Projektportfolio entscheidet. Daneben haben die Mitglieder des Board die Aufgabe, den Einführungs- und Entwicklungsprozess für das Multiprojektmanagement als Machtpromotoren zu unterstützen.

Die Aufgaben des Portfolio-Board stimmen mit den Aufgaben der Unternehmensleitung überein. Warum dann diese Differenzierung? Oft sind im Portfolio-Board nicht alle Mitglieder der Unternehmensleitung vertreten, sondern nur diejenigen, die für eine bestimmte Projektart zuständig sind. Beim R&D-Portfolio-Board entscheidet das Gremium über die Priorität der R&D-Projekte, beim ORG/IT-Portfolio-Board über die Zusammensetzung des ORG/IT-Portfolios, und entsprechend entscheidet das Konzern-Portfolio-Board über die Prioritäten der Projekte konzernweit, was zwangsläufig mit einer höheren Verdichtungsstufe verbunden ist.

So setzt sich das Projektportfolio-Board für die R&D-Projekte in einem Unternehmen aus den Leitern der Bereiche Marketing, R&D, Produktion, Logistik und Finanzen zusammen und die Mitglieder sind dem Vorstandsvorsitzenden verantwortlich. In manchen Firmen stellt sich allerdings die Frage, wie entscheidungsfähig das Gremium wirklich ist. Häufige Entscheidungen am Board vorbei machen keinen Sinn, dann ist es besser, das Gremium löst sich auf und der Vorstand entscheidet direkt.

Das Lenkungsgremium von Programmen oder Großprojekten wird häufiger auch als Portfolio-Board bezeichnet. Sicher können umfangreiche, lang dauernde und sehr komplexe Großprojekte aus einer Vielzahl von größeren Einzelprojekten bestehen, die zum Portfolio des Programms gehören. Der Programm-Manager ist in dieser Organisationsform der Portfolio-Manager und dem Lenkungsgremium für den Fortschritt des Gesamtprojekts, für die Entwicklung des Portfolios verantwortlich. Ich bevorzuge hier die Begriffe Lenkungsgremium oder Steering Committee, um Missverständnisse zu vermeiden.

Welche Aufgaben und Verantwortung hat der Auftraggeber des Projekts im MpM?

Der Auftraggeber muss Klarheit bezüglich der Kernziele seines Projekts, der Priorität und der politischen und finanziellen Rahmenbedingungen schaffen. Bei der Vielzahl von Projekten im Unternehmen, die um personelle und finanzielle Ressourcen konkurrieren, kann er diese Entscheidungen nicht allein treffen, sondern er muss sein Projekt im Portfolio-Board verkaufen, denn dort wird über die Auswahl der Projekte entschieden. Der Auftraggeber bietet den „Schirm", damit das Projekt nicht „im Regen stehen bleibt". Natürlich befindet er sich bei einer Vielzahl von Projekten in einem Rollenkonflikt, wenn er sich einerseits als Auftraggeber seines Projekts für die hohe Priorität einsetzen muss und andererseits als Mitglied der Unternehmensleitung übergeordnete Ziele zu verfolgen hat.

Nicht nur in der Planungsphase hat der Auftraggeber Verbindungen zum Multiprojektmanager, auch wesentliche Veränderungen der Ziele und der Rahmenbedingungen müssen vom Auftraggeber dem Multiprojektmanager mitgeteilt werden. Nicht nur der Projektleiter, sondern auch der Auftraggeber ist dem Multiprojektmanager und dem Projektportfolio-Board für den Informationsfluss verantwortlich. Die Abstimmungsprozesse zwischen Auftraggebern, Projektleitern und dem Multiprojektmanagement müssen stimmen, was leider in der Praxis nicht immer der Fall ist.

Welche Aufgaben und Verantwortung haben die Projektleiter im MpM?

Der Projektleiter hat die operative Gesamtleitung des Projekts. Er muss das Projekt so führen, dass die Projektziele im vereinbarten Zeit- und Budgetrahmen erreicht werden. Zu seinen Aufgaben gehören:

▽ Klärung von Zielvorgaben und Rahmenbedingungen mit seinem Auftraggeber
▽ Leitung des Projektteams
▽ Projektplanung und -steuerung
▽ Informationspolitik
▽ Definition der Vorgehensweise im Projekt unter Beachtung der Projektmanagement-Standards
▽ Er ist dem Auftraggeber und dem Lenkungsausschuss für den Projektfortschritt verantwortlich – und nicht dem Multiprojektmanager.

Welche Anforderungen stellt das Multiprojektmanagement an die Projektleiter?

▽ Der Projektleiter muss sich an die Standards und Vorgehensweisen des Projektmanagements halten. Wenn jeder Projektleiter seine eigenen Planungstools benutzen würde, könnte das Multiprojektmanagement nicht funktionieren. Der Projektleiter achtet darauf, dass die Standards von den Teilprojektleitern und den Projektmitarbeitern eingehalten werden.
▽ Der Projektleiter informiert den Multiprojektmanager im Überblick über seine Projektplanung. Abhängigkeiten zu anderen Projekten und sonstigen Vorhaben müssen vom Projektleiter bereits in der Startphase erkannt und analysiert werden, denn der Multiprojektmanager ist nur in Ausnahmefällen fachlich und zeitlich in der Lage, so tief in das einzelne Projekt einzusteigen. Selbst wenn er in der Lage wäre, bleibt es trotzdem die Aufgabe der Projektleiter. Selbstverständlich werden der Projektleiter und bei Bedarf

auch das Projektteam diese Informationen in intensiver Zusammenarbeit mit dem Multiprojektmanager austauschen. Hier ist Kooperation pur angesagt und einigeln ist tabu.

▽ Regelmäßig wird das MpM vom Projektleiter über den Stand des Projekts informiert. Das geschieht durch die Statusberichte und in Meetings. Die Aktionen für diese Aufgaben sollten von den Projektleitern ausgehen. Werden die Informationen nicht pünktlich oder nicht in der vereinbarten Form geliefert, muss der Multiprojektmanager den Projektleitern und in der Eskalation den Auftraggebern „auf die Füße treten". Um das zu tun, benötigt er nicht nur die Rückendeckung der Unternehmensleitung, sondern auch persönliche Autorität.

▽ Der Projektleiter vertritt das Projekt im Lenkungsausschuss – nicht der Multiprojektmanager. So selbstverständlich diese Aussage für ein vernünftiges Projektmanagement auch ist, in der Praxis sieht es manchmal anders aus: Die Geschäftsleitung erwartet vom Multiprojektmanager, dass er die Meilensteinergebnisse der einzelnen Projekte präsentiert.

Welche Aufgaben und Verantwortung haben die Linienvorgesetzten im MpM?

Die Linienstellen sind dafür verantwortlich, die im Rahmen der Planung vereinbarten Leistungen sach-, termin- und kostengerecht zu liefern. Sie haben die Aufgabe, den Projektleiter rechtzeitig über sich abzeichnende Probleme zu informieren und das Projektteam bei der Durchführung von Korrekturmaßnahmen aktiv zu unterstützen. Der Linienvorgesetzte ist in der Matrixorganisation der Ressourcenmanager, der Mitarbeiter für das Projekt im notwendigen zeitlichen und qualifikatorischen Maß zur Verfügung stellt. Können auftretende Ressourcenkonflikte zwischen dem Linienmanager und dem Projektleiter nicht direkt geklärt werden, so muss der Auftraggeber eine Entscheidung im Sinne der Prioritätenklärung herbeiführen. Das ist nicht die Aufgabe des Multiprojektmanagers.

Die Verbindung zwischen dem Linienvorgesetzten und dem Multiprojektmanager liegt in der regelmäßigen Bewertung der grundsätzlichen Personalsituation in seiner Organisationseinheit. So sollte der Linienmanager möglichst direkt mitteilen, wenn Know-how-Träger kündigen, denn dadurch können Probleme für die gesamte Projektelandschaft entstehen. Auch die Einschätzung der fachlichen, methodischen und sozialen Qualifikation von Mitarbeitern für die Projektarbeit wird von Zeit zu Zeit mit dem Multiprojektmanager in Zusammenarbeit mit der Personalentwicklung und den betroffenen Mitarbeitern besprochen.

Abb. 6: Die Situation der Projektmitarbeiter gemeinsam analysieren, denn oft wird die Realität unterschiedlich gesehen

Welche Aufgaben und Verantwortung haben Mitarbeiter mit Querschnittsfunktionen aus den Bereichen Qualitätsmanagement, Controlling, Personalentwicklung oder IT im MpM?

Ich bitte um Nachsicht, wenn sich Mitarbeiter aus einer weiteren Querschnittsfunktion in dieser Auflistung nicht wiederfinden, sie erhebt keinen Anspruch auf Vollständigkeit. Mitarbeiter dieser Organisationseinheiten liefern Daten und erhalten welche.

▽ Mit dem Qualitätsmanagement gibt es Verknüpfungen bei Statusberichten oder beim Projektreview, denn QM leistet sowohl inhaltlich als auch prozessual einen wichtigen Beitrag.

▽ Die gemeinsamen Themen von Multiprojektmanagement und Controlling sind die einzelnen Projektbudgets und das Budget der Projektelandschaft mit seiner Verbindung zur mittelfristigen Finanzplanung. Auch bei Wirtschaftlichkeitsanalysen im Rahmen der Projektauswahl leistet das Controlling einen wichtigen Beitrag. Der Aufbau eines Performance Measurement mit der Balanced Scorecard für das Projektmanagement ist ohne die federführende Rolle des Controllings nicht möglich. Die Zusammenarbeit ist aufgabenbedingt sehr eng und in vielen Unternehmen werden die Aufgaben des Projektcontrollings in die Organisationseinheit MpM integriert. Ich halte diesen Ansatz für sinnvoll, um die Gesamtsteuerung zu ermöglichen.

▼ Mit dem Personalbereich gibt es neben dem Thema Qualifikationsmaßnahmen eine Reihe von Berührungspunkten:
  - Zeitliche Belastung von Projektmitarbeitern und -leitern
  - Gehaltsstruktur für Projektleiter oder Teilprojektleiter
  - Beurteilungsverfahren für Projektleiter und -mitarbeiter
  - Bonifikation für Projektteams – pro und kontra
  - Karriereplanung für Projektleiter
  - Betreuung von Ex-Patriots
  - In vielen ORG/IT-Projekten müssen die Informations- und Abstimmungsprozesse mit den Personalvertretungsgremien beachtet werden. Das ist Aufgabe der einzelnen Projektleiter in Zusammenarbeit mit dem Auftraggeber und dem Personalbereich. Den Multiprojektleiter interessiert, ob Probleme mit den Personalvertretungsgremien aufgetreten sind und welche Konsequenzen sich daraus für andere Projekte ergeben können. Auch bei der Ermittlung der Keyplayer in den Projekten hat der Betriebsrat ein gewichtiges Wort mitzureden, denn es handelt sich um personengebundene Daten.

▼ Die Auswahl von Projektmanagement-Tools sowohl für das Einzelprojekt als auch für das Multiprojektmanagement gehört zu den Aufgaben des Multiprojektmanagers. Diese Entscheidungen wird er in intensiver Kooperation mit der IT treffen.

Welche Aufgaben und Verantwortung hat der Multiprojektmanager?

Ohne organisatorische und persönliche Nähe zur Unternehmensleitung geht es nicht. Der Multiprojektmanager muss in der Aufbauorganisation so positioniert sein, dass er die projektübergreifende Planung und Steuerung durchführen kann. Ein effektiv arbeitendes MpM ist am besten am Geschäftsführer, am Vorstandssprecher, am CEO angebunden. Der Stellenwert des Multiprojektmanagements kommt auch durch die organisatorische Anbindung zum Ausdruck. Das Grundprinzip lautet: So hoch wie möglich.

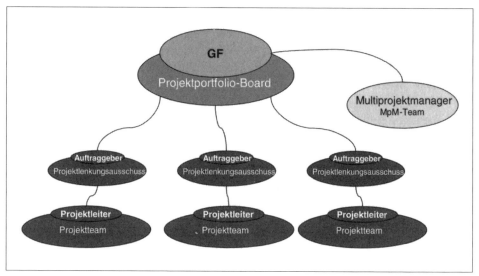

Abb. 7: Organisatorische Anbindung des MpM

Ist das MpM nicht für alle Projekte zuständig, sondern „nur" für IT-Projekte oder „nur" für die R&D-Projekte, so verlagert sich die organisatorische Anbindung an den Leiter der IT (CIO) bzw. den Leiter R&D.

Die Aufgaben des Multiprojektmanagers

Für manche Autoren gehört zu den Aufgaben des Multiprojektmanagers die Auswahl von Projekten, die Priorisierung aller Projekte im Projektportfolio oder das Abbrechen von nicht mehr Erfolg versprechenden Projekten. Diese Auffassung teile ich nicht, diese Aufgaben hat die Unternehmensleitung bzw. das Projektportfolio-Board. Ich sehe den Multiprojektmanager als den Navigator des Flottenverbandes und nicht als den Admiral, der die Entscheidung über den Kurs zu treffen hat. Natürlich weiß jeder, der sich mit der Seefahrt beschäftigt hat, dass ein guter Navigator in erheblichem Maße die Entscheidungen beeinflussen kann, vor allem dann, wenn der Admiral selbst die Lage nicht mehr überblicken kann und auf die Standortbestimmung angewiesen ist.

Der Multiprojektmanager hat drei Hauptaufgaben zu erfüllen, die um eine vierte erweitert werden kann:

▽ Planung der Projektelandschaft
▽ Steuerung der Projektelandschaft
▽ Infrastruktur für professionelles Projektmanagement entwickeln

▽ Einen Pool von erfahrenen Projektleitern und Projektberatern zur Verfügung stellen

Planung der Projektelandschaft

▽ Projektportfolio-Management ist die strategische Aufgabe des Multiprojektmanagers. Durch Multiprojektmanagement soll erreicht werden, dass diejenigen Projekte in das Projektportfolio kommen, die dem Unternehmen den größten Nutzen bringen.
Bei neuen Projekten müssen widersprüchliche Ziele erkannt und aufgelöst werden. Positive oder negative Einflussmöglichkeiten des geplanten Projekts auf andere Projekte müssen analysiert werden. Riskmanagement leistet hier einen wichtigen Beitrag. Auch bei laufenden Projekten ist regelmäßig zu prüfen, ob die festgelegten Prioritäten noch gültig sind und die strategischen Ziele erreicht werden.

▽ Kapazitätsplanung über alle Projekte hinweg:
  • Die Planung muss sowohl quantitative als auch qualitative Aspekte der Mitarbeiter berücksichtigen.
  • Auch der Anteil der externen Projektmitarbeiter sollte bei der Planung beachtet werden. Dafür sprechen zum einen Kostenaspekte und zum anderen gilt es, unerwünschte Abhängigkeiten zu vermeiden.
  • Besonderes Augenmerk sollte abhängig von der Situation des Unternehmens und der Komplexität der Projekte auf die Keyplayer gelegt werden. Wenn sie unrealistisch verplant werden, baut man Projekte auf Sand, Terminverschiebungen und Qualitätsprobleme sind vorprogrammiert.

▽ Budgetplanung für die Projektelandschaft auf der Basis der mittelfristigen Unternehmensplanung und der Budgetplanung der einzelnen Projekte: Die mittelfristige Finanzplanung bildet eine wichtige Grundlage für die Planung des Projektportfolios. Es muss klar sein, wie viel Geld in der Planungsperiode überhaupt im Topf ist, wie viel davon bereits fest eingeplant ist und welcher Spielraum noch zur Verfügung steht.

Steuerung der Projektelandschaft – Controlling und Reporting

▽ Der Multiprojektmanager muss auf Basis der Statusberichte der einzelnen Projekte die daraus resultierenden Auswirkungen auf die Projektelandschaft analysieren und transparent machen. Die Projektleiter müssen qualifizierte Informationen über den Projektstatus an das Multiprojektmanagement in den vereinbarten Zeitintervallen liefern. MpM hat dafür einen standardisierten Statusbericht ausgearbeitet. Solange das Fundament „ein qualifiziertes Projektmanagement im Unternehmen" nicht existiert, kann Multiprojektmanagement nicht funktionieren.

▽ Um die Abhängigkeiten zwischen bestimmten Projekten zu erkennen, lädt der Multiprojektmanager die beteiligten Projektleiter zu gemeinsamen Sitzungen ein, denn auf diese Weise können mögliche Probleme am besten erkannt werden. MpM steuert den Vernetzungsprozess.

▽ Neben den Hard facts der Projektarbeit sollten vom Multiprojektmanager auch die Auswirkungen von Soft facts auf die Projektelandschaft deutlich gemacht werden:

  • Qualifizierte Mitarbeiter sind enttäuscht, dass schon wieder keine klaren Entscheidungen vom Portfolio-Board über die Prioritäten der Projekte getroffen wurden. Sie sind nicht mehr bereit, diesen Zustand durch permanente Überstunden und Abstriche an der Qualität der Projektergebnisse zu akzeptieren. Einige äußern Kündigungsabsichten, andere haben die „Nase von Projektarbeit endgültig voll".

  • Obwohl es in verschiedenen Runden bereits diskutiert wurde, wird in zwei Vorstandsressorts an ähnlichen Projektzielen gearbeitet. Eine Überprüfung, ob Doppelarbeiten stattfinden und ob man nicht besser ein gemeinsames Projekt daraus machen kann, findet nicht statt. Die Verantwortlichen lassen sich nicht gerne in die Karten schauen. Hier muss der Multiprojektmanager als Navigator und Wächter des Gesamtsystems Projektelandschaft im Konzern auftreten, indem er der Unternehmensleitung Fragen stellt:

    – Ist dieser Zustand gewollt? Wenn ja, warum?

    – Mit welchen Argumenten kann diese Entscheidung den Projektbeteiligten vermittelt werden?

    – Soll dieser Zustand verändert werden? Wenn ja, wie? Soll ein Projekt daraus gemacht werden oder sollen die Projekte stärker zusammenarbeiten?

    – Wer trifft die Entscheidung?

    – Wird sie von den beiden Ressortleitern akzeptiert?

Infrastruktur für professionelles Projektmanagement entwickeln

Erfolgreich ist Projektmanagement dann, wenn es im Unternehmen von allen Projektbeteiligten als eine besondere Führungs-, Organisations- und Arbeitsform in und neben der Linienorganisation verstanden wird.

Das gemeinsame Grundverständnis kommt nicht durch bloße Worte zum Ausdruck, sondern nur durch Taten. Der Multiprojektmanager hat die Aufgabe, Projektmanagement als Führungs-, Organisations- und Arbeitsform zu etablieren, er ist verantwortlich für den Projektmanagement-Prozess.

▽ *Prozesse, Standards, Kennzahlen, Formulare und Regeln* muss der Multiprojektmanager in enger Zusammenarbeit mit den Projektbeteiligten entwickeln und einführen. Strukturierungen sind notwendig, doch sollte sich der Multiprojektmanager von der Maxime leiten lassen: So viel Struktur wie nötig, so viel Spielraum wie möglich.

▽ *Das Projektmanagement-Tool auswählen und einführen*, um
  - die Planungssicherheit zu erhöhen,
  - ein einheitliches Reporting zu erreichen,
  - den Projektleitern ein Instrument zur Verfügung zu stellen, mit dem sie ihre Projekte effizient steuern können.

Tools sind ein notwendiges Element im Multiprojektmanagement, wobei zu beachten ist, dass der Reiter das Pferd beherrscht und nicht das Pferd den Reiter.

▽ *Qualifikationsmaßnahmen entwickeln und veranlassen*

Gemeinsam mit der Personalentwicklung ist der Multiprojektmanager verantwortlich für die Qualifikation der Projektbeteiligten. Im Mittelpunkt dieser Maßnahmen stehen Projektleiter, Teilprojektleiter und Projektmitarbeiter. Aber auch Führungskräfte oder Mitglieder von Reviewboards müssen qualifiziert werden.

  - Führungskräfte müssen ihre Aufgaben in den Projekten kennen. Die Darstellung des Projektmanagement-Systems bietet eine gute Grundlage für Informationsveranstaltungen. Qualifikationsmaßnahmen können unter der Überschrift laufen: „Was müssen Führungskräfte des Unternehmens über das Projektmanagement-System wissen, damit die Projekte noch erfolgreicher laufen?"
  - Mitglieder von Reviewboards lernen, mit welchen theoretischen Ansätzen, welchen Methoden und Instrumenten sie Reviews systematisch planen, durchführen und auswerten können.

▽ *Das Projektmanagement-Netzwerk gestalten*

Unternehmen müssen im zunehmenden Maße interne und externe Netzwerke aufbauen, um Leistungen zu erbringen. Bereichs- und Ressortegoismus können aus einem Netzwerk schnell Flickwerk machen. MpM organisiert und moderiert den Erfahrungsaustausch zwischen den Projektleitern, wobei abhängig vom Thema auch externe Kooperationspartner eingeladen werden sollten. Netzwerk- und Lerngruppen gibt es mittlerweile in recht vielen Unternehmen. Hier können sowohl fachliche und methodische Fragen besprochen werden als auch grundsätzliche Fragen zur Situation der Projektarbeit im Unternehmen wie die Karriereplanung für Projektleiter oder der Umgang mit Konflikten. Mitglieder des Portfolio-Board und interne sowie externe Experten können bei Bedarf eingeladen werden, um über spezielle Gebiete zu referieren.

▼ *Der Multiprojektmanager – Coach der Projektleiter?*
Häufig werde ich gefragt, ob der Multiprojektmanager die Projektleiter und Projektteams coachen darf. Ich sehe hier einen Rollenkonflikt und stehe deshalb dem Coaching für Projektleiter durch den Multiprojektmanager skeptisch gegenüber. Worin besteht der Rollenkonflikt? MpM muss die Fehlentwicklungen im Projektverlauf erkennen und transparent machen und wird deshalb stets ein waches Auge auf Schwachstellen haben. Zu den Voraussetzungen für Coaching als Personalentwicklungsmaßnahme gehören Offenheit und Vertraulichkeit, der geschützte Rahmen und die Wahlfreiheit, sich den Coach zu suchen, den der Ratsuchende für geeignet hält. Diese Voraussetzungen sehe ich beim Multiprojektmanager nicht gegeben. Damit ist nicht ausgeschlossen, dass der erfahrene Multiprojektmanager seine „Trickkiste" öffnet und den Projektleitern den einen oder anderen Tipp vermittelt. Selbstverständlich kann MpM Coaching initiieren und einen Pool von unternehmensinternen oder externen Coachs anbieten.

▼ *Systematische Projektauswertung/Projektassessment*
Bruchstellen sind Fundstellen. Projektmanagement ist ein Lernprozess von Personen, Gruppen und der Organisation. Deshalb gehört eine fundierte Projektauswertung zur Projektarbeit. Folgende Kernfragen diskutieren die Projektbeteiligten, Projektleiter, Projektmitarbeiter, Auftraggeber, Mitglieder des Lenkungsausschusses, Qualitätsmanagement und die externen Mitarbeiter in Auswertungssitzungen. Die Ergebnisse werden im Abschlussbericht zusammengefasst.

  ○ Haben wir unsere Ziele erreicht?
  ○ Wie haben wir die Ziele erreicht?
  ○ Welche Erfahrungen aus diesem Projekt können für noch laufende und neue Projekte genutzt werden?

Im Projektassessment hat der Multiprojektmanager drei Aufgaben:

1. Die Infrastruktur für qualifizierte Projektauswertungen zu schaffen. Dazu gehören sowohl Checklisten für die qualifizierte Projektauswertung als auch die Einführung von Knowledge-Management mit einer entsprechenden Wissensdatenbank.

Abb. 8: Aufgaben des Multiprojektmanagers

2. Der Multiprojektmanager arbeitet an der Auswertung als Moderator und Methodenberater mit. Er bringt zum einen seine Erfahrungen und sein analytisches Know-how ein und zum anderen kann er die Projektbeteiligten

über den Stand der Projektelandschaft nach Beendigung dieses Projekts informieren.

3. Die verdichteten Ergebnisse verschiedener Projektauswertungen sollen mindestens einmal jährlich im Unternehmen präsentiert werden, um die Erfolge gebührend zu feiern und an den Schwachstellen zu arbeiten. Hierzu einige Fragen:

   – Wo liegen unsere Stärken im Projektmanagement, worauf können wir stolz sein?

   – Welche Projekte waren besonders erfolgreich? Wo lagen die Gründe für den Erfolg?

   – Was können wir unternehmen, um die Projektlaufzeiten zu verkürzen?

   – Wie können wir die Projektrisiken besser erfassen?

   – Haben wir unseren Projektmanagement-Prozess richtig definiert? Wo gibt es Optimierungsbedarf?

   – Wie können wir die Verbindlichkeit in den Projekten verbessern?

   – Wie können wir die Zusammenarbeit zwischen den Projekten verbessern?

   – Warum wird das Projektmanagement-Tool nicht von allen im richtigen Maße genutzt?

Um den Projekterfolg und den Projektverlauf systematisch zu bewerten, sind Qualitätsstandards für die Projektarbeit erforderlich. Ein Benchmarking innerhalb des Konzerns und mit anderen Unternehmen bietet Orientierung und Antrieb, um das Projektmanagement kontinuierlich zu verbessern.

▼ *Beim Projektabbruch ist MpM immer dabei*

Die Probleme in schlecht laufenden Projekten werden gerne unter den Teppich gekehrt, der Grad zwischen transparenter Projektverschiebung und Projektversandung ist manchmal schmal. Ein Projektabbruch oder eine Projektverschiebung sollte ohne Analyse der Ursachen und Darstellung der Konsequenzen nicht erlaubt sein. Der Multiprojektmanager sollte auf jeden Fall ein Review durchführen oder es veranlassen, wenn das Projekt abgebrochen bzw. verschoben werden soll, um die Konsequenzen für die anderen Projekte zu ermitteln.

Einen Pool von erfahrenen Projektleitern und Projektberatern zur Verfügung stellen

In manchen Firmen bietet Multiprojektmanagement auch einen Pool von erfahrenen Projektleitern oder Projektberatern an, die für einen gewissen Zeitraum den Projekten zur Verfügung gestellt werden. Das Spektrum dieser Dienstleistung sieht unterschiedlich aus:

▼ Die vollständige oder vorübergehende Leitung eines Projekts
▼ Unterstützung bei Machbarkeitsstudien
▼ Kick-off-Beratung
▼ Durchführung von Reviews auf Wunsch der Auftraggeber, der Lenkungs- ausschüsse oder der Projektleiter
▼ Hilfestellung bei der Anwendung des Projektmanagement-Tools

In einigen Unternehmen können diese Leistungen berechnet werden. Neben den internen Kunden können solche Dienstleistungen auch externen Kunden angebo- ten werden, falls die Mitarbeiter des MpM-Office über genügend freie Kapazität verfügen und keine Bedenken wegen eines unerwünschten Know-how-Transfers bestehen.

Muss- und Kannaufgaben des Multiprojektmanagers

Aus der Aufgabenbeschreibung für das MpM wird deutlich, dass es eine Reihe von Anforderungen an die Projektbeteiligten gibt, die einfach erfüllt werden müs- sen. Andere Aufgaben des MpM sind Angebote, die durch professionelle Dienst- leistung verkauft werden können. Die Unterscheidung zwischen Muss- und Kann- aufgaben ist in der Praxis von großer Bedeutung, um überflüssige Diskussionen und Streitereien zu vermeiden.

Bei den *Mussaufgaben* fordert der Multiprojektmanager die Leistung von den Projektbeteiligten.

▼ In einem Versicherungskonzern dürfen Projekte erst gestartet werden, wenn der Multiprojektmanager in Zusammenarbeit mit den Projektleitern die Projektziele auf Basis einer Machbarkeitsstudie auf Abhängigkeiten und Synergien zu anderen Projekten im Konzern überprüft hat.
▼ In einer Bank müssen alle Projektleiter monatlich einen standardisierten Statusbericht liefern.
▼ In einem Industrieunternehmen muss der Multiprojektmanager regelmä- ßig Statusanalysen mit dem Projektteam und Spezialisten durchführen und darf sich nicht danach richten, ob das Projektteam damit einverstan- den ist oder nicht. Die Frage nach der Zustimmung wäre nicht nur unsin- nig, sondern auch unaufrichtig, denn die Tätigkeit gehört zu seinen festen Aufgaben. In besonderen Fällen werden umfassende Reviews veranlasst, auch gegen die Einwände von Projektleitern und Führungskräften, was die Durchführung des Reviews sicher nicht einfacher macht. Hier hat sich der Einsatz eines zweiten externen Reviewers bewährt, der im Zusam- menspiel mit dem internen Reviewer über die notwendige professionelle Distanz verfügt.

▼ Die Geschäftsleitung eines Spezialmaschinenbauers verlangt, dass Projekte nur dann beendet werden, wenn gemeinsam mit dem MpM eine Projektauswertung durchgeführt worden ist; andernfalls werden Projektleiter und Auftraggeber nicht aus ihrer Verantwortung entlassen.

Bei den *Kannaufgaben* tritt der Multiprojektmanager als Dienstleister auf und kann sich nicht auf seine Machtpromotoren verlassen. Es zählt nur, ob die Leistungen des MpM von den Kunden genutzt und positiv bewertet werden.

Aufgaben	Muss	Kann
Projektportfolio planen und steuern		
Die Geschäftsführung bei der strategischen Planung von Projekten durch qualifizierte Informationen unterstützen	x	
Mit geeigneten Planungsverfahren und Instrumenten den Auswahlprozess von neuen Projekten gestalten	x	
Kosten-Nutzen-Analysen der geplanten Projekte auf Basis der Machbarkeitsstudien anweisen	x	
Abhängigkeiten und Risiken bewerten, Redundanzen vermeiden und Synergien erreichen	x	
Den Priorisierungsprozess planen, steuern und moderieren, aber die Entscheidungen über die Prioritäten im Projektportfolio trifft das Portfolio-Board bzw. die Geschäftsleitung	x	
Projektjahresplanung vorbereiten und diesen Prozess steuern	x	
Projektelandschaft kontinuierlich transparent machen		
Controlling der Projektelandschaft sicherstellen, die Auswirkungen von Fehlentwicklungen in Projekten auf die Projektelandschaft aufzeigen	x	
Aktuelle Statusberichte der einzelnen Projekte auswerten als Grundlage für das Controlling der Projektelandschaft	x	
Ressourcenoptimierung fördern		
Aktuelle Übersicht über die Personalsituation in den Projekten schaffen	x	
Keyplayer ermitteln und die Abhängigkeiten und Risiken für das Unternehmen analysieren	x	
Analyse des Budgets des Projektportfolios	x	

Aufgaben	Muss	Kann
Reviews – Projektanalysen		
Projektabbrüche analysieren und die Ursachen dem Portfolio-Board mitteilen	x	
Projektverschiebungen analysieren und die Ursachen dem Portfolio-Board mitteilen	x	
Reviews/Audits selbst durchführen		x
Reviews/Audits einleiten, begleiten	x	
Projektauswertungen mit den Beteiligten des Projekts durchführen	x	
Infrastruktur für Projektarbeit schaffen und optimieren		
Prozesse, Standards, Regeln und Instrumente, PM-Tools etablieren, für die notwendige Vereinheitlichung sorgen, aber ohne unnötige Formalisierungen	x	
Analyse der Projektarbeit in sinnvollen Abständen, um aus dem Verlauf der einzelnen Projekte zu lernen	x	
Knowledge-Management für Projektarbeit aufbauen und pflegen	x	
Projektkultur im Rahmen der Unternehmenskultur fördern	x	
Beratung und Qualifikation der Projektbeteiligten		
Unterstützung der Projektleiter und der Projektteams zu Beginn eines Projekts		x
Erfahrungsaustausch der Projektleiter und von anderen Projektbeteiligten initiieren	x	
Qualifikationsbedarf ermitteln		x
Qualifikationsmaßnahmen einleiten		x
Qualifikationsmaßnahmen durchführen		x
Operative Mitarbeit in Projekten		
Projektleiter oder Teilprojektleiter für die gesamte Laufzeit des Projekts		x
Projektleiter oder Teilprojektleiter für einen Abschnitt des Projekts		x
Projektberatung		x

Analysieren Sie die Rolle und die Aufgaben des MpM

Welche Aufgaben werden vom Multiprojektmanager im Unternehmen wahrgenommen und wie werden sie ausgeführt? Mit dieser Checkliste können Sie auch Ihr eigenes Rollenverständnis und Ihre Situation als Multiprojektmanager auf den Prüfstand stellen.

Aktivitäten	voll	weit-ge-hend	teils-teils	wenig	gar nicht
MpM unterstützt die Geschäfts-führung bei der strategischen Planung durch qualifizierte Informationen.					
MpM ist am Auswahlprozess von neuen und laufenden Projekten intensiv beteiligt.					
Das Planungsverfahren für neue Projekte ist richtig.					
Das Planungsverfahren für neue Projekte ist allen Beteiligten klar.					
Kosten-Nutzen-Analysen der geplanten Projekte werden durchgeführt.					
Risiken werden bei neuen Projekten bewertet.					
MpM plant und moderiert den Priorisierungsprozess, aber die Entscheidungen über die Prioritäten im Projektportfolio trifft die Geschäftsleitung.					
MpM kontrolliert das Gesamtprojekt-portfolio.					
MpM hat die Aufgabe, die Projekte-landschaft zu controllen.					
Auswirkungen von Fehlentwicklungen in Projekten auf die Projektelandschaft werden vom MpM transparent gemacht.					
Aktuelle Statusberichte der Projekte kommen regelmäßig.					
Die Aussagen der Statusberichte sind gut geeignet, um sich ein Bild von der Projekte-landschaft zu machen.					

Aktivitäten	voll	weit-ge-hend	teils-teils	wenig	gar nicht
MpM erstellt regelmäßig eine aktuelle Ressourcenübersicht.					
Interne Keyplayer werden kontinuierlich ermittelt, um Abhängigkeiten zu vermeiden und um den Know-how-Transfer zu ermöglichen.					
Projektverschiebungen werden grundsätzlich vom MpM analysiert und die Ursachen dem Portfolio-Board mitgeteilt.					
Projektabbrüche werden grundsätzlich vom MpM analysiert und die Ursachen dem Portfolio-Board mitgeteilt.					
MpM führt Reviews/Audits durch.					
MpM leitet Reviews/Audits ein und begleitet den Reviewprozess.					
MpM führt Projektauswertungen mit den Beteiligten des Projekts durch.					
MpM hat die Aufgabe, Projektmanagement als Führungs-, Organisations- und Arbeitsform zu etablieren.					
Unternehmensleitung und Projektleiter wissen, was unter Führungs-, Organisations- und Arbeitsform ver-standen wird.					
MpM hat die volle Unterstützung der Geschäftsleitung.					
Prozesse, Standards und PM-Tools sind vorhanden.					
Prozesse, Standards werden beachtet.					
PM-Tools werden genutzt.					
MpM analysiert in sinnvollen Abständen den Zustand des Projektmanagements, um Projektarbeit kontinuierlich zu verbessern.					

Aktivitäten	voll	weit- ge- hend	teils- teils	wenig	gar nicht
Knowledge-Management für Projekt- arbeit ist vorhanden.					
Der geplante Erfahrungsaustausch der Projektleiter wird vom MpM koordiniert.					
Qualifikationsmaßnahmen werden professionell durchgeführt.					
MpM stellt Projektleiter oder Teilpro- jektleiter zur Verfügung.					

Ein glaubwürdiges Multiprojektmanagement verlangt Kontinuität

Ist diese Stelle als „Durchlauferhitzer" geeignet, um nach ein bis zwei Jahren einen Karrieresprung zu machen? Nein, denn Kontinuität spielt für die Entwicklung des MpM und die Akzeptanz des Multiprojektmanagers eine bedeutende Rolle. Der Multiprojektmanager muss die Planung und Steuerung der Projektelandschaft sowie die unter seiner Leitung geschaffene Infrastruktur des Projektmanagements verantworten – und die Ergebnisse zeigen sich nicht nach einem oder zwei Jahren.

Programm-Manager und Multiprojektmanager haben unterschiedliche Rollen

Der Programm-Manager hat im Unterschied zum Multiprojektmanager unmittelbare Führungsverantwortung für sein Programm/Großprojekt. In vielen Unternehmen beurteilt er seine Projektleiter und beeinflusst das Jahresgehalt erheblich.

Wird das Programm in der Form der reinen Projektorganisation durchgeführt, so hat er auch die volle Personalverantwortung, kann neue Mitarbeiter einstellen und auch welche entlassen.

Der Programm-Manager muss als Leiter des Gesamtprojekts unmittelbar in die Abläufe der einzelnen Projekte des Programms eingreifen, wenn es der Verlauf des Gesamtprojekts verlangt. Er steuert durch die Ressourcenverteilung erheblich den Verlauf der einzelnen Projekte. Die Entscheidungskompetenz der einzelnen Projektleiter wird durch ihn eingeschränkt. Der Programm-Manager ist für den Erfolg des Programms gegenüber dem Auftraggeber, seinem Kunden, verantwortlich.

Aufgaben des Programm-Managers

▽ Gesamtverantwortung für die Planung und Steuerung der einzelnen Projekte des Programms

▽ Abstimmungs- und Entscheidungsprobleme zwischen den Projekten lösen

▽ Die Aufbauorganisation des Programms planen und entscheiden, grundlegende Entscheidungen stimmt er mit seinem Lenkungsgremium ab

▽ Die Gestaltung des Informationsflusses

▽ Er sorgt für die Integration der einzelnen Projekte in das Programm

▽ Er kümmert sich um die Zusammenarbeit zwischen den Projekten

▽ Programmweite Kosten-Nutzen-Analyse

▽ Riskmanagement für das Programm

▽ Priorisierungsprozesse innerhalb des Programms steuern. In manchen Firmen hat er als „Unternehmer des Programms" einen großen Entscheidungsspielraum, in anderen Firmen muss er sich bei Prioritätenänderungen zwischen den Projekten mit dem Lenkungsausschuss oder der Unternehmensleitung häufiger abstimmen

▽ Verantwortung für die Personalplanung

▽ Verantwortung für die Budgetplanung

▽ Überwachung und Steuerung des Programmfortschritts

▽ Der Programm-Manager führt die Projektleiter häufig disziplinarisch

▽ Er ist der oberste Personalentwickler des Programms und wird sich hier der Unterstützung von Experten bedienen

▽ Der Programm-Manager repräsentiert das Programm innerhalb und außerhalb des Unternehmens

Um seine Aufgaben bewältigen zu können, hat der Programm-Manager oft ein Projekt-Office zu seiner Verfügung, das sowohl aus einem Mitarbeiter bestehen kann als auch aus einer Crew von Projektmanagement-Experten.

Unterscheidung MpM und Programm-Manager

Multiprojektmanager	Programm-Manager
Navigator der Projektelandschaft	Kapitän des Programms
Fokus: Gesamtsicht über die Projekte	Fokus: das Programm
Koordinationsaufgabe	Führungsaufgabe
Analysiert und stellt die Probleme dem Projektleiter, dem Auftraggeber und dem Portfolio-Board dar	Muss unmittelbar in die Projekte eingreifen, wenn die Situation es verlangt
Hat keine Budgetverantwortung für ein Projekt, muss aber über das Gesamtbudget der Projektelandschaft wachen	Hat die Budgetverantwortung
Analysiert die Personalsituation in der Projektelandschaft	Hat Personalverantwortung
Daueraufgabe, solange die Projektelandschaft zu koordinieren ist	Endet mit Abschluss des Programms
Muss sich oft mit der internen Politik, mit Macht und seiner Ohnmacht auseinander setzen	Ist oft dem rauen Wind der Kunden ausgesetzt, wenn es sich um ein externes Projekt handelt

Die Qualifikation des Multiprojektmanagers

Was muss ein Multiprojektmanager alles können, in welche Richtung sollte er sich entwickeln? Bei der Vielzahl der Aufgaben und den unterschiedlichen Spannungsfeldern, in denen er sich bewegt, wird deutlich, dass er ein gehöriges Maß an persönlicher Souveränität benötigt, in Systemzusammenhängen denken muss, Planungsprozesse beherrscht und auch in schwierigen Workshops die Übersicht behält.

Eine profunde Erfahrung als Projektleiter ist die Voraussetzung. Er muss nicht nur wissen, wie man Projekte plant und steuert, sondern er sollte am besten „am eigenen Leib gespürt haben", was in Projekten so alles geschieht, welche Widerstände in der Projektarbeit auftreten, welche positiven und negativen Einflüsse Machtprozesse auf den Projektverlauf haben und wie die Projektleitung mit diesen Problemen am besten umgehen kann. Er muss wissen, worüber er redet, denn davon hängt seine Glaubwürdigkeit ab.

Soziale Kompetenz ist unbedingt notwendig, um in den Spannungsfeldern des MpM nicht unterzugehen

Die Spannungsfelder des Multiprojekt-managers	Anforderung an die soziale Kompetenz des Multiprojektmanagers
Fehlentwicklungen in den Projekten müssen erkannt und der Unternehmensleitung klar kommuniziert werden, aber der Multiprojektmanager darf nicht zum Schnüffler der Geschäftsleitung werden	• Analytisch fragen und zuhören können • Themen in Ruhe und mit Systematik bearbeiten • Sich abgrenzen können • Seine Meinung klar artikulieren • Konfliktmanagement
Rahmenbedingungen müssen gesetzt werden, aber sie dürfen nicht über das notwendige Maß hinaus die Projekte einengen	• Position beziehen • Sensibilität für Widerstände und mit Widerständen umgehen können; Widerstände auch als Chance achten • Pedanterie und Rechthaberei sind ungeeignet
Der Multiprojektmanager muss die Entwicklung der Projekte verfolgen, aber er darf sich nicht im Detail des einzelnen Projekts verlieren	• Systemzusammenhänge verstehen • Auf den Anspruch, alles im Detail verstehen zu müssen, verzichten lernen
Konsequenzen von Fehlentscheidungen muss er bereichs- und hierarchiestufenübergreifend deutlich machen, aber er darf sich dabei nicht so viele Feinde schaffen, dass er zum Hofnarren oder zum Querulanten wird	• Machtprozesse erkennen • Eigene Blockaden im Umgang mit mächtigen Personen abbauen • Gespür entwickeln, durch welche Verlockungen der Macht er verführbar ist • Sich regelmäßig Gedanken über das eigene Verhalten machen, Kritik fordern und selbstkritisch sein • In der Lage sein, sich klar zu positionieren, unabhängig von der Person und Funktion

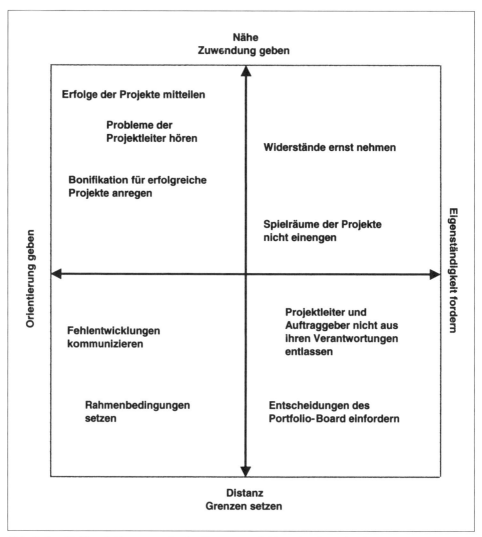

Abb. 9: Der Multiprojektmanager in den Spannungsfeldern der Organisation

Der Multiprojektmanager muss Organisation in Systemzusammenhängen verstehen können und entsprechend handeln

Multiprojektmanagement ist Komplexitätsmanagement. Was bedeutet das für die Qualifikation des Multiprojektmanagers?

▼ Er sollte sich mit Systemtheorie beschäftigen, um die Komplexität der Projektelandschaft besser zu verstehen. Er behält leichter den Überblick und kann sicherer handeln. Das Risiko, sich in Detailthemen zu verlieren, ohne zu prüfen, ob dies wirklich der Problemlösung nutzt, wird vermindert.

▼ Der Multiprojektmanager erweitert ständig sein Wissen und seine Erfahrungen über die Bedeutung von Strukturen und Verhalten in Organisationen. Er schätzt auch hier die Theorie, denn er weiß, dass nichts so praktisch ist wie eine gute Theorie. Er ist sicher keine „Theoretiker", der die Modelle nicht verständlich in die Praxis umsetzen kann. Von welchen Gebieten sollte er etwas verstehen, wo kann er seinen Horizont erweitern?

  ○ Unternehmensstrategie: Einfluss der strategischen Ziele auf die Planungsprozesse des MpM, Portfoliotheorie

  ○ Nutzwertanalyse, Verfahren der Investitionsrechnungen, Wirtschaftlichkeitsanalysen

  ○ Prozessdenken – Prozesse analysieren können

  ○ Controlling

  ○ Riskmanagement

  ○ Einflüsse des Marktes, der Produkte und der Technologien auf das Unternehmen, die Projekte, Gruppen und Individuen

  ○ Veränderungsprozesse gestalten, mit Widerständen umgehen können

  ○ Gruppendynamik: Gruppenprozesse verstehen und beeinflussen können

  ○ Einflussfaktoren der Unternehmenskultur und Möglichkeiten, diese im Rahmen des Projektmanagements positiv zu entwickeln

Keine Sorge, der Anspruch lautet nicht, dass ein Multiprojektmanager diese Themen beherrschen muss. Ich möchte damit lediglich Perspektiven für Entwicklungsschritte aufzeigen. Je besser der Multiprojektmanager sich in diesen Gebieten auskennt, desto sicherer wird er seine Aufgaben durchführen.

Der Multiprojektmanager ist verantwortlich für die Infrastruktur des Projektmanagements und muss deshalb Projektmanagement beherrschen

Er weiß, welche Voraussetzungen, welche Methoden, welche Instrumente und welche Qualifikationsmaßnahmen für die Entwicklung des Projektmanagements notwendig sind. Meilenstein-Trendanalyse oder Earned-Value-Analyse sind für ihn keine Fremdworte. Doch er reduziert Projektmanagement keinesfalls auf Methoden, sondern sieht darin eine besondere Führungs-, Organisations- und Arbeitsform im Unternehmen. Die Eskalation von Prioritätenkonflikten hält er für notwendig. Konfliktmanagement gehört zu seinen Stärken. Er kann auch auf der

Klaviatur von Machtprozessen spielen, um seine Ziele zu erreichen. Er ist in der Lage, Menschen für sich zu gewinnen.

Als Reviewer analysiert er Projekte und muss deshalb wissen, mit welchen Methoden und Fragen er die Situation eines Projekts am besten erfassen kann.

Muss der Multiprojektmanager der Tool-Experte des Unternehmens sein? Nein, es reicht, wenn er einen groben Überblick über die angebotenen Tools hat und weiß, wo er sich das Detailwissen besorgen kann. Auf jeden Fall muss er den Stellenwert von Projektmanagement-Tools für das Multiprojektmanagement kennen.

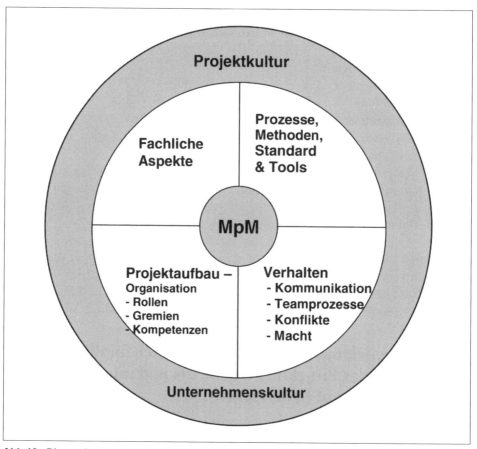

Abb.10: Dimensionen des Projektmanagements (Quelle: J. Hansel/G. Lomnitz: Projektleiter-Praxis, Berlin, 3. Auf. 2000, S.17)

Der Multiprojektmanager ist auch Change-Manager

Laufend muss der Multiprojektmanager Verbesserungsprozesse durchführen. Deshalb muss er wissen, wie Veränderungsprozesse ablaufen und worauf bei der Planung, der Durchführung und der Auswertung von Veränderungen zu achten ist. Er benötigt das notwendige Handwerkszeug, um Veränderungsprozesse zu managen.

Tue Gutes und rede darüber – MpM braucht Marketing

Der Multiprojektmanager sollte die Leistungen der Projektteams, die Fortschritte der Projektmanagement-Kultur und auch seine eigenen Erfolge richtig verkaufen. Gefragt ist der „Kommunikator", der mit den Leuten spricht, und das nicht nur in Sitzungen, sondern der die Gunst der Stunde in der Kantine zu nutzen weiß. Feste sind für ihn nicht nur eine Freizeitbeschäftigung, denn beim Feiern kann man auftanken.

Er kann die Situation des Projektportfolios verständlich präsentieren und schafft in den Projektleiter-Erfahrungsaustauschgruppen ein offenes Klima.

Projektmanagement ist in vielen Unternehmen international und es wird noch internationaler werden

There is no doubt: English is business language and today already compulsory for many multiproject managers. Sprachkenntnisse allein reichen nicht aus. Er sollte in der Lage sein, sich in anderen Kulturen richtig zu bewegen – das fängt bei der Begrüßung am Flughafen in Shanghai an und hört auch nicht beim Essen in Mailand auf.

Ohne Handwerk geht es nicht

Methoden-Know-how ist sehr nützlich, es hilft Ihnen, in Sitzungen oder Workshops Probleme besser zu analysieren und Lösungen zu entwickeln. Wer die Methoden beherrscht, der hat großen Einfluss auf den Verlauf einer Gruppe. Deshalb meine Empfehlung: Lernen Sie Kreativitäts- und Problemlösungsmethoden, falls Ihr Repertoire noch nicht groß genug ist. Viele Methoden lassen sich relativ schnell lernen, manche alleine durch Lesen und Anwenden. Können Sie folgende Fragen mit Ja beantworten?

▽ Kann ich einen Workshop leiten?

▽ Bin ich in der Lage, eine Präsentation gut und schnell vorzubereiten?

▽ Kann ich komplexere Sachverhalte visualisieren?

▽ Verfüge ich über genügend methodisches Repertoire wie Mind Map, Meta-Plan, Osborn-Checkliste, Morphologischer Kasten, Methoden des vernetzten Denkens oder einfache Methoden des Qualitätsmanagements zur Fehleranalyse?

Empfehlungen

▽ Wenn die Projektelandschaft richtig geplant und erfolgreich gesteuert werden soll, muss Multiprojektmanagement genügend Einfluss im Unternehmen haben. Der Multiprojektmanager braucht strukturelle Macht und persönliche Autorität. Ein effektiv arbeitendes MpM ist am besten am Geschäftsführer, am Vorstandssprecher, am CEO angebunden. Der Stellenwert des Multiprojektmanagements kommt auch durch die organisatorische Anbindung zum Ausdruck.

▽ Um die Rollen im Multiprojektmanagement zu klären, müssen drei Kernfragen beantwortet werden:

1. Sind die Rollen im Multiprojektmanagement richtig definiert, um die Unternehmensziele zu erreichen?

2. Sind die Aufgaben, Verantwortungen und Entscheidungskompetenzen im Multiprojektmanagement allen Beteiligten klar?

3. Werden Multiprojektmanagement als Funktion und der Multiprojektmanager als Person akzeptiert?

▽ Die Rolle des Multiprojektmanagers hängt von der Reichweite des MpM ab. Für welche Projekte bzw. Projektarten ist das MpM zuständig? Die Reichweite muss plan- und steuerbar sein.

▽ Der Multiprojektmanager hat die Aufgabe, Projektmanagement als Führungs-, Organisations- und Arbeitsform zu etablieren, er ist verantwortlich für den Projektmanagement-Prozess. MpM muss die Infrastruktur für professionelles Projektmanagement entwickeln:

○ Prozesse, Standards, Kennzahlen, Formulare und Regeln einführen

○ Das Projektmanagement-Tool auswählen

○ Qualifikationsmaßnahmen veranlassen

○ Systematische Projektauswertung: Die verdichteten Ergebnisse verschiedener Projektauswertungen sollen mindestens einmal jährlich im Unternehmen präsentiert werden, um zu feiern, was gut gelaufen ist, und an den Schwachstellen zu arbeiten.

- Ein Projektabbruch oder eine Projektverschiebung sollte ohne Analyse der Ursachen und Darstellung der Konsequenzen nicht erlaubt sein.
- Das Projektmanagement-Netzwerk gestalten

▽ Die Unterscheidung zwischen Muss- und Kannaufgaben ist in der Praxis von großer Bedeutung, um überflüssige Diskussionen und Konflikte zu vermeiden.

▽ In manchen Firmen bietet Multiprojektmanagement auch einen Pool von erfahrenen Projektleitern oder Projektberatern an, die für einen gewissen Zeitraum den Projekten zur Verfügung gestellt werden.

▽ MpM muss die Rahmenbedingungen setzen, darf jedoch den Spielraum der Bereiche nicht über das notwendige Maß hinaus einengen.

▽ Projektportfolio-Management ist die strategische Aufgabe des Multiprojektmanagers. Durch Multiprojektmanagement soll erreicht werden, dass diejenigen Projekte in das Projektportfolio kommen, die dem Unternehmen den größten Nutzen bringen.

▽ Der Multiprojektmanager muss auf Basis der Statusberichte der einzelnen Projekte die daraus resultierenden Auswirkungen auf die Projektelandschaft transparent machen. Neben den Hard facts sollten vom Multiprojektmanager auch die Auswirkungen von Soft facts auf die Projektelandschaft deutlich gemacht werden.

▽ Achten Sie auf Double Binds, weisen Sie auf solche Widersprüche hin. Erarbeiten Sie ein Lösungskonzept, fordern Sie Klarheit und suchen Sie sich den richtigen Adressaten, damit die Lösung auch umgesetzt werden kann.

▽ MpM kann nur dann erfolgreich arbeiten, wenn Konflikte unabhängig von der hierarchischen Position aufgezeigt werden. Zum Repertoire des Multiprojektmanagers gehört auch professionelle Konfrontation.

▽ Kontinuität spielt für die Entwicklung des MpM und die Akzeptanz des Multiprojektmanagers eine bedeutende Rolle. Der Multiprojektmanager muss die Planung und Steuerung der Projektelandschaft verantworten – und die Ergebnisse zeigen sich nicht nach einem oder zwei Jahren.

▽ Zur Bewältigung der unterschiedlichen Aufgaben und Probleme benötigt der Multiprojektmanager persönliche Souveränität. Eine profunde Erfahrung als Projektleiter ist die Voraussetzung. Er muss in Systemzusammenhängen denken können, Planungsprozesse beherrschen und auch in schwierigen Workshops die Übersicht behalten.

Kapitel 3

Der Planungsprozess im Multiprojektmanagement

Übersicht zu Kapitel 3

Nicht zu Unrecht wird Multiprojektmanagement oft als Projektportfolio-Management bezeichnet, auch wenn diese Definition der Gesamtaufgabe des Multiprojektmanagers nicht umfassend entspricht. Im Zentrum seiner Aktivitäten stehen die Planung und Steuerung des Projektportfolios. Welche Themen und Fragen werden in diesem Kapitel behandelt?

▼ Wer entscheidet über die Auswahl der Projekte und welche Rolle hat der Multiprojektmanager im Planungsprozess?

▼ Die Praxisprobleme im MpM-Planungsprozess

▼ Sie können die Entstehung des Projektportfolios bei Nature&Business verfolgen, die Projektelandschaft wird zum ersten Mal systematisch geplant.

▼ Die Einordnung der Projekte ist eine wichtige Voraussetzung für den Planungsprozess des Projektportfolios. Welche Klassifizierungsmöglichkeiten gibt es?

▼ Kernfragen des MpM-Planungsprozesses

▼ Wann ist der MpM-Planungsprozess erfolgreich abgeschlossen?

▼ Entscheidend für erfolgreiches Projektportfolio-Management ist das Auswahl- und Bewertungsverfahren für die Projekte. Wie kommen die Projekte ins Portfolio?

  ◦ Welche Auswahlverfahren gibt es?

  ◦ Verschiedene Projektportfolios werden dargestellt.

  ◦ Ressourcenplanung im Multiprojektmanagement

  ◦ Zur Projektportfolio-Planung gehört das Thema Riskmanagement in Projekten. Welchen Beitrag kann MpM leisten, um die Risiken im Planungsprozess zu analysieren?

Projektportfolio-Management als primäre Aufgabe

Der Multiprojektmanager ist der Controller der Projektelandschaft, die er kontinuierlich überwachen und steuern muss. Projekte werden abgeschlossen, manchmal verschoben oder abgebrochen, Termine überschritten und Ziele verändert. Neue Projekte müssen dringend durchgeführt werden. Auftraggeber und Projektleiter warten auf Budgetfreigaben, Projektmitarbeiter auf Ergebnisse anderer Projekte, um weiterarbeiten zu können. Durch eine Vielzahl von Gründen ist die Zusammensetzung des Projektportfolios einem ständigen Wandel unterlegen. Das Projektportfolio beinhaltet die laufenden und die geplanten Projekte eines Unternehmens, es muss fortlaufend geplant und angepasst werden.

Ist Multiprojektmanagement gleich Projektportfolio-Management? Nein, denn zum Multiprojektmanagement gehören noch andere Aufgaben wie die Optimierung der Projektarbeit, Beratung der Projektleiter, Auswahl von Projektmanagement-Tools oder systematische Projektauswertungen, um Lernprozesse zu ermöglichen. Dennoch: Das Management des Projektportfolios ist die primäre Aufgabe des Multiprojektmanagers.

Abb. 11: „Balance zwischen Anspruch und Wirklichkeit"

Aufgaben und Verantwortungen im Planungsprozess

Grundsätzlich kann der Planungsprozess des MpM nur interdisziplinär, hierarchiestufen- und bereichsübergreifend durchgeführt werden, um ein ausgewogenes Projektportfolio zu erreichen. Die Planung der Projektelandschaft ist keine einmalige Angelegenheit, die nur in der institutionalisierten Projektjahresplanung stattfindet, sondern es handelt sich um einen fortlaufenden Prozess, in dem es stets um die Balance zwischen dem Wunsch, möglichst viele Ideen sofort und optimal zu realisieren, und der Wirklichkeit der begrenzten Ressourcen geht.

Wie sieht die Rollenverteilung im MpM-Planungsprozess aus?

▼ Das Projektportfolio-Board oder die Unternehmensleitung entscheiden über die Prioritäten der Projekte und damit über die Zusammensetzung des Portfolios. Sie geben die strategischen Ziele und die ökonomischen Rahmenbedingungen vor und bestimmen, welche Risiken akzeptiert werden können und welche nicht.

▼ Auftraggeber und Projektleiter liefern notwendige Informationen zur Projektbewertung und MpM plant auf dieser Grundlage das Projektportfolio.

▼ Vom Unternehmenscontrolling kommen die Informationen für die Budgetplanung.

▼ Die Unternehmensentwicklung informiert über die strategischen Ziele.

▼ Die Linienmanager informieren über die aktuelle und zukünftige Personalsituation in ihren Organisationseinheiten.

▼ Der Multiprojektmanager ist der Koordinator des Planungsprozesses. Er
  - bereitet die Informationen auf und prüft mit den Beteiligten die Plausibilität der Annahmen,
  - stellt Methoden für den Bewertungsprozess zur Verfügung,
  - präsentiert die Vorschläge,
  - moderiert die Sitzungen.

Aber er ist nicht verantwortlich für die Priorität der einzelnen Projekte und damit für die Ausgewogenheit des Projektportfolios. Diese Verantwortung hat immer die Unternehmensleitung bzw. das Projektportfolio-Board.

Projekte nach unterschiedlichen Kriterien ordnen

Die laufenden und geplanten Projekte müssen nach plausiblen Kriterien geordnet werden, um den Überblick zu behalten. Ergebnis der Einordnung ist ein Projektportfolio, manchmal auch Projektportefeuille genannt. Im Projektportfolio müssen nicht alle Projekte des Unternehmens enthalten sein, sondern es können unterschiedliche Projektportfolios in einem Unternehmen bestehen. Sie werden in der Regel nach der Projektart gebildet. Beispiele:

▽ Projektportfolio für R&D-Projekte
▽ Projektportfolio für ORG/IT-Projekte
▽ Projektportfolio für Marketingprojekte
▽ Projektportfolio für Investitionsprojekte in den Produktionsbereichen
▽ Projektportfolio für alle Bauprojekte im Konzern
▽ Projektportfolio für alle Personalentwicklungsprojekte im Konzern

Daneben können Projekte nach anderen Gesichtspunkten geordnet werden. Es hängt nur davon ab, mit welchem Fokus die Projekte geordnet und bewertet werden sollen. Projekte lassen sich zusammenfassen nach:

▽ Zwang zur Durchführung in Muss-, Soll- und Kannprojekte
▽ Zuständigkeit in Bereichs-, Unternehmens- und Konzernprojekte
▽ strategischen und operativen Projekten
▽ Größenordnung: Kapazitätsbindung und Budgets
▽ Laufzeit der Projekte
▽ Risiken
▽ technologischer Komplexität als besondere Risikoform
▽ Projekten mit hohen Innovationsanteilen und Projekten, mit denen das Unternehmen Erfahrung hat. Ein Unternehmen wird eine gesunde Mischung aus bereits mit Erfolg durchgeführten Projekten und völlig neuen Herausforderungen anstreben. Ist der Anteil von sehr innovativen Projekten mit vielen Unbekannten zu hoch, so steigt das Risiko für das Unternehmen exponentiell.
▽ Zielgruppen der Projektergebnisse: Welche Projekte werden für welche Kunden, Kundengruppen durchgeführt? Potenzielle Abhängigkeiten von Kunden können frühzeitig erkannt werden.

Das einzig richtige Projektportfolio gibt es nicht. Zur Strukturierung der Projektelandschaft sollten verschiedene Projektportfolios gebildet werden, um die unterschiedlichen Dimensionen der Projektelandschaft wahrzunehmen. Bei allen Vorteilen einer differenzierten Betrachtung sollte jedoch die Gefahr der Verzettelung bei einer zu differenzierten Betrachtung beachtet werden, ansonsten besteht irgendwann die Notwendigkeit, Meta-Projektportfolios zu bilden. Die Planung der Projektelandschaft würde dadurch nicht gerade erleichtert.

Zwei Kernfragen des MpM-Planungsprozesses

Wie beim einzelnen Projekt stehen auch bei der Planung des Projektportfolios zwei Kernfragen im Mittelpunkt, aus denen sich alle anderen Aktivitäten des Planungsprozesses ableiten lassen:

▼ Werden die richtigen Projekte ausgewählt?
▼ Sind die Projekte realistisch geplant?

Erste Kernfrage: „Machen wir die richtigen Projekte im richtigen Zeitraum?"

Die Herausforderung für alle Beteiligten besteht darin, die richtigen Projekte aus der Vielzahl der Ideen bzw. Projektanträge auszuwählen, denn davon hängt langfristig das Schicksal des Unternehmens ab.
Damit ist eine Reihe weiterer Fragen verbunden:

▼ Werden die Projektideen systematisch gesammelt?
▼ Wie fundiert sind die Informationen der Projektanträge? Stimmen die Umsatzprognosen oder die Rationalisierungseffekte? Welchen Beitrag leistet das Projekt zur Strategie?
▼ Wie kann die viel zu allgemeine Aussage „richtige Projekte" konkretisiert werden? Dazu müssen geeignete Kriterien vorhanden sein.
▼ Passen die einzelnen Projekte des Portfolios zueinander, beeinflussen sie sich positiv oder gibt es widersprüchliche Ziele, die den Erfolg verringern? Portfolio-Management bedeutet, auf Synergien und konkurrierende Projektziele zu achten.

Die Füllung des Projektportfolios muss nahrhaft genug sein, damit das Unternehmen kurz- und mittelfristig richtig satt wird und längerfristig die richtige Nahrung für seine Entwicklung bekommt. Anzustreben ist ein ausgewogenes Projektportfolio, das es einerseits ermöglicht, Umsatz- und Ertragswachstum in Übereinstimmung mit der Unternehmensstrategie zu erzielen, aber andererseits das Unternehmen nicht in unkalkulierbare Risiken drängt.

Zweite Kernfrage: Sind die Projekte realistisch geplant?

Multiprojektmanagement muss die gleichzeitig laufenden Projekte koordinieren, die organisatorisch, technologisch und/oder personell mehr oder minder stark voneinander abhängig sind. Neue Projekte werden generiert, die mit den laufenden um qualifizierte Mitarbeiter, um Budget, um Rechnerzeiten und auch um die Gunst der Entscheidungsträger konkurrieren. Die Ausbalancierung des Spannungsfeldes von Ansprüchen und den Grenzen des Machbaren ist die größte Herausforderung für die Akteure des Planungsprozesses. Im Mittelpunkt steht die Frage: Haben wir genügend Ressourcen, um die geplanten Projekte durchzuführen? Damit unlösbar verbunden ist die nächste Frage: Wie zuverlässig ist die Ressourcenplanung?

Wann ist der Planungsprozess erfolgreich verlaufen?

▼ Die allgemeine Antwort kennen Sie bereits: wenn die richtigen Projekte ausgewählt sind und die personellen und finanziellen Rahmenbedingungen stimmen. Die Prioritäten der Projekte im Portfolio sind definiert und glaubhafte Aussagen der Entscheidungsträger schaffen den notwendigen Energieschub für die operative Projektarbeit.

▼ Die Projektziele sind mithilfe passender Bewertungskriterien auf ihre strategische und wirtschaftliche Bedeutung analysiert worden. Die unternehmerische Intuition ist dabei nicht auf der Strecke geblieben, denn bestimmte Projekte, gerade im Bereich der Produktinnovation, lassen sich nicht allein mit rationalen Bewertungskriterien entscheiden. Die Bedeutung des richtigen Gespürs kann durch noch so differenzierte Projektauswahlverfahren nicht ersetzt werden, beides ist enorm wichtig.

▼ Zu Beginn des Planungsprozesses wurde geprüft, welche Projekte unbedingt durchgeführt werden müssen, auch wenn diese weder strategische Bedeutung haben noch einen wirtschaftlichen Nutzen bringen. Es gibt Mussprojekte, an denen kein Unternehmen vorbeikommt, um den Betrieb nicht zu gefährden. Stehen sie erst einmal fest, so wird der Spielraum für die Planung neuer Projekte um einiges klarer.

▼ Auch die laufenden Projekte sind im Planungsprozess des Projektportfolios auf den Prüfstand gestellt worden:
  • Wie viele laufende Projekte sind im Projektportfolio enthalten?
  • In welchem Abschnitt befinden sie sich?
  • Müssen sie alle weitergeführt werden oder haben sich die Prioritäten mittlerweile verändert?
    – Stimmt die Kosten-Nutzen-Relation noch?
    – Hat sich der Markt verändert?
    – Sind in der Zwischenzeit ähnliche Produkte von Mitbewerbern auf dem Markt?

    – Gibt es andere Projektideen, die vielversprechender sind?
- Müssen die Projekte in der bisherigen Form realisiert werden?
  - Besteht die Möglichkeit, sie in einer kleineren, einfacheren Version weiterzuführen?
  - Können zwei Projekte zu einem Projekt verschmolzen werden, um Synergien zu erreichen?
- Welche Projekte können verschoben werden?
- Bei welchen Projekten rechnet sich ein Projektabbruch? Projektabbruch wird leider in vielen Unternehmen einseitig negativ interpretiert. Prinzipiell sollte man den Begriff Projektabbruch neutral verstehen; er kann sowohl positiv als auch negativ für die Organisation sein. Eines ist jedenfalls sicher: Ein Projekt fortzuführen, um das Gesicht nicht zu verlieren, obwohl bereits feststeht, dass die Projektergebnisse nicht erfolgreich sein werden, ist negativ.

▽ Die Planung der Projektelandschaft ist erfolgreich abgeschlossen, wenn Wunsch und Wirklichkeit miteinander zu vereinbaren sind:
- Die Mitarbeiterkapazitäten sind realistisch geplant worden. Dabei wurden auch das Tagesgeschäft, die Mitarbeit in anderen Projekten, die Urlaubstage und die erforderliche Zeit für Mitarbeiterqualifikation nicht vergessen.
- Das Budget für externe Mitarbeiter steht zur Verfügung.
- Die projektbedingten Investitionsmaßnahmen sind budgetiert.

▽ Die Risiken der geplanten Projekte sind analysiert worden. Nicht nur die Risiken für die geplanten Projekte sind geprüft worden, sondern auch potenzielle Auswirkungen auf andere Projekte.

▽ Die Unternehmensleitung bzw. das Projektportfolio-Board hat nach eingehender Diskussion entschieden,
- welche Prioritäten die einzelnen Projekte haben,
- wann die Projekte beginnen,
- wann die Projekte abgeschlossen sein müssen,
- welche Projekte gleichzeitig realisiert werden können.

▽ Es gibt keine Entscheidungen „aus der Hüfte", sondern die Projektauswahl und die Ressourcenplanung basieren auf qualifizierten Informationen. Politisch gefärbte Entscheidungen, die sich negativ auf das Projektportfolio auswirken können, halten sich in Grenzen.

▽ Alle Projektbeteiligten sind gut informiert. Durch eindeutige Prioritäten und hohes Commitment der Auftraggeber verfügen die Projekte über eine gute Ausgangsbasis.

Praxisprobleme und Praxisfragen

Häufiger läuft der Planungsprozess in der Praxis nicht ganz so reibungslos. In vielen Unternehmen treten erhebliche Probleme auf, wenn das Projektportfolio überhaupt systematisch geplant wird. Die folgenden Probleme erscheinen mir charakteristisch.

▼ Die Zusammensetzung des Projektportfolios in einem größeren mittelständischen Unternehmen wird in der Unternehmensleitung sehr kontrovers diskutiert. Der Vertriebsleiter fordert mit Nachdruck, dass noch zwei weitere Kundenprojekte kurzfristig realisiert werden müssen, um Neukunden zu gewinnen. Der Leiter R&D und der Marketingleiter dagegen verweisen auf die hohen Risiken für die laufenden Produktentwicklungsprojekte, von denen man sich einen wichtigen Beitrag für die Gewinnung neuer Marktsegmente verspricht. Außerdem sehen beide die Gefahr, dass die neuen Projekte aufgrund der großen Kapazitätsengpässe den geplanten Endtermin eines wichtigen Projekts gefährden. Sie machen auf mögliche Qualitätsprobleme und auf die hohe Belastung der Mitarbeiter in R&D und in der Produktion aufmerksam. Offenbar besteht ein Zielkonflikt, man kann sich über die Priorität der Projekte nicht einigen und entscheidet schließlich: „Die beiden neuen Projekte sollen gemacht werden und die anderen auch, irgendwie bekommen wir das schon hin, notfalls müssen wir bestimmte Aufgaben nach draußen geben, andere Projekte herunterfahren und vorübergehend samstags arbeiten."

▼ Durch zahlreiche Zu- und Abgänge von kleineren und mittleren Projekten variiert die Zusammensetzung des Projektportfolio eines Softwareunternehmens erheblich. Zahlreiche kleinere Angebots- und Realisierungsprojekte müssen neben den fünf laufenden großen Kundenprojekten des Unternehmens realisiert werden, egal, wie und wann. Die Kapazitätsplanung ist für den verantwortlichen Multiprojektmanager außerordentlich schwierig, zumal die Ressourcensituation in drei Großprojekten nicht transparent ist. Der verantwortliche Gesamtprojektleiter eines Großprojekts, gleichzeitig Mitglied der Geschäftsführung, will keine klaren Aussagen machen. Vom Multiprojektmanager wird erwartet, dass er das Portfolio kontrolliert.

▼ Beim Aufbau des Multiprojektmanagements stellt sich die Frage, nach welchen Bewertungskriterien die Projekte geprüft werden sollen. Darauf gibt es keine Pauschalantwort, wenn man die Oberfläche „Strategiekonformität" und „wirtschaftlicher Nutzen" verlässt und in die Konkretisierung der Pauschalbegriffe einsteigt. Schnell zeigt sich, dass innerhalb der Geschäftsführung keine Einigkeit über die Priorität der strategischen Ziele besteht.

▽ Komplexe, mehrjährige Projekte mit ihrer hohen Eigendynamik und Intransparenz stellen eine ganz besondere Herausforderung für den Planungsprozess dar. Aktuelle Daten stehen nicht in ausreichendem Maß zur Verfügung, an der Zuverlässigkeit der Informationen sind Zweifel angebracht. Außerdem kann sich die Situation bis zur nächsten Entscheidungssitzung wieder erheblich verändern.

▽ Projekte kosten Geld, viele Projekte kosten sehr viel Geld. Die Budgetschätzungen neuer und laufender Projekte basieren oft auf unzuverlässigen Daten. Dafür gibt es mehrere Gründe:

  • Manchmal ist der Wunsch der Vater des Gedankens: Der potenzielle Auftraggeber nennt optimistische Umsatzziele oder Rationalisierungseffekte, damit das Projekt genehmigt wird. Die Plausibilitäts- und Konsistenzprüfung der Prognosen ist für den Multiprojektmanager in den meisten Fällen nicht möglich.

  • Bei komplexen Projekten mit langer Laufzeit können realistische Budgetschätzungen nur für einzelne Abschnitte des Gesamtprojekts durchgeführt werden.

  • Um Fehlentwicklungen zu kaschieren, werden Zahlen schöngerechnet. Für den Außenstehenden ist die Kostensituation schwer einzuschätzen.

▽ Ein realistisches Bild über die Personalsituation ist unbedingt notwendig. Das sagt sich leicht, doch zuverlässige Informationen für einen Zeitraum von sechs Monaten oder gar einem Jahr zu erhalten ist in vielen Unternehmen schwierig, in manchen, abhängig von der Branche, dem Kundendruck, der Unternehmenspolitik oder der Mitarbeiterqualifikation, illusorisch. Trotz großer Anstrengungen gelingt eine mittelfristige Personaleinsatzplanung für Projekte nicht.

▽ In einer Firma bestehen neben den personellen häufig auch inhaltlich-organisatorische Abhängigkeiten zwischen den Projekten, die im Planungsprozess zu analysieren sind. Wie kann vermieden werden, dass Projekte mit gegensätzlichen Zielen in das Portfolio kommen?

▽ Selbst für erfahrene Projektleiter sind die Auswirkungen technologischer Komplexität auf andere Projekte besonders schwierig zu erkennen, zumal der hohe Zeitdruck dazu verleitet, weder nach links noch nach rechts zu schauen. Der Multiprojektmanager allein ist da chancenlos, dieses Thema kann er nur gemeinsam mit den Projektleitern bewältigen.

▽ Risiken für die Projektelandschaft müssen herausgearbeitet werden. Hier finden wir häufig die gleiche Problematik wie im vorherigen Beispiel. Erschwerend kommt hinzu, dass in vielen Unternehmen das Thema Riskmanagement im Rahmen der Projektarbeit immer noch ein Schattendasein fristet.

▽ Am Ende des Planungsprozesses, der mit hoher Sorgfalt durchgeführt wurde, bleiben dennoch Zweifel bestehen: „Haben wir die richtigen Produktinnovationsprojekte im Portfolio und können wir die gesamte Projektpalette wirklich schaffen?" Diese Bedenken können aus meiner Erfahrung auch mit der besten Planung nicht immer vermieden werden. Umso wichtiger sind eine fortlaufende Planung und Kontrolle.

▽ Projektportfolio-Planung hängt entscheidend von den Informationen der Projekte ab. Das Dauerproblem vieler Multiprojektmanager: „Die Projektleiter liefern nicht die notwendigen Informationen. Zusagen werden gemacht und wiederholt nicht eingehalten." Der Multiprojektmanager wird zum „Sammler und Jäger", wenn es ihm nicht gelingt, das Problem zu lösen.

▽ Leider werden die Auftraggeber und die Projektleiter nicht immer frühzeitig genug aktiv eingebunden. Die Ursachen liegen im falschen Rollenverständnis des Multiprojektmanagers, der sich als graue Eminenz der Unternehmensleitung versteht. Die Konsequenzen: falsche Informationen, mangelnde Verbindlichkeit, Fehlplanungen.

▽ Die Geschäftsleitung entscheidet über die Prioritäten der Projekte nicht klar genug oder widersprüchlich. Alle Projekte haben Prio A. Auf diese Weise lässt sich die Projektelandschaft nicht steuern und sie unterliegt dem freien Spiel der Kräfte:

• Kurzfristig zu realisierende Projekte schlagen längerfristig orientierte Innovationsprojekte – mit der Konsequenz, dass später zu wenig neue Produkte auf den Markt kommen.

• „Ober sticht Unter."

• Vitamin B wird für die Projektrealisierung zum Erfolgsfaktor.

• Moving Targets, häufig noch ohne Begründung, haben zur Folge, dass Zusagen nicht mehr ernst genommen werden. „Bei uns verhält man sich rational, wenn man erst einmal Zusagen macht, denn sonst bekommt man Ärger. Ob wir die dann einhalten, steht auf einem anderen Blatt."

• Der Kampf um die Mitarbeiter ist in vollen Zügen. Überstunden häufen sich, Qualifikationsmaßnahmen werden wegen der momentanen Engpasssituation gestrichen, wobei das Provisorium längst dabei ist, sich zu verewigen. Mitarbeiter spotten über das Projektmanagement-System.

• Qualitätsprobleme gehören zu den Symptomträgern unklarer Prioritäten. Die 80:20-Regel ist zur 50:50-Regel verkommen. Die Folge: zahlreiche Change Requests in IT-Projekten, teure Nachbesserungen in Kundenprojekten und Imageverluste. Gute Mitarbeiter, die einen hohen professionellen Anspruch haben, machen diese Entwicklung auf Dauer nicht mit. Leistungsstarke Projektmitarbeiter lesen samstags den Stellenmarkt.

Der Planungsprozess bei Nature&Business beginnt

Bei Nature&Business hat sich seit der Einstellung der Multiprojektmanagerin einiges getan. Ein einfaches Projektmanagement-System wurde eingeführt, es gibt einen definierten Planungs- und Steuerungsprozess für die einzelnen Projekte:

▽ Neue Projekte müssen einen schriftlichen Projektauftrag auf Basis einer Machbarkeitsstudie haben.

▽ Gemeinsam mit Projekt- und Spartenleitern wurde das Projektreporting entwickelt. Die Projektleiter berichten monatlich über den Projektstatus.

▽ Zielveränderungen müssen zeitnah an das MpM berichtet werden. Das Motto lautet: Change Requests statt Moving Targets.

▽ Quartalsweise analysieren die Projektleiter mit der Multiprojektmanagerin die relevanten Zielveränderungen in den Projekten, um zu klären, welche Änderungen durch bessere Planung und Steuerung vermieden werden können und welche nicht beeinflussbar sind. Die Ergebnisse werden in regelmäßigen Abständen den Projektleitern und den Teilprojektleitern vermittelt, um Lernprozesse zu erreichen.

Nature&Business steht vor neuen Herausforderungen. Eine neue Strategie wurde gerade verabschiedet: Das Unternehmen soll wachsen und in fünf bis sieben Jahren zu den drei führenden Nature-Event-Unternehmen im Higher-Level-Bereich in Europa gehören. In Kooperation mit einem Livestyle-Unternehmen sind regelmäßige Kulturveranstaltungen geplant. Gemeinsam mit alternativen Energieversorgern und einem größeren Softwareunternehmen plant man ein Innovationscenter, in dem Wissenschaftler und Manager über die Zukunftsfragen der Energieversorgung und Informationstechnologie nachdenken können. Es ist also viel Bewegung hineingekommen und so hat sich auch die Zahl der Projekte deutlich erhöht. Die Planung für das laufende Jahr ging von 15 Projekten aus, mittlerweile sind es bereits 19 und es sind noch neue Projekte in der Pipeline. Einige müssen auf jeden Fall durchgeführt werden: Das Euro-Projekt ist genauso zwingend wie das Projekt „Erweiterung des Klärwerks", weil ansonsten die Behörde die Genehmigung für die Besuchergruppen entzieht. Außerdem duldet aus Sicht von vier Spartenleitern das Internetprojekt keinen Aufschub mehr und der Bau der Köhlerklause muss nach Meinung der Spartenleiter Wald und Feld mit absoluter Priorität behandelt werden. Die Unternehmensleitung zweifelt, ob alle geplanten Vorhaben zu schaffen sind, das Bedürfnis nach Planungssicherheit ist hoch. Ein Projektportfolio muss her, um eine Übersicht über alle laufenden und neuen Projekte zu erhalten. Zum ersten Mal in der Geschichte von Nature&Business wird Transparenz in die Projektelandschaft gebracht und auch der

Spartenleiter Wald hofft, dass man bald den Wald trotz vieler Bäume wieder sieht. Für die Multiprojektmanagerin stellen sich folgende Fragen:

▽ Welche Projekte müssen unbedingt durchgeführt werden, weil es der Gesetzgeber, die Kunden oder die betrieblichen Abläufe einfach verlangen? Bei den Projekten „EUROFIT" und „Erweiterung des Klärwerks" gibt es innerhalb der Unternehmensleitung keinen Dissens. Dagegen gehen die Meinungen über die Dringlichkeit bei den Projekten „Köhlerklause", „Internet N&B" und „Einführung einer Personalsoftware" auseinander. Die Diskussion erweist sich als ausgesprochen schwierig, zumal die Kriterien für Muss- und Sollprojekte noch nicht klar genug sind.

▽ Welche Projekte werden bereits durchgeführt? Wie ist der Grad der Zielerreichung? Wann sind sie beendet? Gibt es wichtige Zwischentermine und werden sie eingehalten? Wer arbeitet mit welchem Zeitanteil in den Projekten mit?

▽ Hier zeigen sich die Vorteile der erreichten Projektmanagement-Infrastruktur; ohne den Aufbau des Projektmanagement-Systems mit dem Reporting und den Machbarkeitsstudien wäre der Planungsprozess in dieser Form nicht möglich. Auch wenn längst noch nicht alles perfekt ist, das bisher Erreichte bietet eine brauchbare Orientierung.

▽ Was kosten die laufenden Projekte? Welche Investitionen sind mit den laufenden Projekten verbunden? Dabei interessiert sie natürlich auch, ob der Return on Investment für das Projekt „Köhlerklause" qualifiziert berechnet worden ist.

▽ Welche Projekte sind geplant? Welchen Stellenwert haben die neuen Projekte für Nature&Business? Passen sie zur neuen Unternehmensstrategie? In einem Planungsworkshop wurden die Projekte mithilfe eines einfachen Rasters zu Projekttypen geordnet, um einen Überblick über den Strategiebeitrag und den Ressourceneinsatz zu erhalten. A-Projekte haben hohe strategische Bedeutung und einen großen Ressourcenbedarf. Die grundlegenden Entscheidungen für die A-Projekte werden von der Unternehmensleitung gemeinsam getroffen. B-Projekte werden vom Auftraggeber und einem weiteren Spartenleiter, der die meisten Berührungspunkte mit dem Projekt hat, entschieden. Für die C-Projekte sind die Abteilungsleiter verantwortlich.

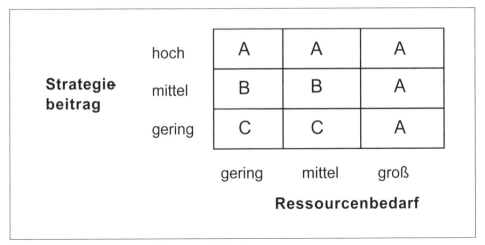

Abb. 12: Strategiebeitrag und Ressourcenbedarf

▽ Die Multiprojektmanagerin hat bei der Projektkategorisierung auf die Bezeichnung Wert gelegt und zwischen Projektklasse (für Muss- und Sollprojekte) und Projekttyp (A-, B-, C-Projekte) unterschieden. Sie weiß aus Erfahrung, dass ungenaue Begriffe den Planungsprozess stören. Sie wollte mithilfe der Klassifizierung auch erreichen, dass sich alle Mitglieder der Unternehmensleitung mit der Projektportfolio-Planung intensiv beschäftigen und ihre Verantwortung wahrnehmen.

▽ Bei der Kapazitätsplanung stellte sie in Kooperation mit Projektleitern und Linienvorgesetzten fest, dass bei den geplanten IT-Projekten Engpässe auftreten werden, weil die „Anpassung der Finanzsoftware" und das Projekt „Einführung Personalsoftware" erhebliche Kapazitäten binden. Außerdem muss das Projekt „EUROFIT" bis 30.10.2001 realisiert sein.

▽ Da sie zum ersten Mal ein Projektportfolio erarbeitet, spürt sie von Zeit zu Zeit ein Unbehagen, wenn sie daran denkt, wie sie die Projekte fachlich, zeitlich und personell koordinieren soll. Sie hat jedoch ein gutes Gefühl, wenn sie an die Unterstützung durch ihre Macht- und Fachpromotoren denkt. Ihr Ansatz, wichtige Fragen des Planungsprozesses in intensiver Zusammenarbeit mit Projektleitern und Auftraggebern zu erarbeiten, zahlt sich aus.

▽ Am Ende des MpM-Planungsprozesses ist man ein großes Stück weiter: Eine vollständige Projektliste mit den neuen und den laufenden Projekte ist erarbeitet worden. Für die Steuerung der Projektelandschaft stehen dem MpM folgende Daten zur Verfügung:
  ○ Projektidentifikation
    – Projektklasse (Muss- oder Sollprojekt)

- – Projektpriorität (A-, B-, C-Projekte)
- – Rollen im Projekt: Auftraggeber, Projektleiter, Projektmitarbeiter
- – Start- und Endtermin
- Ziele und Teilziele in Form einer Kurzbeschreibung
- Verbindungen zu anderen Projekten
- Status der laufenden Projekte inklusive Prognosen

Projektportfolios vereinfachen und schaffen Ordnung

Der Begriff Projektportfolio wird in der Literatur und in der Praxis in zweifacher Weise benutzt:

- ▽ Er bezeichnet die Menge der Projekte eines Unternehmens bzw. einer bestimmten Projektart wie z. B. das Produktinnovations-Portfolio oder das Portfolio der strategischen Projekte.
- ▽ Er bezeichnet ein Instrument des strategischen Managements. Üblicherweise handelt es sich um zweidimensionale Raster- bzw. Matrixdarstellungen mit dem Ziel, einen strukturierten Bezugsrahmen zu schaffen und Informationen zu verdichten. Der Reiz und die Verführung liegen in der einfachen Darstellungsweise von schwierigen und unsicheren Entscheidungsgrundlagen.

Portfolios haben eine Ordnungs- und Orientierungsfunktion. Sie bieten einen Überblick über zukünftige Stärken und Schwächen, über Chancen und Risiken von Projekten. Mit ihrer Hilfe können Projekte identifiziert, bewertet und priorisiert werden.

Die Menge der Projekte eines Unternehmens

Salopp gesprochen: „Welche Projekte haben wir schon in der Box und welche sind noch in der Pipeline?" Um eine sinnvolle Strukturierung zu erreichen, muss bei der Bildung des Portfolios auf die Vergleichbarkeit geachtet werden. Es macht keinen Sinn, R&D-Projekte, Organisationsprojekte und Bauprojekte in einem Portfolio zu vereinigen.

Oft bestehen zwischen den Projekten organisatorische, zeitliche, personelle und technologische Abhängigkeiten. Multiprojektmanagement hat die Aufgabe, diese zu erkennen. Das setzt voraus, dass die Abhängigkeiten im Planungsprozess der einzelnen Projekte berücksichtigt werden. Der Multiprojektmanager muss beispielsweise darauf achten, welche Auswirkungen Prioritätenänderungen von Projekten auf die Projektelandschaft haben. In vielen Fällen könnten diese Probleme durch gründliche Planung und intensive Abstimmungsprozesse vermieden werden, was oft aus Zeitmangel oder Ressortdenken unterbleibt. Bei sehr komplexen Projekten mit ihrer Vielzahl von Teilprojekten und Arbeitspaketen wird es immer wieder zu Überraschungen kommen. Umso wichtiger ist es in diesen Fällen, die Planungsintervalle bei größeren Projekten in überschaubare Zeiträume zu strukturieren.

Aufgaben im Rahmen der Planung und Steuerung des Projektportfolios

▽ Projekte auswählen und Prioritäten setzen
▽ Reihenfolge der Projekte festlegen
▽ Abhängigkeiten zwischen den Projekten darstellen
▽ Zielkonflikte innerhalb der Projektelandschaft erkennen und abbauen
▽ Projektrisiken und deren Auswirkungen auf andere Projekte analysieren, Präventivmaßnahmen planen
▽ Regelmäßige Abstimmung von Zielen, Terminen und Kapazitäten der einzelnen Projekte des Projektportfolios
▽ Information und Kommunikation relevanter Änderungen eines Projekts, gemeinsam die Auswirkungen auf andere Projekte klären
▽ Bei Engpässen Prioritäten neu definieren

Die Projektportfolio-Matrix als Werkzeug des strategischen Managements

Vermutlich verfügen alle Spitzenvereine des europäischen Fußballs über ein Portfolio ihrer Spieler, das laufend überprüft und modifiziert wird. Jeder Spieler wird nach seiner aktuellen Leistung und seinem Potenzial bewertet. Da sind die Stars mit ihrem ungeheuer großen Marktwert, die durch eine schwere Verletzung Knall auf Fall aus dem Portfolio herausfallen können. Die erfahrenen Stammspieler bilden das Fundament einer Mannschaft, der Trainer kann auf sie bauen. Ihr Marktwert hat nie die Höhen der Stars erreicht, sie sind die Cash-Cows des Vereins. Hinter einigen Spielern des Kaders haben Trainer und Manager dicke Fragezeichen gemacht. Schaffen sie noch den Durchbruch oder handelt es sich um Fehlinvestitionen? Soll man sie halten oder schnellstens verkaufen? Und dann gibt es noch die Spieler, die absolut keine Freude machen, „die armen Hunde", die ab und zu auf der Ersatzbank sitzen dürfen und höchstens zum Einsatz kommen, wenn alle anderen verletzt oder gesperrt sind. Möglicherweise haben sie noch die Funktion des abschreckenden Beispiels. Die Vereinsbosse sitzen mit ihren Managern und Trainern mehrmals jährlich zusammen und diskutieren mithilfe des Spielerportfolios über Zu- und Verkäufe.

Ganz ähnlich ist es mit dem Projektportfolio. Es beinhaltet eine Anzahl von Projekten, die nach bestimmten Kriterien ausgewählt und bewertet worden sind und von Zeit zu Zeit auf ihre Existenzberechtigung im Portfolio überprüft werden.

Die wichtigsten Prüfkriterien sind:

▽ der wirtschaftliche Nutzen
▽ die strategische Bedeutung
▽ die Dringlichkeit der Projekte
▽ die zur Verfügung stehenden Mittel
▽ die Risiken

Portfolios sind Managementinstrumente, mit deren Hilfe abgewogen werden kann, inwieweit der Projekte-Mix die Entwicklung des Unternehmens fördert.

Berühmt sind die Portfolioansätze von Bosten Consulting und von McKinsey.

In der Portfoliomatrix von BCG sind die Messgrößen für den Erfolg eines Unternehmens bzw. einer strategischen Geschäftseinheit der relative Marktanteil und die Wachstumsrate. Bei McKinsey bilden die Wettbewerbsposition und die Geschäftsfeldattraktivität die Erfolgsgrößen. Letztere wird von einer Reihe von Faktoren beeinflusst, die branchen- und auch situationsspezifisch zu bestimmen sind. Zur Wettbewerbsposition gehören u. a. folgende Kriterien, die stets in Relation zu den besten Mitbewerbern zu bewerten sind:

▽ die Marktposition
▽ das Produktpotenzial
▽ das R&D-Potenzial
▽ die Qualifikation der Führungskräfte
▽ In projektorientierten Unternehmen müssen konsequenterweise die Qualifikation der Projektleiter und das Expertenwissen genannt werden.

Als Erfolgsfaktoren für die Marktattraktivität gelten:

▽ Marktwachstum und Marktgröße
▽ Marktqualität
▽ Energie- und Rohstoffversorgung
▽ Umweltsituation

Die Erfolgsfaktoren müssen konkretisiert werden, damit sie für die Projektauswahl geeignet sind. Kundenorientierung bedeutet für das Unternehmen:

▽ bessere Erreichbarkeit am Telefon
▽ mehr Kulanz im Garantiefall
▽ verständlichere Gebrauchsanweisungen

Auch diese Aussagen müssen weiter konkretisiert werden, bis sie begreifbar, handhabbar sind.

Die Einschätzung des Portfolios erfolgt immer im Vergleich zu den Branchenbesten, erfordert also ein aussagekräftiges Benchmarking.

Es gibt andere Portfolioansätze, die zur Projektauswahl herangezogen werden können. In diesem Kapitel stelle ich einige dar: Dringlichkeitsportfolio, Attraktivitätsportfolio, Technologievorteil-Kundennutzen-Portfolio, Risikoportfolio.

Nutzen des Projektportfolio-Managements

Zusammenfassend kann der Nutzen des Projektportfolio-Managements folgendermaßen beschrieben werden:

▽ Optimaler Projekte-Mix
▽ Projekte werden nicht isoliert geplant, sondern durch die Gesamtbetrachtung wird ein höherer Nutzen erreicht.
▽ Risiken werden durch eine realistische Planung vermindert.
▽ Auswirkungen von Veränderungen in einem Projekt auf andere Projekte werden durch die Portfoliobetrachtung transparenter.
▽ Durch die Strukturierung im Projektportfolio wird die Komplexität der Projektelandschaft reduziert.
▽ Unterschiedliche Sichtweisen und Interessen können früher erkannt werden.

Auswahl der Projekte

Wie kommen die Projekte in das Projektportfolio? Ich habe dieses Thema in vier Abschnitte gegliedert:

▽ Im ersten Teil stelle ich die Klassifizierung in Muss-, Soll- und Kannprojekte dar, denn es entspricht dem Realitätsprinzip, mit den Projekten zu beginnen, die auf jeden Fall durchgeführt werden müssen.
▽ Im zweiten Teil geht es um Strategiekonformität, wirtschaftlichen Nutzen und das Technologievorteil-Kundennutzen-Portfolio.
▽ Im dritten Teil wird die Bedeutung der Ressourcen- und Kostenplanung für das Projektportfolio beschrieben.
▽ Abschließend wird auf die Bedeutung des Riskmanagements hingewiesen.

Auswahl der Projekte I –
Muss-, Soll- und Kannprojekte klassifizieren

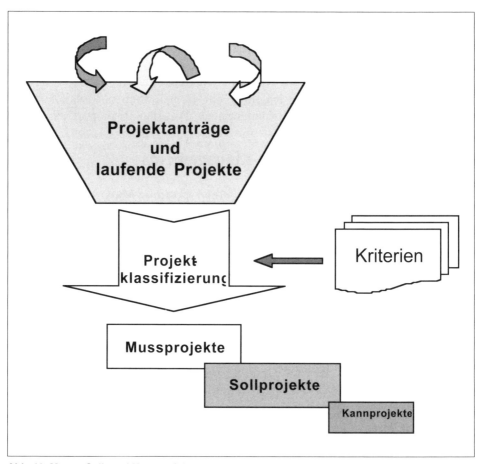

Abb. 13: Muss-, Soll- und Kannprojekte

Um ökonomisch zu planen, geht man am besten von den Projekten aus, die unbedingt gemacht werden müssen, es sei denn, das Unternehmen hat die Möglichkeit,
bestehende Rahmenbedingungen zu verändern. So könnte sich die Unternehmensleitung entschließen, gesetzliche Auflagen in einem Land zu umgehen, indem man bestimmte Aktivitäten ins Ausland verlagert, wo beispielsweise For-
schungsprojekte problemloser zu realisieren sind. Prinzipiell lassen sich alle
Projekte nach dem Grad ihres Umsetzungszwangs in Muss-, Soll- und Kannprojekte klassifizieren. Natürlich ist das nicht immer ganz einfach, denn man muss
sich im Unternehmen zunächst darüber verständigen, was als Zwang gesehen

wird. Bei der Umstellung der IT-Systeme im Rahmen des Jahrtausendwechsels gab es da nichts zu deuteln; jedes Unternehmen musste dieses Projekt machen. Beim Kundendruck dagegen sieht die Sache schon anders aus: Müssen die Kundenvorgaben als feste Rahmenbedingung akzeptiert werden oder nicht? Was bedeutet es für das Unternehmen, wenn ein Auftragsprojekt zum jetzigen Zeitpunkt nicht angenommen werden kann? Kann man es sich leisten, dieses Projekt abzulehnen oder sind mögliche Sanktionen des Kunden zu gefährlich für das Unternehmen? Zu Beginn der Projektportfolio-Planung ist die Klärung der Mussprojekte notwendig und praktisch. Auf diese Weise spart man eine Menge Zeit, der Planungsspielraum wird deutlich, unumstößliche Prioritäten für einige Projekte stehen fest.

Mussprojekte

Mussprojekte haben Vorrang vor allen anderen, um das Geschäft nicht zu gefährden. Es gibt unterschiedliche Zwänge:

▼ *Juristische Zwänge*
Durch die Vielzahl der nationalen und supranationalen Verordnungen und Gesetze werden immer häufiger Projekte generiert bzw. laufende durch Zielveränderungen massiv beeinflusst: Euro, Rentenreform, USGAAP, Umweltschutzgesetze oder strenge Verbraucherschutzbestimmungen in den USA stehen stellvertretend für viele andere. Kein Unternehmen kann sich diesen Zwängen entziehen.

▼ *Starker Kundendruck*
In manchen Branchen sind die Abhängigkeiten von Kunden so hoch, dass ein Ignorieren der Kundenanforderung de facto nicht möglich ist. Der Kunde verlangt ein neues Produkt mit definierten Qualitätsstandards, bestimmt den Termin und beeinflusst den Preis. Ist das Unternehmen von diesem Kunden abhängig, gibt es kurzfristig keine Alternative: Entweder man zieht mit oder man ist „raus". In diesem Fall ist es empfehlenswert, innovative Projekte zu forcieren, um mit neuen Produkten andere Kunden zu gewinnen.

▼ *Technologische Zwänge*
Der rasante technologische Wandel zwingt Unternehmen laufend zu neuen Projekten, um Kundenerwartungen zu erfüllen oder die Kooperationsbasis mit Lieferanten oder Netzwerkpartnern aufrechtzuerhalten. Viele IT-Projekte müssen durchgeführt werden, weil das alte System in seinen Funktionalitäten so eingeschränkt ist, dass Aufträge nicht mehr abgewickelt werden können. In dem Zusammenhang sei nur auf das Stichwort Internet-Performance hingewiesen. Neue Produktionssysteme müssen entwickelt werden,

um am Markt zu bestehen. Oft haben die Unternehmen noch keinen strategischen Vorteil, wenn sie solche Projekte initiieren, sondern sie beseitigen lediglich einen negativen Zustand.

▼ *Lieferantenzwänge*
Ein wichtiger Lieferant für Spezialteile, die man in gemeinsamer Projektarbeit entwickelt hat, stellt kurzfristig seine Lieferungen ein. Schneller Ersatz ist nicht in Sicht. Da diese Teile für einen bestimmten Produktionsprozess unbedingt benötigt werden, muss das Unternehmen in einem Crash-Projekt sofort eine neue Lösung entwickeln.

Sollprojekte

Sind die Mussprojekte definiert, kann mit der Projektauswahl nach strategischen und wirtschaftlichen Kriterien begonnen werden. Welche Projekte bieten den höchsten Nutzen? Welche Produktinnovationsprojekte sollen realisiert werden? Welche Rationalisierungsmaßnahmen sollen durchgeführt werden? Am Ende des Planungsprozesses sind diejenigen Projekte im Portfolio, die von der Unternehmensleitung oder dem Portfolio-Board mit Priorität A entschieden worden sind. Sie können nach ihrer Verabschiedung ebenfalls als Mussprojekte betrachtet werden. Nur im Fall von erheblichen Ressourcenproblemen werden sie heruntergefahren oder unterbrochen, um die eigentlichen Mussprojekte nicht zu gefährden.

Kannprojekte

Kannprojekte sind für die laufende Planungsperiode als zweitrangig eingestuft worden und werden zurückgestellt, bis Ressourcen zur Verfügung stehen. Manche Firmen differenzieren verständlicherweise nur zwischen Muss- und Sollprojekten, weil für Kannprojekte per se keine Ressourcen vorhanden sind.

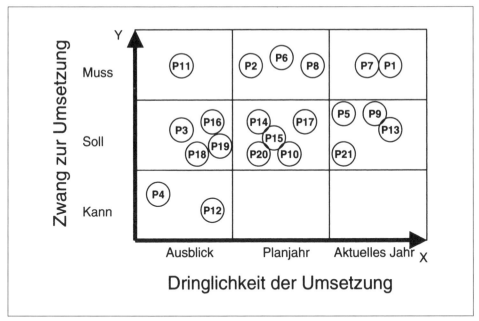

Abb. 14: Projektportfolio nach Dringlichkeit

Erläuterung: Auf der X-Achse ist die Dringlichkeit (Ausblick, Planjahr, aktuelles Jahr) und auf der Y-Achse sind die Projektklassen dargestellt. Die Projekte werden als Kreise eingetragen. Der Einfachheit halber sind in diesem Beispiel die Kreise gleich groß. Durch unterschiedliche Kreisgrößen können unterschiedliche Projektgrößen dargestellt werden.

▽ Die Projekte mit höchster Dringlichkeit (P1, P7) werden in das Portfolio des laufenden Jahres aufgenommen und starten schnellstens. Die Projekte P2, P6, P8 werden als Mussprojekte in das Projektportfolio des nächsten Jahres aufgenommen bzw. P11 in das übernächste.
▽ Die Sollprojekte des Planjahres werden erst bestimmt, wenn der Strategiebeitrag, der wirtschaftliche Nutzen und das Risiko analysiert worden sind.
▽ Kannprojekte sind bereits nach einer groben Prüfung von der Geschäftsleitung in das übernächste Jahr verschoben worden.

Erste Festlegung Projektportfolio
Projektportfolio-Board

	lfd. Nr.	Projekte	Start	Ende	Aktuelles Jahr 2001 1	2	3	4	Planjahr 2002 1	2	3	4	Ausblick 2003 1	2	3	4
Muss	1	Projekt-1	01.01.01	31.12.01												
	7	Projekt-7	01.01.01	30.09.01												
	8	Projekt-8	01.01.02	30.06.02												
	2	Projekt-2	01.07.02	31.12.02												
	6	Projekt-6	01.04.02	31.12.02												
	11	Projekt-11	01.04.03	30.09.03												
Soll	5	Projekt-5	01.04.01	31.03.03												
	9	Projekt-9	01.10.01	30.09.02												
	10	Projekt-10	01.01.02	30.06.02												
	3	Projekt-3	01.10.01	31.03.03												
	9	Projekt-13	01.04.01	31.03.03												
	10	Projekt-14	01.01.02	30.06.02												
	3	Projekt-15	01.10.01	31.03.03												
	9	Projekt-16	01.04.01	31.03.03												
	10	Projekt-17	01.01.02	30.06.02												
	3	Projekt-18	01.10.01	31.03.03												
	9	Projekt-19	01.04.01	31.03.03												
	10	Projekt-20	01.01.02	30.06.02												
	3	Projekt-21	01.10.01	31.03.03												
Kann	4	Projekt-4	01.04.03	30.09.03												
	12	Projekt-12	01.07.03	30.09.03												

Abb. 15: Projektportfolio nach Muss-, Soll-, Kannprojekten

Auswahl der Projekte II – Strategiekonformität und wirtschaftlicher Nutzen

Die Mussprojekte sind bestimmt. Neue Projekte müssen sich um die Aufnahme in das Projektportfolio bewerben, und laufende Projekte werden auf den Prüfstand gestellt. Nach welchen Kriterien wird entschieden, ob Projekte aufgenommen bzw. aus dem Portfolio herausgenommen werden? Im Zentrum der Überlegungen stehen vier Fragen:

▼ Welchen Beitrag leisten die Projekte zur Erreichung der strategischen Ziele?

▼ Welchen wirtschaftlichen Nutzen bieten die Projektergebnisse?

▼ Gibt es genügend Ressourcen, um die geplanten Projekte zu realisieren?

▼ Welche Risiken sind mit den Projekten verbunden? Können sie akzeptiert werden oder nicht?

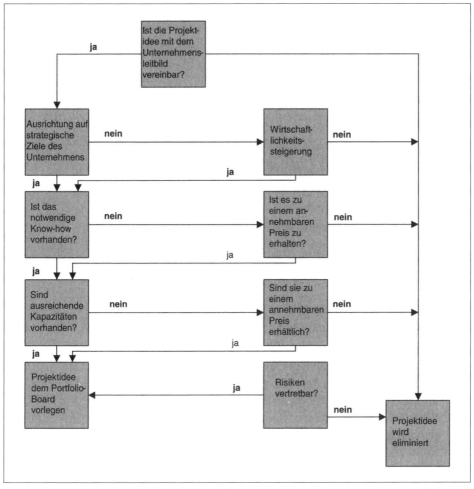

Abb. 16: Systematischer Prozess der Projektauswahl (Quelle: Schelle, Reschke, Schnopp, Schub: Projekte erfolgreich managen, S. 21. Die Darstellung wurde um den Punkt „Risiken vertretbar?" erweitert)

Verbindung zwischen Unternehmensstrategie und Projektmanagement

Projektarbeit macht in großen, in mittleren und auch in vielen kleineren Unternehmen einen erheblichen Teil der Aktivitäten aus. Vom Erfolg der Innovationen hängt das Schicksal des Unternehmens ab. Sie binden viele Kapazitäten und kosten sehr viel Geld. Die klassische Trennung zwischen Projektarbeit und Tagesgeschäft hat sich in vielen Firmen überlebt, das Tagesgeschäft ist die Projektarbeit. Das gilt nicht nur für die Softwarebranche, sondern auch für viele Industrieunternehmen wie den Anlagenbau. Diese Ausführungen reichen, um die strategische Orientierung des Projektmanagements zu begründen. Zu den „Bewerbungsunterlagen" neuer Projekte gehört auch der „Prüfungsbericht ihrer Strategiekonformität". Die strategische Orientierung des Projektmanagements muss sich aus den strategischen Zielen des Unternehmens oder der strategischen Geschäftseinheit ableiten. Neue Projekte sollten gezielt aus der Strategie heraus entwickelt werden.

Neue Projekte auf ihre Strategiekonformität analysieren

▽ Verstärken sie die Kundenbindung?
▽ Wird die Produktqualität verbessert?
▽ Können Produkte durch gezielten Know-how-Aufbau schneller entwickelt werden und wird damit ein strategischer Wettbewerbsvorteil erreicht?
▽ Werden Produkte durch den Einsatz neuer Technologien kostengünstiger produziert?
▽ Werden Lieferzeiten verkürzt?
▽ Können neue Kooperationen eingegangen werden, die dem Unternehmen strategische Vorteile bringen?
▽ Werden neue Märkte eröffnet?
▽ Steigt die Attraktivität des Unternehmens als Arbeitgeber?
▽ Welchen Einfluss haben die entwickelten Produkte oder Dienstleistungen auf das Image des Unternehmens?
▽ Wird ein Beitrag geboten, der es dem Unternehmen erlaubt, sich von weniger profitablen Geschäftsfeldern zurückzuziehen?

Jedes Unternehmen muss selbst wissen, welche strategischen Fragen für die Zukunft relevant sind. Entscheidend ist, dass die Unternehmensziele bekannt sind und für die Auswahl der neuen Projekte systematisch genutzt werden. Das klingt selbstverständlich, ist es aber nach meiner Erfahrung längst nicht in jedem Unternehmen. Beispiel: In einer großen Bank wird gefordert, dass sich die IT-Projekte an den strategischen Zielen ihrer internen Kunden orientieren. Das Problem besteht allerdings darin, dass die Strategie der internen Kunden nicht bekannt ist bzw. die strategischen Ziele sich zu schnell ändern, um auf dieser Basis ein größeres IT-Projekt zu planen. Zu häufig besteht eine Lücke oder gar ein Graben zwischen den strategischen Zielen und den Projektzielen. Worin liegen die Ursachen? Die organisatorischen und konzeptionellen Verbindungen zwischen Unternehmensstrategie und Projektauswahl sind zu schwach ausgeprägt. Folgende Fragen können helfen, die Verbindung herzustellen:

▼ Werden Projekte nach strategisch relevanten Kriterien ausgewählt?

▼ Kann mit den Kriterien eine differenzierte Bewertung erfolgen?

▼ Wird bei wichtigen Meilensteinsitzungen und beim Projektabschluss auch das Erreichen der strategischen Ziele geprüft?

▼ Werden die Auswirkungen von veränderten strategischen Zielen auf Projekte analysiert? Diese Analyse spielt bei Projekten mit einer langen Laufzeit eine erhebliche Rolle.

Multiprojektmanagement kann die Lücke zwischen Unternehmensstrategie und Projektmanagement schließen. Die richtige organisatorische Anbindung ist entscheidend. Der Multiprojektmanager hat eine Brückenfunktion zwischen den Unternehmenszielen und dem operationalen Projektmanagement.

Bewertung der strategischen Unternehmensziele durch die Geschäftsleitung

Unternehmensstrategie

Bewertung der strategischen Ziele	Bewertung					
	gering = 1 gering - mittel = 2 mittel = 3 mittel - hoch = 4 hoch = 5					
	GF-Mitglieder					
Ziele	M1	M2	M3	M4	M5	Ergebnis
Umsatzsteigerung pro Jahr um 8 %	5	4	3	5	4	21,0
Senkung der Vertriebskosten um 4 % pro Jahr	4	4	5	3	4	20,0
Technologie-Know-how erweitern	4	4	4	4	3	19,0
Höhere Marktausschöpfung im Standardgeschäft erzielen	4	3	4	4	3	18,0
Kundenzufriedenheit verbessern	4	3	4	3	3	17,0
Produktinnovation soll vorgenommen werden	3	3	3	4	4	17,0
Bestehende Vertriebskooperationen stärken und ausbauen	5	3	4	2	3	17,0
Neue Märkte mit neuen Produkten erschließen	4	2	3	4	3	16,0
Ablauf- und Aufbauorganisation kontinuierlich verbessern	2	2	2	3	2	11,0

Legende zur Prioritätseinstufung

von 0 bis 8 Punkten	gering
von 9 bis 17 Punkten	mittel
von 18 bis 25 Punkten	hoch

Abb. 17: Bewertung der Unternehmensziele

Erläuterung: Die strategischen Ziele werden mit einem Fünfpunktesystem von 1 = gering bis 5 = hoch bewertet. Die Punkte werden für jedes Ziel addiert. Bei der Bewertungsskala von 1 bis 5 und bei fünf Personen ergibt sich eine Bandbreite von 0 bis 25 Punkten.

In diesem Beispiel werden die Bewertungen von neuen Unternehmenszielen durch fünf Mitglieder der Geschäftsleitung dargestellt. Das Unternehmen hat verschiedene strategische Ziele definiert, von der Umsatzsteigerung bis zur Verbesserung der Ablauf- und Aufbauorganisation. Natürlich wird die Bewertung durch Zahlen nicht objektiver. Der Vorteil der Methode liegt darin, dass sich die Beteiligten mit den einzelnen Unternehmenszielen intensiv beschäftigen müssen, um sie zu bewerten. Das Vorgehen bietet eine gute Kommunikationsgrundlage.

Strategiekonformität des einzelnen Projekts einschätzen

Durch den Vergleich der strategischen Unternehmensziele mit den Projektzielen wird die Strategiekonformität des Projekts überprüft. Der Auftraggeber und der Projektleiter des geplanten Projekts tragen dafür die Verantwortung. Die Bewertung und Auswahl der Projekte erfolgt durch das Projektportfolio-Board (siehe Abb. 18) oder durch die Unternehmensleitung.

Erläuterung: Die Anzahl der Unternehmensziele bestimmt den Wert des Gewichtungsfaktors für die Bewertung des einzelnen Projekts. Das Ziel mit der höchsten Priorität erhält den höchsten Gewichtungsfaktor (9), das Ziel mit der kleinsten Priorität erhält den kleinsten (1). Die Projektziele werden nach dem Erfüllungsgrad der strategischen Ziele bewertet. Die Ausprägung für den Erfüllungsgrad wird mit einem Fünfpunktesystem von 1 = gering bis 5 = hoch angegeben.

▼ Die sieben Projektziele werden den Unternehmenszielen zugeordnet und bewertet. Die erreichten Punkte werden je Unternehmensziel addiert. Danach wird der Mittelwert aus der Anzahl der bewerteten Projektziele gebildet und mit dem Gewichtungsfaktor multipliziert.
▼ Die Summe aller gewichteten Werte der Unternehmensziele drückt den Beitrag des Projekts zur Erreichung der strategischen Ziele aus.

Der Strategiebeitrag der Projekte kann folgendermaßen eingeordnet werden:

- gering bei 0 bis 75 Punkten
- mittel bei 76 bis 150 Punkten
- hoch bei 151 bis 225 Punkten

Prio	Strategische Unternehmensziele	Projektziel 1	Projektziel 2	Projektziel 3	Projektziel 4	Projektziel 5	Projektziel 6	Projektziel 7	Summe	Mittelwert	Gewichtung U-Ziel	Ergebnis
1	Umsatzsteigerung insgesamt pro Jahr um 8 %	1	1	1	1	1	1	1	7	1,0	9	**9,0**
2	Senkung der Betriebskosten um 4 % pro Jahr	5	4	4	2	4	2	3	24	3,4	8	27,4
3	Technologie Know-how erweitern	3	3	4	3	2	5	2	22	3,1	7	22,0
4	Höhere Marktausschöpfung im Standardgeschäft erzielen	2	4	2	5	3	3	1	20	2,9	6	17,1
5	Kundenzufriedenheit verbessern	3	2	3	4	2	1	2	20	2,9	5	14,3
6	Produktinnovation soll vorgenommen werden	5	5	2	3	4	2	2	20	2,9	4	11,4
7	Bestehende Vertriebskooperationen stärken und ausbauen	5	4	3	5	5	2	2	26	3,7	3	11,1
8	Neue Märkte mit neuen Produkten erschließen	4	3	5	5	3	4	4	28	4,0	2	8,0
9	Ablauf- und Aufbauorganisation kontinuierlich verbessern	3	5	3	5	3	2	2	25	3,6	1	3,6

Projekteinschätzung zur Strategiekonformität — durch — Auftraggeber und Projektleiter / Projekt: Projekt 1

Strategiebeitrag zum Unternehmenserfolg

Bewertung: Gering = 1, gering-mittel = 2, mittel = 3, mittel-hoch = 4, hoch = 5

Projektergebnis zur Strategiekonformität   124,0

Legende zur Prioritätseinstufung

Von 0 bis 75 Punkten	Gering
Von 76 bis 150 Punkten	*Mittel*
Von 151 bis 225 Punkten	**Hoch**

Abb. 18: Einschätzung der Strategiekonformität eines Projekts

▽ Das geplante Projekt leistet einen mittleren Beitrag zur Erreichung der Unternehmensziele.

Abbildung 19 zeigt, welchen Nutzen die Projekte für das Erreichen der strategischen Ziele bieten. Projekt 1 liegt an siebter Stelle.

Welchen wirtschaftlichen Nutzen bieten die Projektergebnisse?

Die Analyse des wirtschaftlichen Nutzens spielt für die Projektauswahl genauso eine wichtige Rolle wie die Ausrichtung an den strategischen Zielen, denn das Unternehmen lebt zunächst von den laufenden Erträgen. Die Verantwortung für den wirtschaftlichen Nutzen des Projekts hat in den meisten Unternehmen der Auftraggeber des geplanten Projekts. Bei sehr großen Projekten wird die Verantwortung gerne auf mehrere Schultern verteilt, beispielsweise auf den Vorstand oder die Unternehmensleitung. Das ist in Ordnung, solange es für den Projektleiter einen klaren, personifizierbaren Auftraggeber gibt, an den er sich wenden kann. Die Wirtschaftlichkeitsanalyse wird am besten in interdisziplinärer Zusammenarbeit durchgeführt und häufig vom zukünftigen Projektleiter koordiniert. Bei Produktinnovationsprojekten benötigt man zumindest die Informationen aus dem Marketing, aus R&D, aus der Produktion, aus dem Einkauf und vom Controlling.

Während beim Strategiebeitrag die Angabe von überprüfbaren Geldeinheiten bewusst vermieden wird, müssen bei wirtschaftlichen Nutzenberechnungen Beträge genannt werden, an denen sich das Projekt später messen lassen muss. Für die Berechnung werden abhängig von der Projektart verschiedene Methoden benutzt:

▽ Externe Kundenprojekte werden in der Regel an ihren Deckungsbeiträgen gemessen. Um einen neuen Großkunden längerfristig zu gewinnen, kann auch der kumulierte Erfolg innerhalb einer definierten Periode als Kriterium gewählt werden: Im ersten Jahr ist man bereit, Geld zuzulegen, im zweiten Jahr erwartet man ein neutrales Ergebnis und ab dem dritten Jahr wird die Ernte eingefahren.

▽ Bei Investitionsprojekten und Reorganisationsprojekten wird der ROI (Return on Investment) als Erfolgsmaßstab genommen, der mithilfe von Investitionsrechnungsmethoden ermittelt wird. Dazu gehören u. a.:
  ○ Rentabilitätsrechnungen
  ○ Amortisationsrechnungen
  ○ Kosten-Gewinn-Vergleichsrechnungen
  ○ Kapitalwertmethode
  ○ Annuitätsmethode

Projekteinschätzung zur Strategiekonformität durch Auftraggeber und Projektleiter — Projekt: Projekt 1

Projekteinschätzung zur Strategiekonformität

Strategiebeitrag zum Unternehmenserfolg

Bewertung: Gering = 1, gering-mittel = 2, mittel = 3, mittel-hoch = 4, hoch = 5

Prio	Strategische Unternehmensziele	Projektziel 1	Projektziel 2	Projektziel 3	Projektziel 4	Projektziel 5	Projektziel 6	Projektziel 7	Summe	Mittelwert	Gewichtung U-Ziel	Ergebnis
1	Umsatzsteigerung insgesamt pro Jahr um 8 %	1	1	1	1	1	1	1	7	1,0	9	**9,0**
2	Senkung der Betriebskosten um 4 % pro Jahr	5	3	4	2	4	2	2	24	3,4	8	27,4
3	Technologie Know-how erweitern	3	2	4	3	2	5	3	22	3,1	7	22,0
4	Höhere Marktausschöpfung im Standardgeschäft erzielen	2	4	2	5	2	3	2	20	2,9	6	17,1
5	Kundenzufriedenheit verbessern	3	2	5	2	3	1	4	20	2,9	5	14,3
6	Produktinnovation soll vorgenommen werden	5	5	3	3	4	2	3	20	2,9	4	11,4
7	Bestehende Vertriebskooperationen stärken und ausbauen	5	4	2	5	5	2	3	26	3,7	3	11,1
8	Neue Märkte mit neuen Produkten erschließen	4	4	3	5	3	4	5	28	4,0	2	8,0
9	Ablauf- und Aufbauorganisation kontinuierlich verbessern	3	4	3	5	3	2	2	25	3,6	1	3,6

Projektergebnis zur Strategiekonformität: 124,0

Legende zur Prioritätseinstufung

Gering	Von 0 bis 75 Punkten
Mittel	Von 76 bis 150 Punkten
Hoch	Von 151 bis 225 Punkten

Abb. 19: Übersicht zum strategischen Nutzen der Projekte

Diese Methoden sind brauchbar, wenn Kosten und Nutzen prognostizierbar und später messbar sind. Dies trifft bei Investitionsprojekten oder überschaubaren Reorganisationsprojekten in der Regel zu. Je stärker allerdings die Projekte „weiche Anteile" haben, desto notwendiger werden qualitative Verfahren. Dies trifft für größere Reorganisationsprojekte oder für Integrationsprojekte mit Sicherheit zu. Veränderte Kundenorientierung, Bereitschaft zu Überstunden, Informationsprobleme, Widerstände oder Vertrauensschwund in den Vorstand lassen sich nun einmal nicht quantifizieren. Deshalb sind die „harten" betriebswirtschaftlichen Verfahren nur bedingt brauchbar, um den Erfolg von Veränderungsprozessen zu bewerten. Hier bedient man sich häufig der Nutzwertanalyse. Sie wird angewendet, wenn messbare Kriterien für Wirtschaftlichkeitsberechnungen in Geldeinheiten nicht definiert werden können.

Bewertungsschema zur Auswahl von Projekten								
Entscheidungskriterium	(A) Gewichtungskriterium (%)	(B) Wertausprägung	Ausprägung					(A) X (B)
			sehr gut (5)	gut (4)	neutral (3)	schlecht (2)	sehr schlecht (1)	
Wahrscheinlichkeit der Bestellung			längjährige erfolgreiche Geschäftsbeziehung	Anfrager bereits Kunde	Aussage nicht möglich	Bestellung kaum zu erwarten	Bestellung nicht zu erwarten	
Finanzrisiko			nicht vorhanden	kaum zu erwarten	im Rahmen des unternehmerischen Risikos	hohes Wagnis (Entwicklungskosten nicht abdeckbar)	Entwicklungskosten werden mit Sicherheit nicht abgedeckt	
Gewinnerwartung			überdurchschnittliche Spanne zu erwarten	normale Spanne	knapp unterdurchschnittliche Spanne	Kosten werden gedeckt	Kosten werden nicht gedeckt	
Know-how			sehr hohe Steigerung möglich, ohne Kosten	Steigerung möglich, ohne Kosten	Bestehendes Wissen kann genutzt werden	Know-how-Aufbau mit hohen Kosten verbunden	Know-how-Aufbau mit hohen Kosten, Wiederverwendbarkeit sehr fraglich	

Wettbe-werbs-situation			neuer Markt kann erschlos-sen wer-den	keine Nachteile gegenüber weiteren Anbietern	bisheriger Markt	starke Konkur-renten unter den Anbietern	erhebli-che Nachteile gegen-über weiteren Anbietern	
Auftrags-umfang			Komplett-anlagen	überwie-gender Eigenan-teil	Teilanlage	nur Ein-zelteile	nur Han-delsware	
Techni-sches Risiko			nicht vorhanden	eher nicht vorhanden	gering	hoch	sehr hoch	
Wieder-verwen-dung von Daten			bestehen-de Anlage komplett wieder zu verwen-den	bestehen-de Anlage weitge-hend wieder zu verwen-den	ähnliche Anlagen vorhanden	einzelne Elemente wieder verwend-bar	kaum Unterla-gen vor-handen	
Kapazi-tätssitua-tion			terminge-rechte Bearbei-tung sicher möglich	terminge-rechte Bearbei-tung wahr-scheinlich möglich	Engpass zu erwar-ten	einige zusätzli-che Kapa-zitäten erforder-lich	viele zusätzli-che Kapazi-täten erforder-lich	
Zusatz-forderun-gen des Kunden			keine spezifi-schen Kunden-forderun-gen	Forderun-gen mit geringem Aufwand zu erfüllen	Forderun-gen mit vertretba-rem Auf-wand zu erfüllen	Forderun-gen nur mit sehr hohem Aufwand zu erfüllen	Forde-rungen nicht zu erfüllen	

Abb. 20: Die Nutzwertanalyse (Quelle: Patzak, Gerold/Rattay, Günter: Projekt Management, Wien, 3. Aufl. 1998, S. 434, leicht modifiziert)

Erläuterung: Zunächst müssen wie bei der Projektportfolio-Matrix Entscheidungskriterien für die Auswahl von Projekten gefunden werden. Anschließend werden Maßgrößen und mit Punkten bewertete Ausprägungen (im Beispiel von sehr gut = 5 bis sehr schlecht = 1) festgesetzt. Jede Projektidee wird mit Punkten pro Entscheidungskriterium bewertet. Die Summe der Punkte ergibt den Nutzwert, der als Vergleichsmaßstab für alternative Projektideen benutzt wird.

Der Vorteil der Nutzwertanalyse liegt in ihrer Systematik, die Anwender müssen sich zunächst über die Entscheidungs- und die Gewichtungskriterien verständigen. Nutzwertanalysen schaffen Transparenz und fördern über die inhaltliche Auseinandersetzung das gegenseitige Verständnis. Bei schwierigen Gruppenzusammensetzungen ist es ratsam, einen erfahrenen Moderator zu nehmen, der sowohl die Methode beherrscht als auch Gruppenprozesse steuern kann. Diese Funktion kann der Multiprojektmanager gut übernehmen.

Das Attraktivitätsportfolio

Der Strategiebeitrag und der wirtschaftliche Nutzen der einzelnen Projekte sind ermittelt und im Projektportfolio positioniert. Das Attraktivitätsportfolio bietet eine gute Orientierung, um über die Prioritäten des Portfolios zu entscheiden.

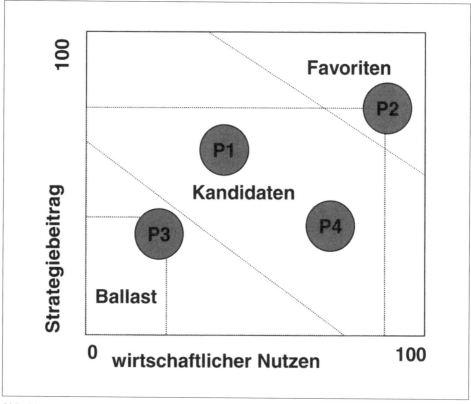

Abb. 21: Attraktivitätsportfolio

Technologievorteil-Kundennutzen-Portfolio zur Bewertung von Produktinnovationsprojekten

Eine gute Möglichkeit zur Bewertung von Produktinnovationsprojekten bietet das Technologievorteil-Kundennutzen-Portfolio, in dem die Projekte nach ihren Stärken/Schwächen bezüglich Technologie und Kundennutzen bewertet werden (vgl.

Hsuan/Vepsäläinen, in: Möhrle, Martin G. (Hrsg.): Der richtige Projekt-Mix, Berlin 1999, S. 60).

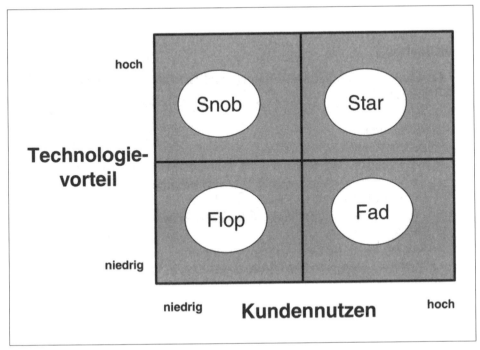

Abb. 22: Technologievorteil-Kundennutzen-Portfolio

Erklärung: Zum ausgeglichenen Technologie-Kundennutzen-Portfolio gehören Star-, Fad- und Snobprojekte. Auch Flops lassen sich trotz bester Planung nicht immer vermeiden, solange das Unternehmen keinen tauglichen Propheten einstellen kann.

Technologievorteil

Zum Technologievorteil gehört eine Reihe von Merkmalen mit einer weiten Spanne. Sie müssen unternehmensspezifisch angepasst werden, um eine optimale Projektauswahl zu erreichen. Zum Technologievorteil zählen u. a.

▽ Produkteigenschaften
▽ Produktionsverfahren
▽ Methoden der Produktinnovation und Geschwindigkeit, neue Produkte auf den Markt zu bringen
▽ Die Fähigkeit, Produkte für einzelne Kunden mit hoher Qualität und im vereinbarten Kosten- und Zeitrahmen zu entwickeln

▼ Produktdesign
▼ Logistische Kompetenz
▼ Wartungsmöglichkeiten
▼ Produktmodifikationsmöglichkeiten aufgrund neuer Technologien

Kundennutzen

Zum Kundennutzen gehören alle Produkte und Dienstleistungen eines Unternehmens. Dazu zählen:

▼ Hohe Qualität
▼ Serviceleistungen
  • Telefonische Erreichbarkeit des Kundendienstes, schneller, persönlicher Kontakt ohne ewig dauernde Warteschleifen mit nicht bestellter Musik
  • User Help Desk, Free Call
  • Preis-Leistungs-Verhältnis des Kundendienstes
  • Kulanzverhalten
▼ Verständlichkeit der Gebrauchsanweisungen
▼ Qualifikationsmöglichkeiten für Kunden, falls das Produkt es erfordert
▼ Wiederverkaufswert
▼ Möglichkeiten, Upgrades zu erhalten

Die Liste ließe sich beliebig erweitern, am besten, indem man sich die Verbraucherbrille aufsetzt. Der Vorteil, bei der Projektauswahl intensiv nach dem Kundennutzen zu fragen, liegt auf der Hand: Die Produkte oder Dienstleistungen werden nicht am Kunden vorbei entwickelt. In diesem Zusammenhang ein kurzer Hinweis auf die Conjoint-Analyse: Aus Verbraucherbefragungen wird die Bedeutung einzelner Eigenschaften des Produktkonzepts festgestellt. So bietet sie die Chance, Erfolgsfaktoren von Produkten und Produktprofile zu ermitteln (vgl. Schelle, in: Schelle/Reschke/Schnopp/Schub (Hrsg.): Projekte erfolgreich managen, o.O., o.S.).

Der Nutzen des Technologievorteil-Kundennutzen-Portfolios liegt in den Bewertungsmöglichkeiten von Produktentwicklungsprojekten. Durch die Konkretisierung der Dimensionen Kundennutzen und Technologievorteil werden nicht nur passende Kriterien ermittelt, sondern die Sensibilität für strategische Fragen im Rahmen des Ideenfindungs- und Planungsprozesses wird erhöht.

Auswahl der Projekte III – Budget- und Ressourcenplanung

Projektbudgets realistisch planen

Um die finanziellen Grenzen des Projektportfolios zu bestimmen, müssen für alle geplanten und laufenden Projekte die Ist- und Sollkosten ermittelt werden. Was kann sich das Unternehmen leisten und wie groß ist der finanzielle Aufwand? Es sollte mindestens eine Unterscheidung nach

▼ Verrechnungspreisen für interne Projektmitarbeiter,
▼ Sachkosten wie Hardware, Reisen, Maschinen etc.,
▼ Kosten für externe Berater

vorhanden sein.

Die Kosten für interne Projektmitarbeiter, in der Regel der größte Kostenfaktor, werden aus meiner Erfahrung auch heute noch in vielen Firmen nicht als Kosten für das einzelne Projekt erfasst. Die Kostenschätzung und -kontrolle liegt in der Verantwortung des Projektleiters und des Auftraggebers. Ab einer bestimmten Projektgröße sollte jedes Projekt als eigene Kostenstelle geführt werden.

Für kleinere und mittlere Projekte werden oft Pauschalen im Jahresbudget der einzelnen Organisationseinheiten eingesetzt. Für größere Projekte müssen rechtzeitig Budgets eingeplant werden. Eine flexible, d. h. das Jahresbudget durchbrechende Budgetierung ist notwendig, um neue, Erfolg versprechende Projekte so schnell zu realisieren, dass Wettbewerbsvorteile erzielt werden können.

Die Priorität der Projekte zeigt sich an der Verfügbarkeit der Mitarbeiter

Die besten Projektideen nutzen nichts, wenn zu wenig Mitarbeiter vorhanden sind, um die Projekte zu realisieren. Die erste Enttäuschung ist da, wenn die zur Verfügung stehenden Kapazitäten mit den Anforderungen verglichen worden sind. Die zweite Enttäuschung kommt später – und sie kommt oft, weil entweder falsch geplant wurde oder die Pläne keine Gültigkeit mehr haben. Die längerfristige Kapazitätsplanung gehört zu den fundamentalen Aufgaben des Portfolio-Managements. Strategische Unternehmensziele und wirtschaftlicher Nutzen lassen sich wunderschön beschreiben und berechnen, doch wie viele Mitarbeiter stehen wirklich zur Verfügung?

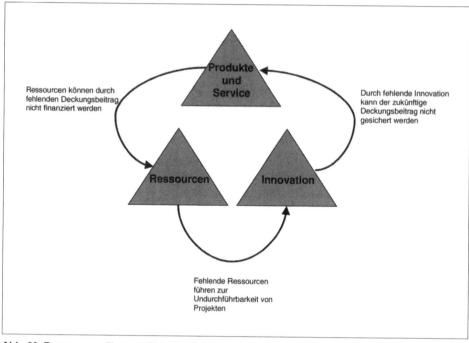

Abb. 23: Ressourcendilemma (Quelle: Pleissner, in: Möhrle, S. 129)

Die Ressourcenplanung ist für viele Projektleiter schon schwierig genug: Die Dauer von Teilprojekten und selbst die von Arbeitspaketen lässt sich nicht immer vorhersagen. Änderungen der Projektziele oder der Rahmenbedingungen werfen die Pläne über den Haufen. Die Qualifikation lässt sich manchmal schwer einschätzen. Zusätzliche Aufgaben im Tagesgeschäft oder in anderen Projekten verzögern das Projekt und Mitarbeiter werden länger benötigt als geplant. Linienmanager zögern oder wehren sich, erfahrene Mitarbeiter an die Projekte „abzugeben", denn sie stehen selbst unter einem enormen Zeit- und Leistungsdruck. Sie werden an Kennzahlen gemessen, die sich verschlechtern, wenn gute Mitarbeiter für die Tagesarbeit nicht mehr zur Verfügung stehen. Allein diese kurze Problembeschreibung zeigt, wie schwierig eine einigermaßen realistische projektübergreifende Kapazitätsplanung in der Praxis ist.

Wann kann von einer realistischen Kapazitätsplanung gesprochen werden? Sie ist dann vorhanden, wenn

▽ während der Projektdurchführung keine Verzögerungen auftreten, weil Mitarbeiter nicht im notwendigen Maße zur Verfügung stehen,

▽ die Aufgaben der Projektmitarbeiter im Tagesgeschäft und in anderen Projekten beachtet werden,

▽ keine Abstriche an der Qualität gemacht werden, also nicht quick and dirty aus Not zur Tugend wird,

▽ Kapazitätsprobleme nicht in andere Projekte verschoben werden, bis sie eines Tages als Bumerang wieder zurückkommen,

▽ Überstunden ein vertretbares Maß nicht übersteigen und Projekterfolge nicht auf Kosten der Gesundheit oder der Beziehungen erzielt werden,

▽ Mitarbeiter trotz hoher Belastung Zeit haben, sich fachlich und persönlich weiterzuentwickeln,

▽ Provisorien wie „Momentan haben wir einen Engpass" sich nicht verewigen.

Die projektübergreifende Ressourcenplanung kann mit Sicherheit nicht so durchgeführt werden, indem der Multiprojektmanager auf die Informationen von Teilprojekten oder gar von Arbeitspaketen zurückgreift, nach dem Motto: Je mehr Daten, desto besser die Planung. Dieser Ansatz hat sich in der Praxis nicht bewährt. Allein die Datenmenge und die Aktualisierung der Daten erweisen sich als unpraktikabel. Wo liegt die Lösung? Die Kapazitätsplanung muss von zwei Seiten ausgehen:

Top-down

Die Organisationseinheiten, in der Regel die Linienmanager, informieren, wie viele Mitarbeiter für Projektarbeit in der Planungsperiode zur Verfügung stehen. Die Verantwortung liegt beim Linienmanagement und letztlich bei der Unternehmensleitung.

Bottom-up

Der Projektleiter muss gründlich schätzen, wie viele Mitarbeiter für das Projekt benötigt werden. Das betrifft nicht nur die Quantität, sondern auch die Qualifikation der Mitarbeiter. Besonders schwierig ist die Personaleinsatzplanung für die Keyplayer, vor allem wenn kein Keyplayer-Portfolio existiert.

Die Anforderungen der Linie und der Projekte müssen zusammengeführt werden. Dabei ist sowohl auf quantitative als auch auf qualitative Aspekte zu achten. Alle Beteiligten sollten sich darüber bewusst sein, dass Kapazitätsplanung eine Kapazitätsschätzung bedeutet und Veränderungen der Plandaten zur Normalität der Unternehmenswirklichkeit gehören.

Auswahl der Projekte IV – Risiken in den Projekten und in der Projektelandschaft analysieren und bewerten

Schon einzelne Projekte können mit erheblichen Risiken verbunden sein – erst recht beinhaltet die Projektelandschaft mit ihrer Vielzahl von Projekten und deren Abhängigkeiten Risiken. Unter Risiken sind Gefahren zu verstehen, „die den Prozess der Zielsetzung und Zielerreichung begleiten und ihn im Sinne einer negativen Abweichung beeinflussen können" (vgl. Franke, in: Schelle/Reschke/Schnapp/Schub, S. 39).

▼ Gesetzliche und politische Rahmenbedingungen können sich sehr schnell ändern und die Projektplanung über den Haufen werfen.

▼ Technologische oder qualifikatorische Probleme führen zu Projektverzögerungen oder zu Qualitätsproblemen.

▼ Der Mitbewerber könnte mit einem vergleichbaren Produkt schneller am Markt sein, die eigene Produktentwicklung würde zurückgeworfen.

▼ Der Kunde droht mit Konventionalstrafe, wenn der Endtermin des Projekts nicht eingehalten wird.

▼ Der Lieferant bekommt seine Probleme nicht in den Griff, was mit erheblichen Konsequenzen für Projekte verbunden sein kann.

Der Spielraum für Misserfolge wird immer kleiner, Prävention immer wichtiger.

Riskmanagement gehört zu den wesentlichen Aufgaben der Projektleiter, und auch hier muss der Auftraggeber seine Verantwortung wahrnehmen. Auftraggeber, Projektleiter und auch Teilprojektleiter müssen die Risiken des einzelnen Projekts ermitteln, analysieren und bewerten. Dabei werden sie sich auch der Unterstützung weiterer Spezialisten bedienen. Der Multiprojektmanager muss die Risiken der einzelnen Projekte sammeln und analysieren, damit die Auswirkungen auf die Projektelandschaft bewertet werden können. Seine Aufgabe besteht darin, einen projektübergreifenden Risikoausgleich zu erreichen. Das kann er unmöglich allein schaffen, Riskmanagement ist immer eine interdisziplinäre Angelegenheit. Risiko-Teams, bestehend aus drei bis sieben Personen, können die kritischen Punkte identifizieren, die Auswirkungen auf andere Projekte herausarbeiten und Präventivmaßnahmen vorbereiten. Der Multiprojektmanager hat die Koordinations- und Moderationsfunktion. Seine Hauptaufgabe als Navigator der Projektelandschaft besteht darin, bei allen Projektbeteiligten ein hohes Bewusstsein für Risiken im Projektmanagement zu schaffen. Um dieses Ziel zu erreichen, muss Riskmanagement ein fester Bestandteil des Projektmanagement-Prozesses sein; das bedeutet: Schritte und Instrumente des Riskmanagements sind im Unternehmen entwickelt.

Risikobewertung des einzelnen Projekts

Mithilfe von Risikochecklisten können die Projektbeteiligten systematisch Risiken einschätzen, wobei jedes Unternehmen seine eigenen Risikofaktoren ermitteln muss. Der Multiprojektmanager hat die Aufgabe, das notwendige Instrumentarium zu Verfügung zu stellen. Die folgende Liste ist ein Beispiel aus dem Anlagenbau.

<table>
<tr><td colspan="3">Projekteinschätzung</td><td colspan="2"></td></tr>
<tr><td colspan="3">Wirtschaftlicher Nutzen</td><td>Projekt:</td><td>Projekt-1</td></tr>
<tr><td colspan="2">Erwarteter Umsatz in Mio.</td><td></td><td>Auftraggeber:</td><td>Hr. Müller</td></tr>
<tr><td colspan="2"></td><td>25</td><td>Projektleiter:</td><td>Hr. Meier</td></tr>
<tr><td colspan="3">Risikobewertung</td><td colspan="2">Bewertung
1 (gering) 2 (gering – mittel) 3 (mittel)
4 (mittel – hoch) 5 (hoch)</td></tr>
<tr><td>Gew</td><td colspan="2">Risikokriterien</td><td colspan="2"></td></tr>
<tr><td>1</td><td colspan="2">Schadenersatz wegen Kostenüberschreitung</td><td colspan="2">5</td></tr>
<tr><td>1</td><td colspan="2">Schadenersatz wegen Zeitüberschreitung</td><td colspan="2">5</td></tr>
<tr><td>1</td><td colspan="2">Kundenreklamationen</td><td colspan="2">3</td></tr>
<tr><td>1</td><td colspan="2">Mitarbeiterunzufriedenheit</td><td colspan="2">1</td></tr>
<tr><td>1</td><td colspan="2">Verschlechterung der Marktposition</td><td colspan="2">2</td></tr>
<tr><td colspan="3">Auswertung, max. erreichbar bis 25
(5 Risiken * 5 Punkte)
Bei gleichwertiger Gewichtung:

9 - 17 Punkte = mittel
18 - 25 Punkte = hoch</td><td colspan="2">16</td></tr>
<tr><td colspan="3">Risiko</td><td colspan="2"></td></tr>
</table>

Abb. 24: Projekteinschätzung durch Auftraggeber und Projektleiter für „wirtschaftlichen Nutzen und Risiko"

Code	Risikocheckliste	Risikocheckliste	Ausprägung des Risikos	Ausprägung des Risikos	Ausprägung des Risikos	Bemerkung	Erwartete Kosten
	Bezeichnung		hoch	mittel	gering		
11	Reifegrad der Technologie aus-reichend?						
111	Gibt es Referenzanlagen oder liegen nur Pilotanlagenerfahrun-gen vor?						
112	Sind für die „verkaufte Techno-logie" kritische Garantiewerte vereinbart?						
12	Einsatzstoffe						
121	Sind die Spezifikationen der Einsatzstoffe vollständig und aktuell?						
122	Sind während der Abwicklung Modifikationen hinsichtlich der Einsatzstoffe zu erwarten, deren kostenmäßige Auswirkungen nicht weitergegeben werden können?						
14	Sind während der Abwicklung Änderungen prozesstechnischer Art zu erwarten, deren kosten-mäßige Auswirkungen nicht weitergegeben werden können?						

(Quelle: Franke, in: Schelle, Reschke, Schnopp, Schub, S. 39. Diese Liste ist leicht gekürzt.)

Übersicht		Strategiebeitrag wirtschaftlicher Nutzen Risiko					
	lfd. Nr.	Projekte	Start	Ende	Strategie-beitrag	wirtsch. Nutzen in Mio.	Risiko
Muss	1	Projekt 1	01.01.01	31.12.01	mittel	25	mittel
	7	Projekt 7	01.01.01	30.09.01	mittel	12	mittel
	8	Projekt 8	01.01.02	30.06.02	mittel	8	hoch
	2	Projekt 2	01.07.02	31.12.02	hoch	24	hoch
	6	Projekt 6	01.04.02	31.12.02	gering	4	hoch
	11	Projekt 11	01.04.03	30.09.03	gering	3	mittel
Soll	5	Projekt 5	01.04.01	31.03.03	hoch	35	gering
	9	Projekt 9	01.10.01	30.09.02	mittel	48	gering
	10	Projekt 10	01.01.02	30.06.02	mittel	12	mittel
	3	Projekt 3	01.10.01	31.03.03	mittel	15	mittel
	9	Projekt 13	01.04.01	31.03.03	gering	6	hoch
	10	Projekt 14	01.01.02	30.06.02	hoch	23	gering
	3	Projekt 15	01.10.01	31.03.03	hoch	14	mittel
	9	Projekt 16	01.04.01	31.03.03	gering	2	hoch
	10	Projekt 17	01.01.02	30.06.02	mittel	8	mittel
	3	Projekt 18	01.10.01	31.03.03	gering	6	gering
	9	Projekt 19	01.04.01	31.03.03	hoch	16	gering
	10	Projekt 20	01.01.02	30.06.02	gering	35	hoch
	3	Projekt 21	01.10.01	31.03.03	mittel	49	mittel

Abb. 25: Übersicht des MpM zu den gelieferten Daten der Einzelprojekte

Die oben stehende Übersicht beinhaltet die bewerteten Strategiebeiträge, den geschätzten wirtschaftlichen Nutzen der Projekte und die geschätzten Risiken.

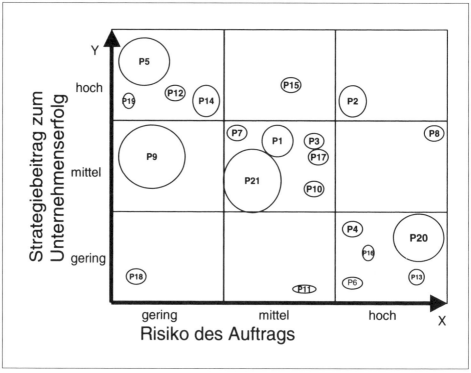

Abb. 26: **Risiken im Projektportfolio. Der wirtschaftliche Nutzen kommt durch die Größe der Kreise zum Ausdruck**

Empfehlungen

▽ Management des Projektportfolios ist die primäre Aufgabe des Multiprojektmanagers.

▽ Das Projektportfolio beinhaltet eine Anzahl von Projekten, die nach bestimmten Kriterien ausgewählt und bewertet worden sind und von Zeit zu Zeit auf ihre Existenzberechtigung im Portfolio überprüft werden. Die wichtigsten Prüfkriterien sind:

• Dringlichkeit der Projekte
• Strategische Bedeutung
• Wirtschaftlicher Nutzen
• Die zur Verfügung stehenden Mittel
• Risiken

▽ Grundsätzlich kann der Planungsprozess des MpM nur hierarchiestufen- und bereichsübergreifend durchgeführt werden. Die Unternehmensleitung bzw. das Projektportfolio-Board entscheiden über die Prioritäten der Projekte und damit über die Zusammensetzung des Portfolios. Sie geben die strategischen Ziele und die ökonomischen Rahmenbedingungen vor.

▼ Projekte müssen nach plausiblen Kriterien geordnet werden, um den Überblick zu erreichen. Zur Strukturierung der Projektelandschaft sollten verschiedene Projektportfolios gebildet werden, um die unterschiedlichen Dimensionen der Projektelandschaft wahrzunehmen.

▼ Bei der Planung des Projektportfolios stehen zwei Kernfragen im Mittelpunkt:

1. *Werden die richtigen Projekte ausgewählt?*
   Anzustreben ist ein ausgewogenes Projektportfolio, das es einerseits ermöglicht, Umsatz- und Ertragswachstum in Übereinstimmung mit der Unternehmensstrategie zu erzielen, aber andererseits das Unternehmen nicht in unkalkulierbare Risiken drängt.

2. *Sind die Projekte realistisch geplant?*
   Stehen genügend Mitarbeiter zur Verfügung? Reicht das Budget? Ist die Ressourcenplanung zuverlässig?

▼ Prinzipiell lassen sich alle Projekte nach dem Grad ihres Umsetzungszwanges in Muss-, Soll- und Kannprojekte klassifizieren. Um ökonomisch zu planen, geht man am besten von den Projekten aus, die unbedingt gemacht werden müssen.

▼ Die konzeptionellen und organisatorischen Verbindungen zwischen Unternehmensstrategie und Projektauswahl müssen stark genug sein. Stellen Sie folgende Fragen:

- Werden Projekte nach strategisch relevanten Kriterien ausgewählt?
- Kann mit den Kriterien eine differenzierte Bewertung erfolgen?
- Wird bei zentralen Meilensteinen auch das Erreichen der strategischen Ziele geprüft?
- Werden Auswirkungen veränderter strategischer Ziele auf die Projekte analysiert?

▼ Der Multiprojektmanager hat eine Brückenfunktion zwischen den Unternehmenszielen und dem operationalen Projektmanagement. Die Unternehmensziele müssen bekannt sein und für die Auswahl neuer Projekte systematisch genutzt werden.

▼ Die Analyse des wirtschaftlichen Nutzens spielt für die Projektauswahl eine genauso wichtige Rolle wie die Ausrichtung an den strategischen Zielen.

▼ Die längerfristige Kapazitätsplanung gehört zu den wesentlichen Aufgaben des Portfoliomanagements. Strategische Unternehmensziele und wirtschaftlicher Nutzen lassen sich wunderschön beschreiben und berechnen, doch die Stunde der Wahrheit kommt bei der quantitativen und qualitativen Ressourcenplanung.

▼ Der Multiprojektmanager muss die Risiken der einzelnen Projekte analysieren und die Auswirkungen auf die Projektelandschaft bewerten. Das kann er nicht allein, Riskmanagement ist immer eine interdisziplinäre Angelegenheit.

▼ Planung und Steuerung des Projektportfolios bedeutet:

- Projekte auswählen
- Prioritäten setzen
- Abhängigkeiten zwischen den Projekten darstellen
- Zielkonflikte innerhalb der Projektelandschaft abbauen
- Projektrisiken und deren Auswirkungen auf andere Projekte analysieren, Präventivmaßnahmen planen
- Regelmäßige Abstimmung von Zielen, Terminen und Kapazitäten der einzelnen Projekte des Projektportfolios
- Information und Kommunikation relevanter Änderungen eines Projektes, gemeinsam die Auswirkungen auf andere Projekte klären
- Bei Engpässen Prioritäten neu definieren

Kapitel 4

Reporting im Multiprojektmanagement

Der Informationsverarbeitungsprozess und MpM

Etwas altmodisch formuliert geht es in diesem Kapitel um das Berichtswesen im Multiprojektmanagement. Um durch einen Bericht etwas auszurichten, benötigt man nicht nur Nachrichten, sondern auch Klarheit über die Richtung der Nachrichten, die inhaltlich möglichst richtig und aufrichtig sein sollten, denn ansonsten richtet der Berichterstatter schnell Unheil an. Er muss dann große Anstrengungen unternehmen, um den Schaden wieder zu richten und Kollegen aufzurichten. Ein guter Bericht ist geeignet, die eingeschlagene Richtung zu bestätigen oder die Dinge gerade zu richten, sodass die Entwicklung in die richtige Richtung gehen kann. Außerdem sind Vorrichtungen zu treffen, dass künftige Fehlentwicklungen möglichst vermieden werden können. Der für das Berichtswesen verantwortliche Mitarbeiter muss darüber hinaus Vorrichtungen treffen, dass die Berichte eine gewisse Einheitlichkeit haben, aber keinesfalls darf sie so eng vorgegeben sein, dass die Berichterstatter den Eindruck gewinnen, dass sie abgerichtet werden. Dann könnten sie sich schnell mithilfe ihrer Berichte gegen das Abrichten richten. Ein Berichtswesen hat immer etwas mit Richten zu tun, denn in Nachrichten sind explizit oder implizit Bewertungen enthalten, die eine bestimmte Richtung für richtig halten oder nicht. Schon in der Auswahl und Zusammenstellung der Daten zu einer Nachricht ist eine Richtung enthalten. Das Berichtswesen ist dann richtig, wenn die Berichterstatter darüber aufrichtig unterrichtet werden, was ihr Bericht ausgerichtet oder auch angerichtet hat, wobei die Adressaten dieser Nachricht so unterrichtet werden sollten, dass sie aufgerichtet werden. Wenn das passiert, hat der Berichterstatter seine Arbeit erfolgreich verrichtet.

In diesem Wortspiel sind die zentralen Themen des MpM-Reportings enthalten:

▼ *Ziele des Reportings*
  Was soll durch das MpM-Reporting erreicht werden?
▼ *Inhalte des Reportings*
  Welche Informationen sind notwendig?

▼ *Entstehungsprozess des Reportings*
Wie kommen die Informationen zustande? Auf welchen Annahmen beruhen sie und wie zuverlässig sind diese?

▼ *Die Beteiligten des MpM-Reportings*
Wer sind die Adressaten und wer muss welche Informationen liefern? Können und wollen die Adressaten die Informationen nutzen?

▼ *Standards des MpM-Reportings*
Welche Standards und Regeln sind für ein wirkungsvolles Multiprojektmanagement im Unternehmen erforderlich? Wie viel Einheitlichkeit ist für das Reporting notwendig? Wann führen Standards zur Überstrukturierung, zum Formalismus und damit zur disfunktionalen Einengung der Projektleiter?

▼ *Die Verwertung des Reportings*
Werden die Informationen genutzt?

▼ *Rückkopplung und Lernprozesse*
Welche Informationen benötigen die Projektleiter vom Multiprojektmanagement, um ihre Projekte steuern zu können und die gesamte Projektelandschaft in ihrer Komplexität besser zu verstehen?

▼ *Offene Kommunikation und intensive Zusammenarbeit*
Sie sind Voraussetzungen und Ergebnisse des Reportings. Jeder Multiprojektmanager muss sich daran beurteilen lassen, in welchem Maß es ihm gelingt, eine vertrauensvolle Zusammenarbeit mit allen Projektbeteiligten zu erreichen.

Übersicht zu Kapitel 4

In diesem Kapitel geht es um den Informationsverarbeitungsprozess im Multiprojektmanagement. Im Grunde sind nur wenige Fragen zu beantworten, das Problem in der Praxis besteht „nur" darin, die richtigen Antworten zu finden. Das ist abhängig von der inhaltlichen Komplexität der einzelnen Projekte, von der Kommunikation, der vertrauensvollen Zusammenarbeit, der Qualifikation der Projektleiter und nicht zuletzt von den politischen Spielen im Unternehmen.

▼ Praxisprobleme im MpM-Reporting und das Idealbild

▼ Welche Grundlagen müssen vorhanden sein, um ein aussagekräftiges MpM-Reporting aufzubauen?

▼ Das Kunden-Lieferanten-Verhältnis im Reporting: Wer liefert welche Informationen an wen? Welche Aufgaben hat der Multiprojektmanager und welche die Projektleiter?

▼ Welche Informationen müssen wann und in welcher Form vermittelt werden? In diesem Abschnitt werden einzelne Bausteine des MpM-Reportings vorgestellt.

▽ Die Berichte liegen vor, doch die Ergebnisse werden nicht beachtet. Was kann der Multiprojektmanager unternehmen, wenn er den Eindruck gewinnt, für den „Papierkorb zu arbeiten"?

Praxisprobleme und Praxisfragen

Reporting im Multiprojektmanagement scheint auf den ersten Blick primär eine Angelegenheit von richtiger Organisation, Methoden und Instrumenten zu sein. Für den Praktiker erweisen sich die Informationsbeschaffung, die Analyse und Bewertung von Informationen sowie die Weitergabe der Ergebnisse häufig als dornenreiche Daueraufgabe – für manche ist es eine wahre Sisyphusarbeit.

▽ Die erweiterte Vorstandsrunde erwartet einen aktuellen, möglichst kurzen, doch aussagekräftigen Zwischenbericht über die Projektelandschaft in Form einer fundierten Entscheidungsgrundlage. Welche Informationen sind für die einzelnen Mitglieder relevant und wie fundiert sollte der Bericht sein? Ist er zu detailliert, wird er von einigen nicht mehr verstanden, wahrscheinlich gar nicht erst gelesen. Ein Management Summary mit Ampelstatus wird der Problematik nicht gerecht und stößt bei den Experten in diesem Gremium auf Ablehnung. Viele Projektkoordinatoren befinden sich laufend in diesem Spannungsfeld.

▽ Anspruch der Unternehmensleitung an das MpM: Im Quarterly Project Report sollen zuverlässige Aussagen über den Stand der Projekte und die Abhängigkeiten zwischen den Projekten hinsichtlich der Personalsituation und der Einführungstermine gemacht werden. Vom Multiprojektmanager wird erwartet, dass er dazu seine Bewertung abgibt.

Realität: Ständig müssen Projektleiter gemahnt werden, ihre Statusberichte zu liefern. Einige liefern sie pünktlich, andere regelmäßig zu spät oder unvollständig. Das größte Problem für den Multiprojektmanager liegt darin, dass er fachlich nur ganz selten in der Lage ist, die Aussagen einzuschätzen, und das müsste er können, um die geforderte Bewertung vorzunehmen. Zunehmend kommen ihm Zweifel, ob die Erwartungen der Unternehmensleitung mit seinen professionellen Ansprüchen vereinbar sind.

▽ Der Multiprojektmanager soll mitteilen, welche Mussprojekte bereits laufen und welche in der letzten Zeit hinzugekommen sind, um auf einer realistischen Basis neue Projekte zu planen. Doch eine entsprechende Übersicht gibt es bisher nicht. Es entsteht eine längere Diskussion in der Geschäftsleitung über die Frage, was im Unternehmen als Mussprojekt definiert werden soll.

▽ Eine präzise und aktuelle Übersicht der laufenden Projektkosten – welcher Manager hätte sie nicht gerne? Dabei stellen sich immer wieder die gleichen Fragen: Sind alle Kosten erfasst und wie genau sind die Zahlen? Natürlich möchte das Management eine möglichst verbindliche Aussage über die Kostenentwicklung der Projektelandschaft haben. Der Multiprojektmanager ist auf die Schätzungen der Projektleiter angewiesen. Wie zuverlässig sind diese Angaben?

▽ In vielen Unternehmen gibt es kein realistisches Bild über den Mitarbeitereinsatz in Projekten. Eigentlich verwunderlich, denn ohne Übersicht gibt es keine Personaleinsatzplanung und ohne Mitarbeiter werden Projekte nun mal nicht realisiert; eine banale Aussage, jedoch mit einem sehr hohen Praxisbezug: Das Projekt hat höchste Priorität und Mitarbeiter stehen nicht zur Verfügung.

▽ In den meisten Firmen werden ORG/IT-Projekte mit Unterstützung externer Mitarbeiter durchgeführt, teilweise sind über 50% aller Projektmitarbeiter Externe. Umso wichtiger ist es, die Übersicht zu behalten: Wie viele externe Mitarbeiter arbeiten in den einzelnen Projekten? Wie hoch sind die Kosten für Externe? Ist die Rolle der Externen klar definiert und wie wird der Know-how-Transfer garantiert? Auf diese Fragen sollte das MpM Antworten finden.

▽ Interne und externe Keyplayer sind für jedes Unternehmen wichtig und wertvoll, doch Probleme treten auf, wenn sie gleichzeitig in zu vielen Projekten eingesetzt werden, wobei das Zuviel bereits beim zweiten Projekt beginnen kann. Außerdem sollte jede Organisation daran interessiert sein, negative Abhängigkeiten zu vermeiden. Deshalb ist die Keyplayer-Analyse sinnvoll. Dabei stellen sich einige Fragen:
  • Wann wird der Einsatz von Know-how-Trägern zu einer nicht mehr akzeptablen Überbelastung für die betroffenen Mitarbeiter?
  • Wann wird die Abhängigkeit zu einem Risiko oder zum Problem für das Unternehmen?
  • Ist die Unternehmensleitung bereit, aus permanenter Überlastung oder Abhängigkeiten Konsequenzen zu ziehen?
  • Welche Alternativen hat das Unternehmen?
  • Wie können die Schlüsselpersonen bei zahlreichen und großen Projekten identifiziert werden, wenn weder Projektleiter noch Linienvorgesetzte daran interessiert sind, „ihre" besten Mitarbeiter preiszugeben?

▽ Projektleiter und Auftraggeber lassen sich nicht immer gerne in die Karten schauen. Das MpM-Reporting ist einigen ein Dorn im Auge, vor allem wenn Fehlentwicklungen erkannt werden könnten. Die Widerstände gegen das „Eindringen" des Multiprojektmanagers in das „Territorium" der einzelnen Projekte zeigen sich in den unterschiedlichsten Varianten:
Statusberichte werden nicht geliefert, Informationen sind „gefärbt", Projektleiter erscheinen aus „Zeitmangel" nicht in Besprechungen oder es wer-

den so viele Informationen geliefert, dass der Multiprojektmanager von der Informationsmenge zugeschüttet wird.

▼ In einem Unternehmen sagte mir der Multiprojektmanager: „Das Reporting wird bei uns nicht als Steuerungsmittel verstanden, sondern als Misstrauen der Geschäftsleitung gegenüber Projektleitern und Linienvorgesetzten. Viele haben noch die schlechten Erfahrungen mit der alten Geschäftsleitung vor Augen, sie missbrauchte die Zahlen nur als Druckmittel."

▼ Die Informationen sind vorhanden, aber sie werden nicht richtig verwertet. Sie werden zur Seite gelegt, manchmal auch unter den Tisch geschoben. Die Projektleiter beschweren sich beim Multiprojektmanagement zu Recht, welchen Sinn es macht, ständig Informationen zu liefern, wenn doch nichts passiert. Der Multiprojektmanager muss dieses Problem in der Geschäftsleitung deutlich ansprechen.

Der Informationsverarbeitungsprozess im MpM braucht ein solides Fundament – nur so können die Praxisprobleme gelöst werden.

MpM-Reporting – ein Idealbild

Wie könnte der Idealzustand aussehen, wenn alle Informationen für die Steuerung und Weiterentwicklung der Projektelandschaft richtig fließen?

▼ Die beteiligten Stellen können die notwendigen Informationen über die Situation der einzelnen Projekte, die Abhängigkeiten zwischen den Projekten und den Zustand der gesamten Projektelandschaft jederzeit abrufen.

▼ Zu den festgesetzten Terminen der Planungsperiode sind qualifizierte Informationen vorhanden, damit die erforderlichen Anpassungen vom Portfolio-Board vorgenommen werden können. Die relevanten Informationen sind im erforderlichen Genauigkeits- und Verdichtungsgrad vorhanden. Alle verstehen, dass ein „wasserdichtes Reportingsystem" nicht möglich ist.

▼ Planabweichungen und deren Auswirkungen auf die Projektelandschaft werden rechtzeitig schriftlich und mündlich kommuniziert und notwendige Entscheidungen getroffen. Die Vernetzung funktioniert gut.

▼ Neue Projekte kennen die strategischen Unternehmensziele und berücksichtigen diese in ihrer Planung. Auch die operativen Ziele der laufenden Projekte werden bei der Planung neuer Projekte berücksichtigt.

▼ Die Personalsituation ist bekannt, personelle Engpässe werden berücksichtigt. Das Paradoxon – das Projekt hat höchste Priorität und keiner hat Zeit – ist weitgehend aus der Organisation verschwunden, ganz vermeiden lässt es sich nie.

▽ Die Kosten der Projekte sind transparent und werden als Entscheidungskriterium bei der Prioritätenfindung genutzt.

▽ Die einzelnen Projektleiter stellen alle notwendigen Ergebnisse richtig, vollständig und termingerecht zur Verfügung. Die vereinbarte Form wird von allen Projektleitern eingehalten und der Multiprojektmanager kann die Informationen der Einzelprojekte gut verarbeiten.

▽ Der Multiprojektmanager bietet den Projektleitern ein Instrumentarium, das es ihnen ermöglicht, eine weitgehende Selbstkontrolle durchzuführen.

▽ Der Informations- und Kommunikationsfluss ist offen und konstruktiv. MpM-Reporting wird nicht als das Berichtswesen einer Stabsstelle verstanden, sondern als Information des Netzwerks Projektelandschaft. Bei Problemen geht es um Lösungen und nicht um Schuldfragen.

▽ Alle haben verstanden: Nicht die richtigen Informationen sind entscheidend, sondern die richtige Verwertung der Informationen.

Nur ganz wenige Unternehmen dürften dieses Idealbild erreicht haben, viele sind auf dem richtigen Weg. Andere sind noch sehr weit davon entfernt und werden das Ziel nicht erreichen, es sei denn, sie würden intensiv an den Grundlagen für ein wirksames MpM-Reporting arbeiten.

Grundlagen des MpM-Reportings

Sieben tragende Säulen müssen vorhanden sein:

1. **Ziele und Grundverständnis des MpM-Reportings sind ausgearbeitet und kommuniziert.**
2. **Die Unternehmensleitung fordert und nutzt die Informationen.**
3. **Die Rollen und die damit verbundenen Verantwortungen sind klar.**
4. **Standards und Regeln des MpM-Reportings sind vereinbart.**
5. **Die Projektleiter liefern qualifizierte Informationen.**
6. **Das Reporting benötigt ein leistungsstarkes Informationssystem.**
7. **Das Reporting basiert auf einer Vertrauenskultur, es wird als gemeinsame Aufgabe aller verstanden.**

Erste Säule: Ziele und Grundverständnis des MpM-Reportings sind richtig ausgearbeitet

MpM-Reporting ist ein Controllinginstrument zur Steuerung der einzelnen Projekte und der Projektelandschaft. Es kann sich deshalb nicht auf den operativen Rahmen beschränken, sondern muss auch strategische Planungs- und Kontrollsysteme umfassen, um längerfristige Ziele zu erreichen. Der Fokus des Controllers der Projektelandschaft geht über das einzelne Projekt hinaus und ist in starkem Maße zukunftsorientiert. Der Multiprojektmanager hat den Anspruch, Informationen in einem frühen Stadium zu generieren, um Risiken zu erkennen und Fehlentwicklungen frühzeitig entgegensteuern zu können. Der Multiprojektmanager schaut in die Ferne: „Was passiert in sechs Monaten oder in zwei Jahren im Projektportfolio, wenn die Entwicklung so weitergeht? Welche Risiken sind bereits heute vorhanden und was passiert, wenn nichts unternommen wird?" Wie weit er in die Zukunft schauen kann, hängt von der spezifischen Situation des Unternehmens und des Marktes ab: Durch die Geschwindigkeit von Produktinnovationen, Marktanpassungen oder technologischen Veränderungen verkürzt sich der Blick in die weitere Zukunft auf wenige Monate.

Reporting / Merkmale	Projekt	Multiprojektmanagement
Verfolgte Zielgrößen	- Grad der Zielerreichung - Zeitrahmen - Budget - Kapazitäten - Probleme im Projektverlauf - Risiken des Projekts	- Vernetzung der Projekte, Abhängigkeiten der Projekte - Gesamtbudgetplanung, - personelle Situation in den Projekten heute und in der Zukunft
Dauer	Solange das Projekt besteht	Langfristig, nicht a priori begrenzt
Freiheitsgrad	Möglichst hohe Konstanz der Ziele, Prioritäten, Ressourcen und Rahmenbedingungen	Veränderbarkeit der Planung von Zielen und Ressourcen

Abb. 27: Projektreporting und MpM-Reporting

Die Komplexität der Projektelandschaft kann nicht allein durch die harten Zahlen erfasst und verstanden werden, sondern auch nicht finanzielle Einflussfaktoren müssen im Reporting genutzt werden, denn gerade die Soft facts eignen sich als Frühwarnindikatoren viel besser als Hard facts. So bietet beispielsweise die Key-player-Analyse wichtige Informationen über zukünftige Ressourcenengpässe.

Den Controller der Projektelandschaft interessieren nicht nur die Ergebnisse, sondern auch die Prozesse. Der Multiprojektmanager kann in seinem „Bericht zur Lage der Projektelandschaft" auf die schleppenden Entscheidungsprozesse in den Projekten hinweisen und damit einen wichtigen Veränderungsimpuls setzen.

Nicht die richtigen Daten sind entscheidend, sondern wozu die Informationen genutzt werden. Für den Multiprojektmanager sind Zahlen nur ein Mittel zum Zweck. Für ihn besteht das Ziel des Reportings darin, den Projektbeteiligten die Möglichkeit zu bieten, ihre Denk- und Verhaltensweisen zu überprüfen. Ein gutes Reporting ermöglicht Lernprozesse. Das setzt voraus, dass Wissen konsequent dezentralisiert und enthierarchisiert wird. Ein guter Multiprojektmanager ist weder der übergenaue Buchhalter noch die graue Eminenz in der Stabsstelle, die der Unternehmensleitung ständig die „Geheimbotschaften" vermittelt. Er begreift und verhält sich vielmehr als der Netzwerker, der dafür sorgt, dass die Informationen richtig fließen. Der Multiprojektmanager „muss eine breite Mitwisserschaft von der Basis der Datenerstellung an aufbauen, so dass Selbstregulierungsprozesse dort in Gang gesetzt werden, wo die größten Fehlerrisiken und Korrekturprozesse liegen. Das geschieht durch das konsequente Delegieren von Verantwortung für die Richtigkeit der Daten nach unten, an ihren Entstehungsort, also durch den vollständigen Einbezug der Mitarbeiter, die diese Daten für ihre eigene Arbeit brauchen. Das bedeutet die systematische Schaffung einer ,offenen Informationsgesellschaft' innerhalb des Unternehmens." (Vgl. Krystek, Ulrich/Zumbrock, Stefanie, Planung und Vertrauen: die Bedeutung von Vertrauen und Misstrauen für die Qualität von Planungs- und Kontrollsystemen, Schäffer-Poeschel, Stuttgart, 1993)

Zweite Säule: Die Unternehmensleitung fordert und nutzt die Informationen des MpM

Selbstverständlich ist jede Unternehmensleitung an qualifizierten Informationen über den Stand der Projekte interessiert. In der Praxis besteht leider häufig der Eindruck, dass die Informationen von der Unternehmensleitung zu wenig genutzt werden. Berichte werden angefordert und dann nicht gelesen oder die Informationen fallen dem Zeitdruck zum Opfer. Der Multiprojektmanager sollte prüfen, ob der Wunsch des Top-Managements mit der Wirklichkeit übereinstimmt. Diskrepanzen werden von den Projektleitern und Projektmitarbeitern sehr schnell erkannt, was sich negativ auf die Berichte auswirkt.

▽ Bekommt das MpM genügend Rückendeckung, wenn es Probleme bei der Informationsbeschaffung gibt? Dieses Thema ist vor allem für jene Multiprojektmanager bedeutend, die konzernübergreifende Projekte koordinieren.

▽ Werden die Informationen des Reportings für die Entscheidungen wirklich genutzt oder handelt es sich zu häufig um „Alibiübungen"?

Wenn Sie diese Fragen nicht positiv beantworten können, dann haben Sie ein Problem, mit dem Sie sich auseinander setzen müssen.

Dritte Säule: Die Rollen und die damit verbundenen Verantwortungen sind klar

Informationen müssen fließen, damit die Projektelandschaft in Bewegung bleibt. Das setzt voraus, dass alle Beteiligten ihre Aufgaben und Verantwortungen im Informationsverarbeitungsprozess kennen.

Wer?	liefert was?	warum?	wann?	in welcher Form?	an wen?

Wer sich an diesen Fragen orientiert, dem wird das organisatorische Problem des Reportings keine Mühe mehr machen. Was bleibt, ist die zugegebenermaßen oft sehr schwierige und zeitaufwändige Arbeit der inhaltlichen und teilweise auch formalen Aufbereitung.

Vierte Säule: Standards und Regeln des MpM-Reportings sind vereinbart

Ohne Zweifel, Standards sind notwendig. Informationen zwischen den unterschiedlichen Projekten können nur richtig fließen, wenn alle Beteiligten die gleiche Infrastruktur benutzen. Müsste man bei der Eisenbahn alle 150 Kilometer wegen einer veränderten Gleisspur umsteigen, dann wäre der Verkehrsfluss sehr schwerfällig. Das Gleiche gilt im Projektmanagement. Es darf nicht sein, dass der Projektleiter A seinen Statusbericht mithilfe von MS Project macht, der Projektleiter B bevorzugt Excel und Word.

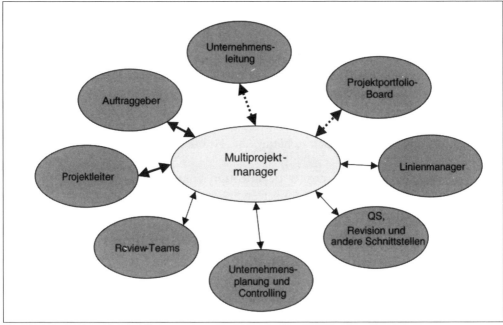

Abb. 28: Die Stakeholder des MpM-Reportings

Doch wie viel Struktur ist notwendig, wie viele Regeln muss es geben und wo beginnt der Formalismus? Objektiv lässt sich diese Frage nicht beantworten, hierüber gehen die Meinungen in vielen Firmen weit auseinander und führen zu ständigen Diskussionen über Sinn und Unsinn des Reportings. Aus meiner Erfahrung gibt es nur einen sinnvollen Weg, dieses Problem anzugehen.

▽ Der Multiprojektmanager muss eine klare Vorstellung darüber haben, welche Informationen er zur Steuerung der Projektelandschaft zwingend benötigt. Dabei gilt die Devise: Small is beautiful.

▽ In enger Zusammenarbeit mit Projektleitern und Linienvorgesetzten sollten die Erwartungen und Meinungen ausdiskutiert werden, um gemeinsam das beste Ergebnis zu erreichen.

▽ Die Standards müssen von der Unternehmensleitung verabschiedet werden.

▽ In Seminaren und Workshops werden die Prozesse, die Methoden und die Instrumente so vermittelt, dass die Standards mit ihren Konsequenzen verstanden werden.

▽ Der Multiprojektmanager hat die Verantwortung für die Standards und die dazugehörigen Tools im MpM-Reporting und dazu gehört auch die Wächterfunktion. Mancher Multiprojektmanager hört das nicht gerne, denn es besteht die Gefahr, sich unbeliebt zu machen, doch besser unbeliebt als nicht geachtet.

Standards und Regeln – eine Übersicht

▼ *Das MpM versteht sich nicht als „Sammler und Jäger im Dschungel der Projektelandschaft".*
Alle Projekte liefern termingerecht die notwendigen Informationen. Die Termine müssen im Unternehmen geklärt werden. Die Informationen sollten vollständig, klar und verständlich formuliert sein, nur so kann die Steuerung des Projektportfolios gelingen.

▼ *Die Adressaten stehen fest.*
Das Reporting bietet der Unternehmensleitung, dem Portfolio-Board, den Auftraggebern, den Projektleitern sowie den Linienverantwortlichen Informationen über den Status der Projektelandschaft.

▼ *Definierte Prozesse und Tools werden eingehalten.*

▼ *Der Multiprojektmanager ist kein Entscheider.*
Entscheidungen über die Prioritäten der Projekte trifft das Projektportfolio-Board bzw. die Unternehmensleitung. Die Verantwortung für die Projektergebnisse hat der Projektleiter.

▼ *Es herrscht eine offene und verbindliche Kommunikation.*
Nur durch offene Kommunikation und konstruktive Zusammenarbeit können die Informationen gesammelt und bewertet werden. „Mauern" und Taktieren mit Informationen ist unerwünscht. Was zählt, ist hohe Transparenz. Informationszentrierung an wenigen Stellen oder Filterung von Daten nach persönlichen Kriterien werden nicht geduldet.

▼ *Änderungen werden an das MpM zeitgleich mitgeteilt.*
In jedem Projekt können Änderungen der Ziele, der Rahmenbedingungen oder der Personalsituation auftreten, die für andere Projekte oder sogar für die gesamte Projektelandschaft Auswirkungen haben. Das Projektportfolio-Board und der Multiprojektmanager sind auf diese Informationen angewiesen und die Projektleiter, gegebenenfalls auch die Auftraggeber, müssen aktuelle Informationen liefern.

▼ *Gegenseitige Kontrolle ist erwünscht.*
Gutes MpM-Reporting hat selbstverständlich auch Kontrollfunktion. Anzustreben ist ein hohes Maß an Selbstkontrolle der Projekte und MpM stellt dafür die richtigen Methoden und Instrumente zur Verfügung. Die Projektleiter kontrollieren auch die Arbeit des Multiprojektmanagers. Sie prüfen, ob die Informationen zum vereinbarten Zeitpunkt zur Verfügung stehen.

▼ *Das Reporting liefert Situationsberichte und keine Anklageschriften.*
Das MpM stellt kritische Themen zur Diskussion und muss Probleme und Empfehlungen aufzeigen. Die Projekte müssen ihren Teil dazu leisten und entsprechende Lösungen ausarbeiten. Durch Schuldfragen werden konstruktive Lösungen verhindert.

Fünfte Säule: Die Projekte liefern qualifizierte Informationen

Das MpM-Reporting hängt unmittelbar von der Qualität der Informationen aus den einzelnen Projekten ab. Diese Aussage ist selbstverständlich; die Praxis zeigt jedoch, welche Brisanz damit verbunden ist: Fehleinschätzungen über den Grad der Zielerreichung, falsche Angaben über den aktuellen Stand des Projektbudgets oder unklare Aussagen über den Stand der Teilprojekte und die dafür notwendigen Kapazitäten – diese Probleme sind der Alltag vieler Multiprojektmanager. Selten geschieht das aus böser Absicht, schon häufiger aufgrund von Gleichgültigkeit und oft aus zeitlicher Überlastung. Manchmal liegt die Ursache darin, dass die Projektleiter selbst nicht wissen, wo das Projekt wirklich steht, und je komplexer die Projekte sind, desto wahrscheinlicher wird die Intransparenz. Das ist keine Aufforderung zur Kapitulation vor der Komplexität. Im Gegenteil, gerade komplexe Projekte müssen in den Einzelprojekten und Teilprojekten mit den bewährten Methoden des Projektmanagements qualifiziert geplant und gesteuert werden. Die Projektleiter müssen verlässliche Daten an das MpM liefern. Basiert die Analyse des Multiprojektmanagers bereits auf fehlerhaften oder unvollständigen Daten, so werden auch die Berichte zur Projektelandschaft an der Realität vorbeigehen.

Sechste Säule: Das Reporting benötigt ein leistungsstarkes Informationssystem

Grundlage jeder vertrauensvollen Zusammenarbeit ist ein möglichst weitgehend ungehinderter Umgang mit Informationen und eine offene Kommunikation. Eine optimale IT-Lösung bildet eine wichtige infrastrukturelle Basis, um auf möglichst einfache Weise die relevanten Informationen zu erhalten. Welche Anforderungen müssen an ein leistungsfähiges Informationssystem gestellt werden? Was unterscheidet leistungsstarke von leistungsschwachen Informationssystemen? Die folgende Gegenüberstellung bietet Orientierung.

Negativ	Positiv
Daten werden nach einem starren Raster aus einem engen Feld vorgegebener Quellen gewonnen.	Daten werden mithilfe flexibler Methoden gewonnen. Die Daten stammen aus vorgegebenen und spezifischen Quellen, die für die Analyse des Projekts notwendig sind.
Einzelinformationen werden sukzessive verarbeitet. Bestehende Informationsverkettungen werden nicht berücksichtigt.	Die Einzelinformationen werden mit ihren Rückkopplungseffekten verarbeitet. Interdependenzen werden berücksichtigt.

Negativ	Positiv
Modulare Informationsverarbeitungssysteme	Integrative Informationsverarbeitungssysteme
Das IT-System bestimmt den Verarbeitungszeitpunkt.	Der Verarbeitungszeitpunkt wird von der Aufgabe bestimmt.
Leitbild der Informationsverarbeitung ist das System als „Datenlieferant".	Leitbild der Informationsverarbeitung ist der Dialog.
Informationen sind nur offline verfügbar (indirekte Verfügbarkeit).	Informationen werden online zur Verfügung gestellt.
Das Informationssystem liefert einseitig Daten, ein Dialog zwischen Benutzer und System kann nicht erfolgen.	Das System lässt interaktive „Frage-Antworten-Kaskaden" zu, die auch andere Benutzer einschließen können.
Zwischen Datennutzung und -aufbewahrung besteht kein Steuerungszusammenhang.	Zwischen Datennutzung und -aufbewahrung besteht ein Steuerungszusammenhang.
Geringer Aktualitätsgrad der Informationen durch: - zeitverzögerte Abbildung von Ereignissen - sporadischen Austausch des Datenbestands	Der Aktualitätsgrad der verfügbaren Daten ist sehr wichtig: - die Zeitspanne zwischen Ereignis und Abbildung im System wird gering gehalten - permanente Anpassung der Daten
Zentrale Nutzung der Informationen an Einzelplätzen	Dezentrale Nutzung der Informationen aus einem Informationsnetzwerk
Subsysteme werden nach vorgegebenen Kriterien mit Informationen versorgt.	Subsysteme definieren ihren Informationsbedarf selbst.
Es besteht kaum Zugriff auf Informationen anderer Subsysteme.	Es besteht Zugriff auf Informationen anderer Subsysteme.
Baut stark auf vergangenheitsorientierten Daten auf.	Zukünftige Entwicklungen spielen eine eine große Rolle.
Zukunftsrechnungen finden allenfalls als Extrapolationen statt.	Zukunftspläne werden differenziert an zukünftigen Zielen ausgerichtet.
Zukunftsgerichtete Informationen, die zwangsläufig mit unsicheren Ausgangslagen und Intransparenz verbunden sind, werden zu wenig beachtet.	Zukunftsgerichtete Informationen, die zwangsläufig mit unsicheren Ausgangslagen und Intransparenz verbunden sind, werden stark beachtet und Szenarios entwickelt.
Was zählt, ist ein möglichst präzises Zahlenwerk.	Das Mengen- und Wertegerüst wird durch Soft facts erweitert.
(vgl. Krystek, Ulrich / Zumbrock, Stefanie, Planung und Vertrauen: die Bedeutung von Vertrauen und Misstrauen für die Qualität von Planungs- und Kontrollsystemen, Schäffer-Poeschel, Stuttgart, 1993)	

Siebte Säule: Das Reporting basiert auf einer Vertrauenskultur

Der Informationsverarbeitungsprozess, von der Beschaffung über die Analyse und Bewertung der Daten bis zur Entscheidung im Projektportfolio-Board, kann nur gemeinsam geleistet werden. Dafür sorgt schon der hohe Anteil an unsicheren und interpretationsbedürftigen Informationen aus den Projekten, die der Multiprojektmanager alleine nicht verstehen kann. Wenn die Projektleiter nicht mitspielen, hat der Multiprojektmanager keine Chance. Die Mitarbeiter des Multiprojektmanagements sind gut beraten, wenn sie Reporting by walking around betreiben. Es geht nur miteinander, das Netzwerk des Multiprojektmanagements lebt durch Vertrauen und schafft Vertrauen. Overcontrolling, das auf Misstrauen beruht, funktioniert nicht. Von entscheidender Bedeutung sind daher die persönliche Einstellung und das Rollenverständnis des Multiprojektmanagers.

Die einzelnen Reports des MpM

Auf den folgenden Seiten werden 14 Berichte, die zum MpM-Reporting gehören, vorgestellt. Die einzelnen Berichte sind nicht unbedingt dafür geeignet, dass man sie hintereinander von vorne bis hinten genau durchliest. Vielmehr kann man bei Be-darf auf das eine oder andere Formular zurückgreifen, es gegebenenfalls verkürzen oder erweitern. Alle Checklisten sollten inhaltlich und in ihrem formalen Aufbau zum Unternehmen passen. Alle Reports sind der besseren Übersicht halber nach dem gleichen Muster aufgebaut:

▼ Welchen Nutzen bieten sie?
▼ Welche Inhalte haben sie?
▼ Wer ist der Adressat?
▼ Wer liefert die Informationen?
▼ Welche Rolle hat das MpM?

In der Übersicht finden Sie 14 Reports, die für die Steuerung und Beeinflussung der Projektelandschaft genutzt werden können.

---

1. Neu eingereichte Projekte
2. Zurückgestellte Projekte
3. Abgelehnte Projekte
4. Bewegung im Projektportfolio

---

1. Report: Übersicht der neu eingereichten Projekte

Bericht	Neu eingereichte Projekte
Nutzen	Alle neuen Projekte müssen sich um die Aufnahme in das Projektportfolio bewerben. Die Übersicht bietet den Entscheidungsträgern eine Grundlage, um über die Zulassung eines Projekts zu entscheiden. • Es wird geprüft, welchen strategischen bzw. wirtschaftlichen Nutzen die Projekte versprechen.
Inhalt	Jeder Projektantrag beinhaltet Prüfung und Bewertung der strategischen Ausrichtung. Der strategische Nutzen, eine erste Schätzung der Kosten und des wirtschaftlichen Nutzens sowie mögliche Risiken sind im Antrag enthalten. • Name des Projektleiters für die Vorphase, Name des Antragstellers • Laufzeit der Vorphase mit zugehöriger Kostenschätzung • Geschätzte Gesamtlaufzeit des Projekts mit Start- und Endtermin • Strategischer Beitrag zu den Unternehmenszielen • Geschätzte Kosten des Projekts • Geschätzter wirtschaftlicher Nutzen • Projektrisiken
Adressaten	Unternehmensleitung, Projektportfolio-Board
Lieferanten	Antragsteller, möglicher Projektleiter, möglicherweise auch der Ideengeber
Rolle des MpM	Stellt alle Anträge der Einzelprojekte zusammengefasst dar. Die Vorstellung des Projektantrags bleibt aber auf jeden Fall Aufgabe des Auftraggebers und/oder der Projektleitung. Die Einordnung für die Projektelandschaft wird zur Diskussion gestellt.

Neu eingereichte Projekte

Identifikation			Vorphase			Projektdurchführung					Vorschlag	
Lfd. Nr.	Name Antragsteller und Datum	Projekt	Verantwortlich	Dauer	Kosten	Anfang	Ende	Beitrag zur Strategie	Geschätzte Kosten	Geschätzter wirtschaftlicher Nutzen	Klasse Muss Soll Kann	Ergebnis
01	Hr. Brause 14.1.2001	Neue Schleifköpfe auf Basis neuer Technologie	Hr. Nötzli	12 Wo.	60.000	11-01	9-02	hoch	mittel	hoch	Soll	ok
Risikoeinschätzung			Die Kooperation mit dem Lieferanten birgt ein mittleres Risiko Second Source prüfen					Akzeptanz auf dem US-Markt noch nicht einschätzbar Risiko gering				
02	Karanikis 12.4.2001	Optimierung Getriebe für Standardbohrer inkl. neuer Produktionsverfahren	Hr. Meier	4 Wo.	20.000	9-01	7-02	mittel	hoch	hoch	Muss	ok
Risikoeinschätzung			Das Projekt muss dringend durchgeführt werden, um kostengünstiger und mit verbesserter Qualität zu produzieren, ansonsten wird es schnell Verluste am Marktanteil geben. Technologische Komplexität stellt für die Projektmitarbeiter ein erhebliches Problem dar, Know-how zu wenig vorhanden, Erfahrungsträger aus dem Projekt „neue Schwingdynamik" werden benötigt, negative Auswirkungen für dieses Projekt. Die Auswirkungen auf andere Projekte unbedingt prüfen, Ressourcen klar entscheiden. Die Durchführung des Projekts betrifft auch das lfd. SAP-Projekt, ein ständiger Abgleich unbedingt erforderlich.									
03												

Abb. 29: Neu eingereichte Projekte

2. Report: Übersicht der zurückgestellten Projekte

Bericht	Zurückgestellte Projekte
Nutzen	Wiedervorlage der zurückgestellten Anträge zur erneuten Bewertung auf Basis der damals getroffenen Entscheidung in der nächsten Planungsrunde.
Inhalt	Inhaltlich entspricht der Report dem der „neu eingereichten Projektanträge". Zusätzlich wird der Grund für die Zurückstellung genannt.
Adressaten	Unternehmensleitung, Projektportfolio-Board, Antragsteller, möglicher Projektleiter und der Ideengeber
Lieferanten	Unternehmensleitung, Projektportfolio-Board, MpM
Rolle des MpM	Erstellt und aktualisiert die Übersicht, ist verantwortlich für den Kommunikationsprozess.

Zurückgestellte Projekte

Identifikation			Vorphase			Projektdurchführung					Vorschlag	
Lfd. Nr.	Name Antragsteller und Datum	Projekt	Verantwortlich	Dauer	Kosten	Anfang	Ende	Beitrag zur Strategie	Geschätzte Kosten	Geschätzter wirtschaftlicher Nutzen	Klasse Muss Soll Kann	Ergebnis
01	Hr. Wood 12.4.2001	Neues Layout an den Delta-Bohrern	Fr. Hils	15 Wo.	100.000	1-02	12-02	mittel	mittel	mittel	Kann	Zurückgestellt am 20.5.2001
Risikoeinschätzung		Das Projekt ist von anderen unabhängig und beinhaltet kein besonderes Risiko. Der Vertrieb möchte ein neues Layout unbedingt haben, weil die Mitbewerber modernere Formen haben. Auf Dauer besteht das Risiko des Imageverlusts.									**Idee ist gut, aber momentan andere Prioritäten**	
02												
Risikoeinschätzung												
03												
Risikoeinschätzung												

Abb. 30: Zurückgestellte Projekte

3. Report: Übersicht der abgelehnten Projekte

Bericht	Abgelehnte Projekte
Nutzen	Das Unternehmen verfügt über ein Archiv von abgelehnten Ideen, die von Zeit zu Zeit auf ihre Brauchbarkeit hin geprüft werden können.
Inhalt	Kurzbeschreibung des Antrags und des Ablehnungsgrunds
Adressaten	Unternehmensleitung, Projektportfolio-Board, Antragsteller und Ideengeber
Lieferanten	Unternehmensleitung, Projektportfolio-Board, MpM
Rolle des MpM	Erstellt und aktualisiert die Übersicht, ist verantwortlich für den Kommunikationsprozess.

Abgelehnte Projekte

Identifikation			Vorphase			Projektdurchführung					Vorschlag	
Lfd. Nr.	Name Antragsteller und Datum	Projekt	Verantwortlich	Dauer	Kosten	Anfang	Ende	Strategiekonformität Geschätzter Strategiebeitrag	Geschätzte Kosten	Geschätzter wirtschaftlicher Nutzen	Klasse Muss Soll Kann	Ergebnis
01	Hr. Matt 14.1.2001	Outsourcing von R&D-Aktivitäten, die nicht zur Kernkompetenz gehören	Herr Remis	6 Monate	50.000	2003	2004	?	?	?	Kann	Abgelehnt am 20.5.2001
Risikoeinschätzung			Die Idee ist durchaus interessant, aber das Risiko von Know-how-Verlusten und Imageschaden ist zu hoch. Die Konkurrenz würde sich freuen. Die Abhängigkeit von externen Partnern ist nicht gewünscht.								Die Idee wird nicht weiter verfolgt	
02												
Risikoeinschätzung												
03												
Risikoeinschätzung												

Abb. 31: Abgelehnte Projekte

4. Report: Bewegung im Projektportfolio

Bericht	Bewegung im Projektportfolio
Nutzen	• Bietet einen Gesamtüberblick über Umfang und Zusammensetzung des Projektportfolios. • Zeigt die Zu- und Abgänge im Projektportfolio an. • Bei lang laufenden Projekten kann die Unternehmensleitung schnell erkennen, ob geplante Zeit eingehalten wurde oder ob eine Zeitüberschreitung vorliegt. • Bietet eine Diskussionsgrundlage für die Entscheidungen im Projektportfolio-Board.
Inhalt	• Zu- und Abgänge im Projektportfolio • Veränderung der personellen Ressourcen durch Zu- und Abgänge. In welchem Umfang es zu Ressourcenverschiebungen führt, wird im Report zur Ressourcenentwicklung gezeigt. • Veränderung im Gesamtbudget des Projektportfolios. Für die Veränderung innerhalb des Portfolios wird der Report Kostenentwicklung herangezogen.
Adressaten	Unternehmensleitung, Projektportfolio-Board
Lieferanten	Auftraggeber, Projektleiter, Linienmanager, Controller, Unternehmensleitung, Projektportfolio-Board
Rolle des MpM	Aktualisiert die Übersicht laufend, moderiert Entscheidungsprozesse.

Projektportfolioentwicklung – Anzahl der Projekte und Umfang
Zu- und Abgänge   Stand: 10.09.2001

Projekte	Zugang	Abgang	Klasse	Start	Ende	Auftraggeber Projektleiter	DB	Ressourcen in Aufwandsmonaten			Kosten in tausend Euro (T€)				
								Fachbereiche	IT	Externe	Fachbereiche	IT	Externe	Sachkosten	Gesamt
Projekt 7	18.05.00		Muss	01.01.01	30.09.01	Herr Meier Herr Schulz	P	12	20	5	10	20	7	10	47
Projekt 13	10.10.00		Soll	01.04.01	31.03.03	Her Müller Herr Klein	P+S	18	30	7	14	30	10	3	57
Projekt 1	12.11.00	10.09.01	Muss	01.01.01	31.12.01	Herr Weiss Frau Blau	P	23	50	9	18	50	13	15	96
Projekt 11	12.11.00		Muss	01.04.03	30.09.04	..	V+S	2	15	15	2	15	21	2	39
Projekt 19	11.01.01		Soll	01.04.01	31.03.03	..	P+S	7	2	3	6	2	4	6	18
Projekt 21	11.01.01		Soll	01.10.01	31.03.03	..	V+S	8	15	0	6	15	0	4	25
Projekt 2	11.01.01		Muss	01.07.02	31.12.02	..	V+S	15	7	2	12	7	3	3	25
Projekt 5	12.03.01		Soll	01.04.01	31.03.03	..	P+S	15	20	5	12	20	7	2	41
Projekt 16	12.03.01	10.09.01	Soll	01.04.01	31.03.03	Frau Berger Herr Tal	P	12	8	3	10	8	4	7	29
Projekt 8	01.04.01		Muss	01.01.02	30.06.02	..	V+S	6	4	9	5	4	13	6	27
Projekt 9	15.05.01		Soll	01.10.01	30.09.02	..	V+S	5	5	8	4	5	11	8	28
Projekt 15	15.05.01		Soll	01.10.01	31.03.03	..	V+S	12	30	4	10	30	6	2	47
Projekt 14	15.05.01		Soll	01.01.02	30.06.02	..	V+S	15	4	0	12	4	0	3	19
Projekt 20	15.05.01		Soll	01.01.02	30.06.02	..	V+S	12	8	4	10	8	6	4	27
Projekt 3	13.07.01		Soll	01.10.01	31.03.03	..	V+S	16	42	30	13	42	42	12	109
Projekt 18	13.07.01		Soll	01.10.01	31.03.03	..	V+S	15	34	12	12	34	17	4	67
Projekt 6	13.07.01		Muss	01.04.02	31.12.02	..	V+S	15	8	21	12	8	29	12	61
Projekt 10	10.09.01		Soll	01.01.02	30.06.02	Herr Klaus Frau Else	V+S	15	18	15	12	18	21	12	63
Projekt 17	10.09.01		Soll	01.01.02	30.06.02	Herr Weiss Frau Schwarz	V+S	18	24	7	14	24	10	3	51

Datenbasis (DB): V = Projektvorstudie, P = Projektplanung, S = Projektschätzung

	Anzahl Projekte								
Projektportfolio letzter Plan	19	208	302	137	166	302	191	103	762
Abgänge	-2	-35	-58	-12	-28	-58	-17	-22	-125
Zugänge	2	33	42	22	26	42	31	15	114
aktuelles Projektportfolio	19	206	286	147	165	286	205	96	751
Entwicklung	0	-2	-16	10	-2	-16	14	-7	-11

Abb. 32: Projektportfolio-Entwicklung

5. Report: Ressourcenentwicklung im Projektportfolio

Bericht	Ressourcenentwicklung im Projektportfolio
Nutzen	Dieser Bericht bietet die Möglichkeit, Wunsch und Wirklichkeit zu vergleichen, indem die Planung der Projekte mit den zur Verfügung stehenden Kapazitäten in der Planungsperiode verglichen wird. Zielkonflikte können schneller erkannt werden. • Wie wirken sich die Zu- und Abgänge im Projektportfolio auf die Personalressourcen aus? • Es wird deutlich, in welchen Bereichen mit Kapazitätsengpässen gerechnet werden muss.

Inhalt	• Zu- und Abgänge der Projekte im Projektportfolio.
	• Zahl der Mitarbeiter je Bereich, die für die Planungsperiode für Projektarbeit maximal zur Verfügung stehen (Obergrenze).
	• Die Höhe des Gesamtbudgets für alle Projekte des Projektportfolios. Diese Information ist wichtig, denn ohne Budget können keine zusätzlichen Kapazitäten beschafft werden.
	• Planwerte und die Planabweichungen werden festgehalten.
	• Die Darstellung erfolgt nach Organisationseinheiten für
	  • Interne Kapazitäten
	    - Obergrenze
	    - Sollzahl
	    - Istzahl
	    - Prognose
	  • Externe Kapazitäten
	    - Obergrenze
	    - Sollzahl
	    - Istzahl
	    - Prognose
	Eine Differenzierung nach Organisationseinheiten ist notwendig. Der Differenzierungsgrad muss unternehmensspezifisch erarbeitet werden. Es ist wichtig, mögliche Kapazitätsengpässe zu antizipieren. Die Keyplayer sollten besonders beachtet werden (siehe Keyplayer-Analyse).

Adressaten	Unternehmensleitung, Projektportfolio-Board, Auftraggeber, Projektleiter, Linienmanager, Personalabteilung, Controlling
Lieferanten	Auftraggeber, Projektleiter, Linienmanager, Unternehmensleitung, Projektportfolio-Board, Controlling, Personalabteilung
Rolle des MpM	Steuert den Prozess, zeigt die Probleme auf und moderiert. Die Ressourcensituation muss regelmäßig geprüft werden. Der Multiprojektmanager hat hier eine Navigationsfunktion: „Wenn wir so weitermachen, dann werden wir in spätestens vier Monaten massive Probleme in den Projekten A, C und E bekommen, weil wir zu wenig Mitarbeiter haben." Diese Standortbestimmung ermöglicht es der Unternehmensleitung, Widersprüche im Planungsprozess zu erkennen und Entscheidungen zu treffen.

Projektportfolio Ressourcenentwicklung
Stand: 10.09.2001 — Angaben in AM (Aufwandsmonaten)

Orgeinheiten	Aktuelles Jahr 2001 (Basis: Einzelprojektplanung und Planabweichungen)						Planjahr 2002 (Basis: Einzelprojektplanung und Vorstudienschätzung)						Ausblick 2003 (Basis: Vorstudienschätzung und Projektschätzung)						Gesamtsicht 2001 – 2003					
	Obergrenze	Soll	Ist	Prognose	Ergebnis	Ergebnis zur Obergrenze	Obergrenze	Soll	Ist	Prognose	Ergebnis	Ergebnis zur Obergrenze	Obergrenze	Soll	Ist	Prognose	Ergebnis	Ergebnis zur Obergrenze	Obergrenze	Soll	Ist	Prognose	Ergebnis	Ergebnis zur Obergrenze
Fachbereich	36	36	5	8	28	28	168	170	0	196	-26	-28	34	2	0	2	0	32	238	208	5	206	2	32
Ressort-1	14	14	2	2	12	12	66	66	0	78	-12	-12	13	0	0	0	0	13	93	80	2	80	0	13
Bereich 1-1	2	2	0	0	2	2	15	15		15	0	0	2				0	2	19	17	0	15	2	4
Bereich 1-2	3	3	1	1	2	2	12	12		15	-3	-3	3				0	3	18	15	1	16	-1	2
Bereich 1-3	2	2	0	0	2	2	13	13		18	-5	-5	2				0	2	17	15	0	18	-3	-1
Bereich 1-4	3	3	1	1	2	2	24	24		28	-4	-4	4				0	4	31	27	1	29	-2	2
Bereich 1-5	4	4	0	0	4	4	2	2		2	0	0	2				0	2	8	6	0	2	4	6
Ressort-2	13	13	2	2	11	11	60	62	0	71	-9	-11	11	1	0	1	0	10	84	76	2	74	2	10
Bereich 2-1	3	3	0	0	3	3	31	31		35	-4	-4	3				0	3	37	34	0	35	-1	2
Bereich 2-2	3	3	1	1	2	2	12	12		15	-3	-3	3				0	3	18	15	1	16	-1	2
Bereich 2-3	3	3	0	0	3	3	5	7		8	-1	-3	3				0	3	11	10	0	8	2	3
Bereich 2-6	4	4	1	1	3	3	12	12		13	-1	-1	2				0	2	18	16	1	14	2	4
Ressort-3	9	9	1	4	5	5	42	42	0	47	-5	-5	10	1	0	1	0	9	61	52	1	52	0	9
Bereich 3-1	2	2	0	0	2	0	15	15		17	-2	-2	4				0	4	21	17	0	19	-2	2
Bereich 3-2	4	4	0	0	4	4	21	21		22	-1	-1	3				0	3	28	25	0	22	3	6
Bereich 3-3	3	3	1	2	1	1	6	6		8	-2	-2	3				0	3	12	9	1	10	-1	2
IT	54	54	3	4	50	50	211	211	0	245	-34	-34	55	37	0	37	0	18	320	302	3	286	16	34
Bereich 4-1	12	12	1	1	11	11	66	66		79	-13	-13	18	12		12	0	6	96	90	1	92	-2	4
Bereich 4-2	18	18	1	2	16	16	70	70		80	-10	-10	14	10		10	0	4	102	98	1	92	6	10
Bereich 4-3	24	24	1	1	23	23	75	75		86	-11	-11	23	15		15	0	8	122	114	1	102	12	20
Externe	19	19	5	7	12	12	89	89	0	111	-22	-22	50	29	0	29	0	21	158	137	5	147	-10	11
Partner E-1	14	14	3	4	10	10	39	39		49	-10	-10	27	16		16	0	11	80	69	3	69	0	11
Partner E-2	5	5	2	3	2	2	50	50		62	-12	-12	23	13		13	0	10	78	68	2	78	-10	0
Ergebnis:	Weniger Ressourcen erforderlich als ursprünglich geplant. Ursache: Aktivitäten werden in 2002 durchgeführt.						Mehr Ressourcen erforderlich als ursprünglich geplant. Prioritäten klären						Reservierte Ressourcen						Planung 2002 ist neu zu priorisieren, da mehr Kapazitäten zu reservieren sind als vorhanden.					

Abb. 33: Ressourcenentwicklung. Negative Zahlen zeigen Unterdeckung, positive Zahlen verfügbare Kapazität an

Erläuterung: Nach diesem Ergebnis wäre die Planung für 2002 nicht realisierbar. Auf der Grundlage dieser Ergebnisse kann der Multiprojektmanager die Problematik aufzeigen, um den Zielkonflikt zwischen den Anforderungen der Projekte und den Kapazitäten zu klären.

6. Report: Kostenentwicklung des Projektportfolios

Bericht	Kostenentwicklung des Projektportfolios
Nutzen	Auf der Basis der Prognosen über die Entwicklung der Projekte kann die Budgetsituation im Projektportfolio erkannt werden.
Inhalt	• Interne Personalkosten, Kosten für externe Mitarbeiter und Sachkosten, die nach Kostenarten getrennt werden • Die Höhe des Gesamtbudgets für alle Projekte des Portfolios • Kostenverschiebungen im Projektportfolio • Die Planwerte und die Planabweichungen werden festgehalten
Adressaten	Unternehmensleitung, Projektportfolio-Board, Auftraggeber, Projektleiter, Linienmanager
Lieferanten	Auftraggeber, Projektleiter, Linienmanager, Controlling, Unternehmensleitung
Rolle des MpM	Steuert den Prozess, zeigt die Probleme auf und moderiert Entscheidungssitzungen. Die Kostensituation muss regelmäßig geprüft werden. Der Multiprojektmanager hat auch hier eine Navigationsfunktion. Diese Standortbestimmung ermöglicht es der Unternehmensleitung, klare Prioritäten zu setzen.

Projektportfolio Kostenentwicklung in T€
Stand: 10.09.2001   Angaben in T€

Abb. 34: Kostenentwicklung im Projektportfolio. Negative Zahlen zeigen Unterdeckung, positive Zahlen verfügbares Budget an

7. Report: Prioritätenliste der Projekte im Projektportfolio

Bericht	Prioritätenliste der Projekte im Projektportfolio
Nutzen	Die definierten Prioritäten der Projekte sind auf einen Blick erkennbar.
Inhalt	• Zuerst kommen die „Mussprojekte". • Die Projekte, die erst im nächsten Planungszyklus durchgeführt werden können, werden bis zur nächsten Planungsrunde als „Kannprojekt" klassifiziert. Im mittelfristigen Plan erscheinen sie im Ausblick.
Adressaten	Unternehmensleitung, Projektportfolio-Board, Auftraggeber, Projektleiter, Linienmanager, Controlling
Lieferanten	Auftraggeber, Projektleiter, Linienmanager, Unternehmensleitung, Projektportfolio-Board
Rolle des MpM	Stellt die Prioritätenliste zusammen und informiert.

Projektportfolio Prioritätenliste

Stand: 10.09.2001

Projekte	Start	Ende	Priorität			
			Klasse	Risiko	Strategie-beitrag	wirtsch. Nutzen
Muss						
Projekt 11	01.04.03	30.09.04	A	B	A	B
Projekt 7	01.01.01	30.09.01	A	B	B	B
Projekt 2	01.07.02	31.12.02	A	C	A	A
Projekt 8	01.01.02	30.06.02	A	C	B	C
Projekt 6	01.04.02	31.12.02	A	C	C	C
Soll						
Projekt 5	01.04.01	31.03.03	B	A	A	A
Projekt 14	01.01.02	30.06.02	B	A	A	A
Projekt 19	01.04.01	31.03.03	B	A	A	B
Projekt 9	01.10.01	30.09.02	B	A	B	A
Projekt 18	01.10.01	31.03.03	B	A	C	C
Projekt 15	01.10.01	31.03.03	B	B	A	B
Projekt 21	01.10.01	31.03.03	B	B	B	A
Projekt 3	01.10.01	31.03.03	B	B	B	B
Projekt 17	01.01.02	30.06.02	B	B	B	C
Projekt 10	01.01.02	30.06.02	B	C	B	C
Projekt 20	01.01.02	30.06.02	B	C	C	A
Projekt 13	01.04.01	31.03.03	B	C	C	C

Die Reihenfolge der Projekte entspricht der Priorität

Legende	Prioritäten			
	Klassen	Risiko	Strategiebeitrag	Wirtschaftlicher Nutzen
	Muss = A	gering = A	hoch = A	überdurchschnittlich = A
	Soll = B	mittel = B	mittel = B	durchschnittlich = B
	Kann = C	Hoch = C	gering = C	unterdurchschnittlich = C

Abb. 35: Prioritätenliste

8. Report: Zeitplan des Projektportfolios

Bericht	Zeitplan des Projektportfolios
Nutzen	• Der Zeitplan bietet Informationen, welche Projekte in welchem Zeitraum bereits durchgeführt werden und welche geplant sind. Allein die Betrachtung der Zeitdimension bietet wichtige Impulse bezüglich der Budget- und Kapazitätsplanung sowie der Entscheidungen über neue Projekte. Die Sensibilität für eine realistische Planung wird durch die Einbeziehung des Zeitfaktors wesentlich erhöht.
Inhalt	• Die Mittelfristplanung mit den Planungsterminen innerhalb eines Jahres (Quarterly und Monthly). • Wesentliche Daten der Projektelandschaft sind enthalten. • Projekte sind nach Priorität aufgelistet.
Adressaten	Unternehmensleitung, Projektportfolio-Board, Auftraggeber, Projektleiter, Projektmitarbeiter, Linienmanager In manchen Firmen wird der Zeitplan des Projektportfolios als Poster verwendet oder ist im Intranet für jeden Mitarbeiter abrufbar.
Lieferanten	Auftraggeber, Projektleiter, Linienmanager, Unternehmensleitung, Projektportfolio-Board
Rolle des MpM	Erstellt die Grafik und informiert alle Projektbeteiligten.

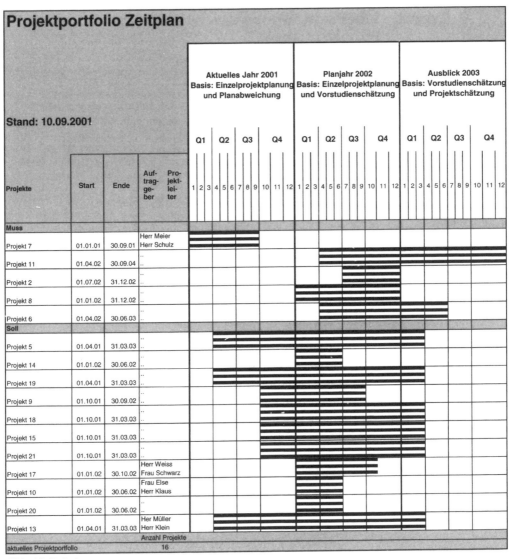

Abb. 36: Zeitplan

153

9. Report: Übersicht der Abhängigkeiten im Projektportfolio

Bericht	Abhängigkeiten im Projektportfolio
Nutzen	Die Komplexität der Projektelandschaft soll durch eine vernetzte Darstellung allen Beteiligten bewusst gemacht werden. Die Botschaft, die ankommen muss, lautet: Achten Sie bei Ihren Entscheidungen immer auf die Auswirkungen auf das Gesamtsystem. Abhängigkeiten werden besser beachtet. Alle Projekte informieren über ihre Verknüpfungen zu anderen Projekten auch im Rahmen der Statusberichte. Lernprozesse in der Organisation werden gefördert.

Inhalt	• Verbindungen und direkte Abhängigkeiten zwischen den Projekten
	• Einflussfaktoren, mögliche Auswirkungen für die Projekte
	   – inhaltlich, zeitlich, Ressourcen
	   – positiv-negativ
	   – ggf. Stärke (1–3)
	• **Dieses Vorgehen erfordert und ermöglicht, dass alle Beteiligten vernetzt denken und handeln.**

Adressaten	Unternehmensleitung, Projektportfolio-Board, Auftraggeber, Projektleiter, Linienmanager, andere Stellen, die in die Projektarbeit involviert sind
Lieferanten	Auftraggeber, Projektleiter, Linienmanager, Qualitätsmanagement, Controlling und andere Stakeholder der Projektelandschaft
Rolle des MpM	Steuert den Prozess, um die Vernetzungen zu erkennen. Es kann nicht seine Aufgabe sein, dies allein durchzuführen. Dieser Ansatz ist nicht zu empfehlen. Sobald ein Projekt eine Planabweichung meldet, müssen die Auswirkungen auf laufende und geplante Projekte überprüft werden. MpM hat die Aufgabe, die Beteiligten an einen Tisch zu holen und den Prozess zu moderieren. Dazu gehört auch die Vermittlung der Methode, ansonsten sollte ein interner oder externer Berater hinzugezogen werden, der die Methode des vernetzten Denkens vermittelt.

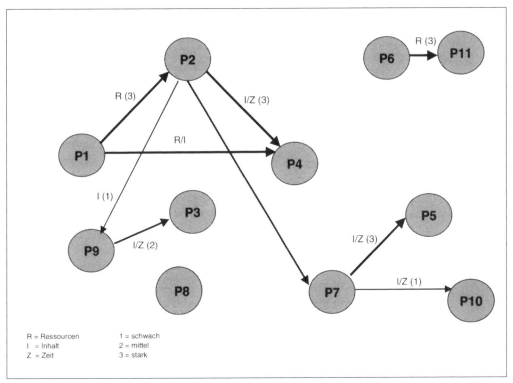

Abb. 37: Abhängigkeiten im Projektportfolio

Die Projektleiter sind aufgefordert, im Rahmen ihrer routinemäßigen Statusreports auch die Vernetzungen zu anderen Projekten aufzuzeigen.

Check-up von Abhängigkeiten aus Sicht der Projektleitung

Projekt:		Projektleiter:		
Letzter Check:		Aktueller Check:		
Das Projekt ist abhängig von:	Ursachen/ Faktoren	Mögliche Auswirkungen für das Projekt positiv negativ	Wichtige Termine und deren Inhalte	Stärke 1 = gering 2 = mittel 3 = hoch
Das Projekt beeinflusst	Ursachen/ Faktoren	Mögliche Auswirkungen auf andere Projekte positiv negativ	Wichtige Termine und deren Inhalte	Stärke 1 = gering 2 = mittel 3 = hoch

Auf der Basis dieser Informationen können die Abhängigkeiten zwischen den Projekten in einer Matrix vom Multiprojektmanager dargestellt werden, um Diskussionsimpulse zu bieten.

Projektportfolio

Abhängigkeitsmatrix

Stand: 10.09.2001

Projekte	Abhängigkeiten 0 = keine Abhängigkeiten 1 = niedrig, 2 = mittel, 3 = hoch								
	Projekt 2	Projekt 5	Projekt 7	Projekt 8	Projekt 10	Projekt 11	Projekt 19	Projekt 20	Projekt 21
Projekt 2	-	0	2	0	1	3	2	0	2
Projekt 5	0	-	1	0	1	2	0	1	2
Projekt 7	2	2	-	0	3	2	3	2	1
Projekt 8	0	0	0	-	0	1	0	0	0
Projekt 10	1	1	1	0	-	0	3	0	1
Projekt 11	0	2	1	2	0	-	2	2	0
Projekt 19	2	3	0	0	2	3	-	2	3
Projekt 20	1	2	0	0	1	2	1	-	2
Projekt 21	2	2	1	0	3	2	1	3	-

Abb. 38: Matrix der Projekte mit Abhängigkeiten

10. Report: Projekte mit Planabweichungen

Bericht	Projekte mit Planabweichungen

Nutzen	Alle Projekte, die Planabweichungen haben, werden für die Diskussion im Portfolio-Board in einer Übersicht ausgewiesen. Selbstverständlich gehört hierzu ein gewisses Fingerspitzengefühl, denn nicht alle kleinen Abweichungen soll erfasst werden, sondern sie müssen relevant genug sein, wobei folgende Punkte eine Rolle spielen können:
	• Bedeutung des Projekts
	  • Handelt es sich um ein sehr kritisches Kundenprojekt, so verlangen auch kleine Abweichungen hohe Aufmerksamkeit.
	  • Bei Reorganisations- oder Integrationsprojekten können auch kleine Abweichungen zu erheblichen Problemen führen, wenn z. B. Fristen nicht eingehalten werden und sich dadurch die Zustimmung der Personalvertretungsgremien im Rahmen von Entlassungen verzögert.
	• Abhängigkeit anderer Projekte vom Projektverlauf. Je mehr Berührungspunkte ein Projekt mit anderen Projekten hat, desto wichtiger wird die Überwachung von Planabweichungen.
	• In einem Projekt sind bereits häufiger kleine Abweichungen aufgetreten, die jedes Mal mit einem hohen Aufwand korrigiert werden mussten.
	Stärkere Abweichungen fließen in die Portfolioplanung ein. Wann von einer stärkeren Abweichung gesprochen werden muss, lässt sich nur von Fall zu Fall entscheiden.

Inhalt	• Abweichungen und die daraus resultierenden Maßnahmen • Ursachen für die Abweichung • Risiken und Auswirkungen für das Projekt und andere Projekte • Welche Konsequenzen ergeben sich für die Projektplanung? • Welche Konsequenzen ergeben sich für die Projektportfolio-Planung?
Adressaten	Unternehmensleitung, Projektportfolio-Board, Qualitätsmanagement, Auftraggeber, Projektleiter, Linienmanager
Lieferanten	Auftraggeber, Projektleiter, Linienmanager, Qualitätsmanagement
Rolle des MpM	Stellt die Übersicht zusammen, kommuniziert die Abweichungen im Board und in Projektleitermeetings.

Projekte mit Planabweichungen

Identifikation				Projektplan				Abweichung	
Lfd. Nr.	Datum	Projekt	Projekt-leiter	Start/ Ende	Phase und Meilen-stein	Ge-plante Pro-jekt-kosten in T€	Bisher Istkos-ten in T€	Inhaltliche Beschreibung der fest-gestellten Abweichung im Einzel-projekt (wann, was)	Kosten (+/-)
01	12.05.01	Projekt 5 Neue Be-stands-führung für Bauan-träge	Hr. Brause	01.03.01 30.11.01	Reali-sierung	120	36	Aufgrund von Systemschwierigkeiten wurde die Entscheidung für eine neue Software in IT getroffen. Die Ergebnis-se der bisherigen Arbeit sind nur bedingt weiter verwendbar.	1 AM

Beschreibung der Auswirkungen

Projektziele/ Unternehmensziele	Keine inhaltlichen Veränderungen am Ziel im Projekt. Das Unternehmensziel zur maschinellen Verwaltung der Bauanträge wird weiterhin voll erfüllt.
Projektmeilensteine/ Portfoliomeilenstei-ne	Die Programmierung verzögert sich um ca. sechs bis acht Wochen. Die Ergebnisse des Projekts optische Archivierung werden von uns erst sechs Wochen später als geplant benötigt.
Ressourcen- und Kostenplanung	Ressourcenprobleme können auftreten, wenn das Projekt AAO (Abrissantragsoptimierung) zum 01.06.01 startet. Die Kosten erhöhen sich um einen Aufwandsmonat in der Programmierung.
Risikoeinschätzung für Projekt und Portfolio	Ein Projektrisiko entsteht durch die Abweichung inhaltlich nicht. Es wird zu einem Zeitverzug kommen, der für die Anwender eine erhebliche Zusatzbelastung darstel-len kann, denn neue Stellen sind durch die Vorwegnahme der Projektergebnisse nicht genehmigt worden. Überstunden werden in der Übergangszeit notwendig sein, um die Kennzahlen der Kun-denorientierung einzuhalten. Im Projektportfolio besteht die Abhängigkeit zum Projekt optische Archivierung. Das Projekt kann erst vier Wochen später mit der dritten Phase beginnen.
Geplante Maßnah-men und neue Projektplanung	Keine weiteren Maßnahmen geplant. Das Projekt verlängert sich in der laufenden Phase um ca. sechs bis acht Wochen und endet damit nach neuem Plan erst am 30.01.2002. Die Konsequenzen für das Projekt optische Archivierung werden vom Projektleiter geprüft.
Auswirkung der neuen Projektpla-nung auf den Pro-jektportfolio-Plan	Der gemeinsame Meilenstein mit dem Projekt optische Archivierung verschiebt sich um vier Wochen nach hinten. Die Ressourcen der Realisierungsphase werden sechs Wochen länger im Projekt benötigt. Die Mitarbeiter können zum Teil in anderen Projekten kurzfristig eingesetzt werden.

Abb. 39: Übersicht der Projekte mit Planabweichungen

11. Report: Übersicht der abgebrochenen Projekte

Bericht	Abgebrochene Projekte
Nutzen	• Informationen über die abgebrochenen Projekte. • Ursachen und vor allem Ursachenschwerpunkte werden transparent, dadurch können Lernprozesse initiiert werden. • Versandungen werden verhindert, zumindest erschwert. • Auswirkungen auf die Projektelandschaft werden dargestellt.
Inhalt	• Kurze Darstellung des Projekts • Gründe des Abbruchs • Umgang mit Restarbeiten • Empfehlungen für die Zukunft
Adressaten	Unternehmensleitung, Projektportfolio-Board, Auftraggeber, Projektleiter, Linienmanager, Qualitätsmanagement, PL-Erfa-Gruppen, Personalentwicklung
Lieferanten	Auftraggeber, Projektleiter, Linienmanager, Qualitätsmanagement
Rolle des MpM	Erstellt die Übersicht, erklärt die Veränderungen im Projektportfolio-Board und in anderen Gruppen.

Abgebrochene Projekte											
Identifikation			Vorphase			Projektdurchführung					Restarbeiten
Lfd. Nr.	Datum	Projekt	Verantwortlich	Dauer	Kosten	Anfang	Abbruch	Entstandene Kosten	Grund für den Abbruch	Auswirkungen	Was ist noch bis wann von wem zu tun?
01	14.1.2001	Projekt 28 Entwicklung einer neuen elektrischen Schere in Kooperation mit einem anderen Unternehmen	Hr. Klein	8 Wo.	34.000 €	1.3.2001	28.6.2001	52.000 €	Kooperationspartner konnte seinen Verpflichtungen nicht nachkommen, massive Qualitätsprobleme	Projekt kann allein unter wirtschaftlichen Aspekten nicht durchgeführt werden. Investition muss abgeschrieben werden. Keine Auswirkung auf andere Projekte.	Prüfen, ob der Kooperationspartner für den Schaden haftet. Vor- und Nachteile juristischer Schritte prüfen
	Lernprozess		Der Auswahl des Kooperationspartners ist zu wenig Beachtung geschenkt worden. Wir haben uns von der „Verliebtheit in die Idee" und dem Zeitdruck zu stark treiben lassen. Maßnahme: Konzept erarbeiten, wie wir künftig die Kooperationspartner auswählen werden.									
02											
	Lernprozess										

Abb. 40: Abgebrochene Projekte

12. Report: Keyplayer in den Projekten

Viele Projekte werden durch die zeitliche Verfügbarkeit der Keyplayer, die häufig auf allzu vielen Hochzeiten tanzen müssen, erheblich beeinflusst. Keyplayer können zu einem Risikofaktor in der Projektelandschaft werden. Dieser Report hat natürlich eine gewisse Brisanz, denn es geht hier um die Analyse von Informationsmacht, verbunden mit der Frage: Will das Unternehmen sich von bestimmten Personen abhängig machen, ja oder nein? Bevor dieser Bericht erstellt wird, sollten alle Beteiligten – vor allem die vermuteten Keyplayer – sehr genau über das Ziel und die Hintergründe informiert werden. Außerdem ist es notwendig, die gesetzlichen Rahmenbedingungen zu beachten, wenn es sich um personenbezogene Daten handelt.

Bericht	Keyplayer in Projekten
Nutzen	• Keyplayer werden regelmäßig erfasst, möglicherweise liegt darin bereits der Hauptnutzen, weil die Organisation sensibler für dieses Thema wird. • Netzwerk der abhängigen Projekte aufzeigen. • Risiken für die Projektelandschaft werden deutlich; insbesondere zeitliche Überschneidungen. • Lösungsmaßnahmen entwickeln.
Inhalt	• Name des Keyplayers • Anzahl der zugeordneten Projekte, mit prozentualer Beteiligung an den Projekten • Aktivitäten außerhalb der Projektarbeit • Ursachen für die Situation • Geschätzte Dauer der Situation • Risiken • Empfehlungen
Adressaten	Keyplayer, Unternehmensleitung, Projektportfolio-Board, Auftraggeber, Projektleiter, Linienmanager, Personalentwicklung
Lieferanten	Auftraggeber, Projektleiter, Linienmanager, Keyplayer, Personalentwicklung
Rolle des MpM	• Erläutert, warum diese Analyse sinnvoll ist • Stellt die Übersicht zusammen • Moderiert den Entscheidungsprozess • Kontrolliert die Entwicklung • Informiert die Unternehmensleitung, das Portfolio-Board, die Keyplayer, die Vorgesetzten, die Projektmanager, den Auftraggeber und in Zusammenarbeit mit der Personalabteilung den Betriebsrat.

Keyplayer im Projektportfolio

Name Organisationseinheit	In wie vielen Projekten ist der MA parallel verplant?	Verplante Kapazität in allen Projekten (5 T/Woche)	Andere Aufgaben	Zeitliche Belastung (5 T/Woche)	Ursachen	Risiken und Empfehlungen
Marion de Luca Org.-Einh.	in 3 Projekten - OX - Gamma - New Marketing	90 %	Teamleiterin	10 %	Marion de Luca kennt das System hervorragend, sie verfügt über Spezialwissen Der 2. Know-how-Träger hat die Firma vor 14 Monaten verlassen, bisher wurde kein anderer Mitarbeiter entsprechend qualifiziert.	Ausfallrisiko durch ständige Überlastung Führungsaufgabe im Team leidet Permanente Überlastung führt zu Qualitätsproblemen Empfehlung Teilprojektleitung, die rund 20 % ihrer Kapazität bindet, an einen erfahrenen Kollegen abgeben, den sie nur noch unterstützt.

Einzelprojektangaben

Projekt	Vereinbarte Kapazität in Prozent (5 Tage/Woche)	Vereinbarte Laufzeit (von/bis)	Rolle im Projekt	Projektpriorität	Nutzen	Risiko	Kommentar
Projekt 7	30	01.01.2001 – 30.09.2001	Projektmitarbeiter	Rang 1 von 19	mittel	mittel	
Projekt 19	40	01.04.2001 – 31.03.2003	Projektleiter	Rang 8 von 19	mittel	gering	
Projekt 15	20	01.10.2001 – 31.12.2002	Teilprojektleiter	Rang 11 von 19	mittel	mittel	

Abb. 41: Keyplayer in Projekten

163

13. Report: Übersicht der externen Partner in den Projekten

Bericht	Externe Partner in den Projekten
Nutzen	• Der Einsatz von Externen in den Projekten wird überschaubar. • Es wird transparent, ob die Projektelandschaft vom Einsatz Externer abhängig ist. • Verbesserungsmöglichkeiten in der Zusammenarbeit können klarer erkannt werden. • Die Sensibilität für den Einsatz externer Kooperationspartner steigt.
Inhalt	• Übersicht über die Rollen der Externen in den Projekten • Wie viele Firmen arbeiten parallel im Unternehmen? • Wie hoch ist das gesamte Engagement eines externen Partners? • Wer sind die Auftraggeber und wer kontrolliert die Leistung? • Empfehlungen zur Optimierung der Zusammenarbeit
Adressaten	Unternehmensleitung, Projektportfolio-Board, Projektleiter, Linienmanagement, Personalabteilung, Einkauf, bestimmte Informationen sollten auch die Externen erhalten.
Lieferanten	Auftraggeber, Projektleiter, Linienmanager, Controller, Einkauf, Externe
Rolle des MpM	Informationen zusammentragen und auswerten, Verbesserungsmaßnahmen mit den Beteiligten entwickeln und diesen Prozess steuern.

Externe Partner im Projektportfolio

Anzahl eingesetzter Firmen	4		Fachbe-reich	2		IT	3	
In wie vielen Projekten	8		Projekte im Fachbe-reich	3		Proj. IT	5	
Name des Unternehmens	Beratungshaus A			X		IT	X	
Name des Unternehmens	Beratungshaus B			-		IT	X	
Name des Unternehmens	Beratungshaus C			-		IT	X	
Name des Unternehmens	Beratungshaus D			X		IT	X	
Summe der externen Mitar-beiter	48		Fachbe-reich	20		IT	28	
Verteilung auf die Firmen:	Anzahl	in %	Fachbe-reich	Anzahl	in %	IT	Anzahl	in %
Beratungshaus A	20	41	Fachbe-reich	16	80	IT	4	14
Projekt 8	12			10			2	
Projekt 15	8			6			2	
Beratungshaus B	12	25	Fachbe-reich	-	-	IT	12	43
Beratungshaus C	8	17	Fachbe-reich	-	-	IT	8	29
Beratungshaus D	8	17	Fachbe-reich	4	20	IT	4	14
Budget	2400		Fachbe-reich	700		IT	1700	
Verteilung auf die Firmen:	T€	in %	Fachbe-reich	T€	in %	IT	T€	in %
Beratungshaus A	800	33	Fachbe-reich	600	80	IT	200	12
Beratungshaus B	800	33	Fachbe-reich	-	-	IT	800	47
Beratungshaus C	600	25	Fachbe-reich	-	-	IT	600	35
Beratungshaus D	200	9	Fachbe-reich	100	20	IT	100	6
Durchschnitt pro MA in T€	50		Fachbe-reich	35		IT	61	

Verteilung auf die Firmen:	T€	in %	Fachbe-reich	T€	in %	IT	T€	in %
Beratungshaus A	40	80	Fachbe-reich	38	109	IT	50	82
Beratungshaus B	67	112	Fachbe-reich	-	-	IT	67	110
Beratungshaus C	75	150	Fachbe-reich	-	-	IT	75	123
Beratungshaus D	25	50	Fachbe-reich	25	71	IT	25	41

Rollen der Externen	Projektlei-tung	Teilpro-jekt-leitung	Mitarbeiter	Spezialist	Coach für PL
Beratungshaus A	X	X	X	X	X
Beratungshaus B	X			X	
Beratungshaus C	X	X	X	X	X
Beratungshaus D			X		

Wer ist für die Arbeit der Externen im Unternehmen verantwortlich?	Projekt	Auftraggeber	Kontrolle der Leis-tung durch die PL
Beratungshaus A	Projekt 8	Hr. Weiss	Fr. de Luca
Beratungshaus A	Projekt 15	Hr. Braun	Hr. Hügel
Beratungshaus B	Projekt 9	Hr. Gelb	Fr. Tal
Beratungshaus B	Projekt 8	Hr. Gelb	Hr. Strom
Beratungshaus B	Projekt 13	Fr. Schwarz	Hr. See
Beratungshaus C	Projekt 9	Hr. Gelb	Fr. de Luca
Beratungshaus C	Projekt 13	Hr. Gelb	Hr. Busch
Beratungshaus D	Projekt 7	Hr. Weiss	Hr. Wald

Abb. 42: Externe Partner im Projektportfolio

Die Informationen bieten allen internen und externen Beteiligten die Chance, die Zusammenarbeit zu verbessern. Folgende Fragen können weiterhelfen:

▽ Warum werden Externe beauftragt, in Projekten mitzuarbeiten? In welcher Rolle?
  • Projektleitung
  • Mitarbeit in Projekten aufgrund interner Kapazitätsprobleme
  • Spezialisten
  • Coachs
▽ Sind die Rollen klar vereinbart?
▽ Gibt es fachliche Abhängigkeiten von Externen? Wenn ja, sollen diese abgebaut werden? Wenn ja, wie?

▼ Wie ist die Zusammenarbeit der verschiedenen externen Firmen in einem Projekt geregelt?

    ◦ Hat ein Beratungsunternehmen eine Leitfunktion?

    ◦ Ergänzen sich die Unternehmen fachlich oder arbeiten sie parallel?

    ◦ Stimmen die Abstimmungsprozesse oder wird gemauert?

    ◦ Gibt es genügend verankerte Kommunikationsmöglichkeiten, beispielsweise in Form eines Jour fixe?

▼ Wie sieht das Preis-Leistungs-Verhältnis der Unternehmen aus?

▼ Werden für vergleichbare Tätigkeiten unterschiedliche Preise verlangt?

▼ Welche Risiken bestehen in der Zusammenarbeit mit den externen Partnern für die Projektelandschaft?

14. Report: Check-up zur Prozessqualität der Einzelprojektplanung

Bericht	Bericht zur Prozessqualität der Einzelprojektplanung
Nutzen	Die Planung und Steuerung der Projektelandschaft soll durch plausible Projektaufträge verbessert werden, denn die Projektplanungen sind oft unvollständig, zu wenig konkret und unverbindlich, kritische Erfolgsfaktoren fehlen. • Qualität der Projektplanung erkennen • Vollständigkeit der Einzelprojektplanung prüfen • Planungsrisiko im Portfolio aufgrund unvollständiger Projektplanungen reduzieren • Den kontinuierlichen Verbesserungsprozess des MpM unterstützen Der Report kann als internes Audit verstanden werden.
Inhalt	Der Bericht gibt die Einschätzung des Multiprojektmanagers zur Qualität des Planungsprozesses in den Projekten wieder.
Adressaten	Unternehmensleitung, Projektportfolio-Board, Auftraggeber, Projektleiter, Qualitätsmanagement
Lieferanten	Auftraggeber, Lenkungsausschuss, Projektleiter
Rolle des MpM	• Quality-Check für die Projekte vornehmen • Klärung wichtiger Punkte mit dem Projektleiter bzw. Projektteam • Zusammenstellung der Ergebnisse für das Projektportfolio-Board • Mit den Projektbeteiligten Potenziale zur Verbesserung analysieren und Maßnahmen einleiten.

Bericht zur Prozessqualität der Einzelprojektplanung

Anzahl der geprüften Projekte		Ergebnis in Prozent		
Frage		Nein	Bedingt	Ja
Sind die Projektaufträge klar? Zielsetzung, Rahmenbedingungen, notwendige Ressourcen, Kosten-Nutzen-Analyse				
Sind die Prioritäten in den Projekten geklärt?				
Sind die Risiken der Projekte geprüft? • für das Projekt selbst • für andere Projekte				
Sind die inhaltlichen und personellen Verknüpfungen mit anderen Projekten geprüft und formuliert worden?				
Werden Zielveränderungen, deren Ursachen und Konsequenzen genau beschrieben?				
Werden Abweichungen in der Umsetzung und die Ursachen inhaltlich genau dargestellt?				
Ist mit den Änderungen eine neue Maßnahmenplanung vorgelegt worden?				
Sind die Risiken der Änderungen geprüft?				
Werden Change Requests sauber abgewickelt?				
Liegt zu den vereinbarten Berichtsterminen eine qualifizierte Kapazitäts- und Kostenplanung vor?				
Sind die Lieferungen an das MpM vollständig?				

Dieser Bericht macht Sinn, wenn die Organisation bereit ist, aus Fehlern zu lernen. Es darf nicht um Schuldfragen gehen, sondern die Maxime lautet: Bruchstellen sind Fundstellen. Mithilfe dieser Auswertung können Projektleiter, Multiprojektmanager und die anderen beteiligten Stellen Optimierungsprozesse einleiten.

Die Prozessqualität der Projektplanungen wird mithilfe eines Quality-Check-ups der Projekte erarbeitet. Dafür kann die folgende Checkliste benutzt werden. An dieser Stelle sei noch einmal betont: Die Projektleiter müssen wissen, warum dieser Check-up durchgeführt wird, was mit den Daten geschieht und in welcher Form sie eine Rückkopplung der Ergebnisse erhalten.

Quality-Check der Einzelprojektplanung			
Projekt	Projektleiter	Auftraggeber	Datum
	Ergebnis		
Frage	Nein	Bedingt	Ja
Ist der Projektauftrag klar? Zielsetzung, Rahmenbedingungen, notwendige Ressourcen, Kosten-Nutzen-Analyse			
Ist die Priorität des Projektes klar?			
Sind die Risiken des Projekts geprüft? • für das Projekt selbst • für andere Projekte			
Sind die inhaltlichen und personellen Verknüpfungen mit anderen Projekten geprüft und formuliert worden?			
Werden Zieländerungen, deren Ursachen und Konsequenzen genau beschrieben?			
Werden Abweichungen in der Umsetzung und die Ursachen inhaltlich genau dargestellt?			
Ist mit den Änderungen eine neue Maßnahmenplanung vorgelegt worden?			
Sind die Risiken der Änderungen geprüft?			
Werden Change Requests sauber abgewickelt? • Zieländerungen genau begründet? • Abweichungen genau beschrieben?			

• Ist eine neue Planung mit den Änderungen vorgelegt worden? • Hat der Auftraggeber die neue Planung freigegeben? Sind die Informationen an das MpM in den einzelnen Projektphasen vollständig?			
Vorphase • Projektidee, Projektantrag • Strategische Zielkonformität • Kosten-Nutzen-Schätzung • Projektauftrag • Ressourcenvereinbarungen			

Durchführung
Projektplanung
   – Strukturplan
   – Phasenplan
   – Meilensteinplan
   – Terminplan
   – Ressourcenplan
   – Kostenplan
   – Nutzenüberprüfung			

Abnahmetest • Projektabnahmeprotokoll der Anwender • Projektabnahmeprotokoll der Schnittstellen • Ergebnisübernahmeerklärung durch den Auftraggeber			
Projektabschluss • Projektabschlussbericht • Festlegung von Rest- und Folgearbeiten (Initiierung von Folgeprojekten bei Bedarf) • Entlastung des Teams durch den Auftraggeber • Nachricht über ordnungsgemäßen Abschluss der Kostenstelle an die Buchhaltung			
Regelmäßige Berichterstattung • Projektberichte • Risikoeinschätzung			

Reporting – keiner nimmt es ernst. Was tun?

Das Reporting ist nur dann erfolgreich, wenn durch Informationen Handlungen ausgelöst werden, die zu positiven Ergebnissen für das Unternehmen führen. Doch in der Praxis läuft es manchmal anders: Die Informationen sind vorhanden, aber es passiert nichts bzw. zu wenig. Dafür gibt es verschiedene Ursachen: Informationen des MpM werden von den Adressaten einfach nicht zur Kenntnis genommen. Entscheidungen werden immer wieder vertagt. Die Sitzungen des Projektportfolio-Board fallen häufig aus. Entscheidungen werden zwar getroffen, doch man hält sich nicht an die Vereinbarungen. Was kann der Multiprojektmanager unternehmen, wenn er den Eindruck gewinnt, für den „Papierkorb zu arbeiten"?

Wenn die Informationen des Multiprojektmanagements keine Wirkung zeigen, ist Handeln angesagt. Der Multiprojektmanager darf solche Probleme nicht aussitzen, ansonsten gefährdet er nicht nur sein Image, sondern die Aufgabe des MpM wird über kurz oder lang generell infrage gestellt. Die Probleme mit ihren Konsequenzen müssen offen kommuniziert und Ross und Reiter genannt werden.

Sammeln Sie die Probleme

▽ Wie häufig treten solche Fälle auf? Gibt es besonders gravierende Beispiele?
▽ Treten sie regelmäßig auf oder sind sie eher an bestimmte Entscheidungssituationen gebunden?
▽ Verhalten sich die meisten Mitglieder des Top-Managements so oder nur bestimmte Personen?

Zeigen Sie die Konsequenzen auf

▽ Welche Auswirkungen haben die Probleme für Projekte, die Projektelandschaft, für das Unternehmen und die Kunden?
▽ Visualisieren Sie die Abhängigkeiten der Projekte: Wenn diese Entscheidungen nicht getroffen werden, dann bedeutet das für Projekt A ... und das wiederum hat erhebliche Auswirkungen für die Projekte B und C.
▽ Zeigen Sie die harten Daten wie Terminverzögerungen oder Kostenüberschreitungen und die weichen Daten auf. Zu den Soft facts gehören beispielsweise Vertrauens- und Motivationsverluste oder die Gefahr, dass die Projektleiter und das Linienmanagement das Multiprojektmanagement als Führungs- und Organisationsform nicht mehr ernst nehmen.

▽ Weisen Sie auf Double Binds hin: „Die Projektlaufzeiten sollen verkürzt werden, aber die Entscheidungsprozesse dauern immer länger."

Analysieren Sie die Ursachen und bilden Sie Hypothesen über den Sinn dieser Problematik

▽ Eine Ursachenanalyse gibt Ihnen Sicherheit, dieses Thema mit der Unternehmensleitung zu diskutieren. Trennen Sie strukturelle und personelle Ursachen. Strukturelle Ursache bestehen beispielsweise darin, dass ein Entscheidungsgremium falsch zusammengesetzt ist oder die Meetings zu selten stattfinden. Eine personelle Ursache ist die Entscheidungsschwäche eines Geschäftsführers. In der Praxis findet man meistens eine Kombination von personellen und strukturellen Ursachen.

▽ Eine andere Methode, sich Klarheit über die Situation zu verschaffen, besteht darin, Hypothesen über den Sinn des Problems zu entwickeln. Die Frage lautet: „Was haben die Beteiligten davon, dass sie die Entscheidungen nicht treffen?" Anders formuliert: „Angenommen, die Entscheidung ist getroffen, was würde das für die Entscheider bedeuten?" Antwort: Die Entscheidungsträger haben sich festgelegt und können an ihren Entscheidungen gemessen werden. Mit diesem Ansatz fragen Sie nach der Psycho-Logik des Problems. Es ist übrigens nicht empfehlenswert, dass Sie Ihre Hypothesen direkt offen legen, sie helfen Ihnen aber auf jeden Fall, die Situation besser zu verstehen.

Machen Sie Lösungsvorschläge

▽ Die Vorschläge sollten zu den einzelnen Problemen und Ursachen passen und möglichst konkret überprüfbar sein.

▽ Diskutieren Sie die Lösungen mit der Unternehmensleitung und prüfen Sie auf jeden Fall, ob die Lösungsvorschläge von allen akzeptiert werden.

▽ Ist das nicht der Fall, dann verdeutlichen Sie die unterschiedlichen Sichtweisen in einer konstruktiven Form, ohne auf die notwendige Klarheit zu verzichten. Stellen Sie dar, in welchen Punkten aus Ihrer Sicht in der Unternehmensleitung Konsens bzw. Dissens besteht.

Prüfen Sie miteinander, ob eine Lösung vereinbart worden ist

▼ Was haben wir vereinbart?
▼ Woran kann die Vereinbarung gemessen, überprüft werden?
▼ Wird die Vereinbarung von allen akzeptiert?
▼ Wie soll die Lösung überprüft werden?

Beziehen Sie in professioneller Weise Position

▼ Bereiten Sie sich auf diese wichtigen und schwierigen Gespräche richtig vor. Reflektieren Sie dabei auch Ihre eigene Unsicherheit.
▼ Suchen Sie sich Bündnispartner, die Machtpromotoren, die Ihnen Unterstützung bieten können.
▼ Sprechen Sie eine klare Sprache und zeigen Sie die Notwendigkeit der Problemlösung auf.
▼ Entlassen Sie die Unternehmensleitung nicht aus ihrer Rollenverantwortung, andernfalls haben Sie mit den Folgen zu kämpfen.
▼ Verdeutlichen Sie mögliche Wiederholungsmuster des Problems: „Wir haben das Problem schon mehrmals besprochen und Lösungen vereinbart, doch geändert hat sich leider noch nicht viel. Wir sollten uns heute darüber unterhalten, wieso das passieren kann."
▼ Sind Sie mit der Lösung und mit Ihrem Verhalten zufrieden? Haben Sie alles getan, was Sie tun konnten? Haben Sie sich klar genug positioniert?

Empfehlungen

▼ Offene Kommunikation und intensive Zusammenarbeit sind Voraussetzungen und Ergebnisse des Reportings zugleich.
▼ Der Multiprojektmanager muss sich daran beurteilen lassen, in welchem Maße es ihm gelingt, eine vertrauensvolle Zusammenarbeit mit allen Projektbeteiligten zu erreichen.
▼ Sieben tragende Elemente müssen für das MpM-Reporting geschaffen sein:
  1. Die Ziele des Reportings sind ausgearbeitet und kommuniziert.
  2. Die Unternehmensleitung fordert und nutzt die Informationen des MpM.
  3. Die Rollen und die damit verbundenen Verantwortungen sind klar.
  4. Standards des MpM-Reportings sind vereinbart.
  5. Die Projekte liefern qualifizierte Informationen.
  6. Das Reporting benötigt ein leistungsstarkes Informationssystem.

7. Das Reporting basiert auf einer Vertrauenskultur und wird als gemeinsame Aufgabe aller verstanden.

▽ Reporting im Multiprojektmanagement ist ein Controllinginstrument zur Steuerung und Beeinflussung der Projektelandschaft. Es kann sich nicht auf den operativen Rahmen beschränken, sondern muss strategische Planungs- und Kontrollsysteme umfassen.

▽ Die Komplexität der Projektelandschaft kann nicht alleine durch die harten Zahlen erfasst und verstanden werden, sondern auch die weichen Daten müssen im Reporting erscheinen, denn gerade sie eignen sich als Frühwarnindikatoren viel besser als die Hard facts.

▽ Den Multiprojektmanager interessieren nicht nur die Ergebnisse, sondern auch die Prozesse. So kann der Multiprojektmanager in seinem „Bericht zur Lage der Projektelandschaft" auf die schleppenden Entscheidungsprozesse in den Projekten hinweisen und damit wichtige Veränderungsimpulse setzen.

▽ Ein gutes Reporting ermöglicht Lernprozesse. Das setzt voraus, dass Wissen konsequent dezentralisiert und enthierarchisiert wird. Ein guter Multiprojektmanager ist weder der übergenaue Buchhalter noch die graue Eminenz in der Stabsstelle.

▽ Informationen müssen richtig fließen, damit die Projektelandschaft in Bewegung bleibt. Das setzt voraus, dass alle Beteiligten wissen, welche Aufgaben und Verantwortungen sie im Informationsverarbeitungsprozess haben.

Wer?	liefert was?	warum?	wann?	wie?	an wen?

▽ Standards sind notwendig, denn Informationen können nur dann richtig fließen, wenn alle Beteiligten die gleiche Infrastruktur benutzen. Die Standards müssen von der Unternehmensleitung verabschiedet werden.
  ○ Die Projekte liefern qualifizierte Informationen. Informationen sollten vollständig, klar und verständlich formuliert sein.
  ○ Die Adressaten im Reporting sind bestimmt, dadurch werden lästige Fragen über den richtigen Verteiler überflüssig.
  ○ Prozesse und Spielregeln werden eingehalten.
  ○ Die Tools werden benutzt.
  ○ Änderungen werden an das MpM zeitgleich mitgeteilt.

▽ MpM-Reporting hat selbstverständlich auch Kontrollfunktion, Fehlentwicklungen müssen erkannt werden. Anzustreben ist ein hohes Maß an Selbstkontrolle der Projekte. MpM stellt dafür die richtigen Methoden und Instrumente zur Verfügung.

▼ Das Reporting liefert Situationsberichte und keine Anklageschriften. Das MpM stellt kritische Themen zur Diskussion und muss Probleme und Empfehlungen aufzeigen.

▼ Das Reporting ist nur dann gut, wenn durch Informationen Handlungen ausgelöst werden, die zu positiven Ergebnissen für das Unternehmen führen. Wenn die Informationen des Multiprojektmanagements keine Wirkung zeigen, ist Handeln angesagt.

▼ Das Reporting basiert auf einer Vertrauenskultur und wird als gemeinsame Aufgabe aller verstanden.

Kapitel 5

Multiprojektmanagement erfolgreich einführen und weiterentwickeln

Übersicht zu Kapitel 5

Multiprojektmanagement verändert das organisatorisch-politische Gleichge-wicht im Unternehmen: Entscheidungen bei der Projektauswahl werden im Abgleich mit anderen Projektanträgen durchgeführt, der Informationsfluss geht neue Wege, Fehlentwicklungen und Bereichsinteressen werden transparenter. Die Veränderung des organisatorisch-politischen Gleichgewichtes ist in der Regel mit Widerständen verbunden. Change-Management spielt bei der Einführung von Multiprojektmanagement eine zentrale Bedeutung, weil der Multiprojektmanager auf offene Kommunikation und intensive Zusammenarbeit angewiesen ist. Erfolg-reiches Multiprojektmanagement ist nur möglich, wenn Multiprojektmanagement als Funktion und der Multiprojektmanager als Person akzeptiert werden. In die-sem Kapitel werden folgende Fragen beantwortet:

▼ Warum stößt erfolgreiches Multiprojektmanagement nicht überall im Un-ternehmen auf Begeisterung?

▼ Wir schauen der Multiprojektmanagerin von Nature&Business noch einmal über die Schulter. Was hat sie in den letzten zwei Jahren erlebt und gelernt?

▼ Welche Praxisprobleme treten im Einführungsprozess auf?

▼ Worauf kommt es bei der Einführung von MpM an? Welche Ebenen im Veränderungsprozess müssen beachtet werden?

▼ Wer sind die Stakeholder im Multiprojektmanagement?

▼ Womit soll bei der Einführung von MpM begonnen werden?

▼ Woran muss sich der Multiprojektmanager messen lassen?

▼ Welche Bedeutung haben Widerstände in Veränderungsprozessen?

▼ Wie können organisatorische, qualifikatorische oder persönliche Verände-rungen, die durch das Multiprojektmanagement entstehen, systematisch er-fasst werden?

▼ Wie kann Multiprojektmanagement weiterentwickelt werden?

▼ Welche Leistungspalette kann der Multiprojektmanager anbieten?

Erfolgreiches MpM ist nicht immer gewollt! Acht Thesen über den Sinn des Scheiterns

Unternehmen versuchen, Multiprojektmanagement einzuführen, doch die Ergebnisse sind oft enttäuschend. Das ist kein Zufall, sondern das Scheitern macht Sinn: Multiprojektmanagement kann sowohl für Unternehmen und für Organisationseinheiten als auch für Personen eine unbequeme oder gar riskante Angelegenheit werden. Acht Thesen sollen meine etwas provokativen Behauptungen, die ich aus der Realität entliehen habe, belegen:

Erste These

Ein gut funktionierendes Multiprojektmanagement zwingt die Unternehmensleitung, gemeinsam klare Entscheidungen zu treffen und sich daran messen zu lassen. Das ist nicht immer gewollt.

Zweite These

Unklare, widersprüchliche Entscheidungen werden vom MpM erkannt und mit der Bitte um Klärung, die in Wirklichkeit eine Forderung ist, den Entscheidungsträgern zurückgegeben. Das erfordert vom Top-Management eine stärkere inhaltliche Auseinandersetzung mit den Entscheidungsvorlagen. Die Führungskräfte müssen fachlich und zeitlich in der Lage sein, stärker in die Sache einzusteigen, was bei der ohnehin sehr hohen Belastung mit erheblicher Anstrengung und zusätzlicher Wochenendarbeit verbunden ist. Das ist verständlicherweise nicht immer gewollt.

Dritte These

Der Multiprojektmanager ist der Navigator der Projektelandschaft. Zickzackkurse und unrealistische Ziele werden durch seine Standortbestimmung schneller erkannt. Man kann nicht mehr alles gleichzeitig tun, Prioritäten müssen gesetzt werden. Das ist nicht immer gewollt.

Vierte These

Ressortegoismen und politische Spiele, die sich in der Praxis blockierend auf die Projektarbeit auswirken, werden durch ein gut funktionierendes Multiprojektmanagement kommunizierbar und in die Schranken gewiesen. Das politische Gleichgewicht im Unternehmen gerät ins Wanken, ein neues könnte sich herausbilden. Das ist nicht immer gewollt.

Fünfte These

Die Ergebnisse und die Arbeitsweise der Projekte werden durch Multiprojektmanagement transparent. Risiken und Fehlentwicklungen werden erkannt, analysiert und bewertet, Projektleiter und Auftraggeber müssen sich kritische Fragen gefallen lassen. Das ist nicht immer gewollt.

Sechste These

Multiprojektmanagement ist Komplexitätsmanagement. Statt in gängigen Wenndann-Beziehungen die Probleme zu lösen, erfordert erfolgreiches Multiprojektmanagement von den Beteiligten Denken in Systemzusammenhängen. Anstelle von Insellösungen ist Vernetzung angesagt. Gewohnte Denkmuster werden infrage gestellt, neue müssen gelernt werden. Das ist nicht immer gewollt.

Siebte These

Erfolgreiche Multiprojektmanager entlarven paradoxe Situationen: „Der Multiprojektmanager hat die Verantwortung für die Koordination der Projektelandschaft, doch die organisatorischen Voraussetzungen werden von der Unternehmensleitung verweigert." Der Multiprojektmanager macht diesen Double Bind deutlich. Nicht jeder beschäftigt sich gerne mit seinen Widersprüchen, also ist auch das nicht immer gewollt.

Achte These

Multiprojektmanagement soll Transparenz schaffen und helfen, Projekte besser zu vernetzen. Beides erfordert offene Information und bei allen Meinungsunterschieden und Interessengegensätzen eine faire und konstruktive Zusammenarbeit. Man muss wissen, woran man miteinander ist. Einige Multiprojektmanager nutzen ihre

Position und ihre Nähe zur Unternehmensleitung auf Kosten der Projektleiter aus. Sie geben wichtige Informationen nicht vollständig und aktuell genug an die Projektleiter weiter, picken sich Schwachstellen aus den Projekten heraus, um damit ihre Bedeutung als die Oberwächter des Projektmanagements zu unterstreichen. Dieses Verhalten stößt auf Widerstände, und auch deshalb ist MpM nicht immer gewollt.

Einführung von MpM bei Nature&Business
kurzer Erfahrungsbericht der Multiprojektmanagerin

Kehren wir noch einmal zu Nature&Business zurück und schauen, was die Multiprojektmanagerin nach zwei Jahren erreicht hat und welche Erfahrungen sie sammeln konnte.

Die Multiprojektmanagerin blickt nach zwei Jahren zurück und ist im Großen und Ganzen mit den Ergebnissen ihrer Arbeit zufrieden. Sie hat viel erreicht, mehr, als sie zwischendurch einige Male gedacht hatte, wenn Rück- und auch ein paar Tiefschläge sie am Sinn ihrer Arbeit haben zweifeln lassen. Insgesamt laufen die Projekte heute besser. Im letzten Jahr haben immerhin 60% aller Projekte die Projektziele im geplanten Zeitraum ohne große Abstriche bei der Qualität erreicht. Seit einem Jahr gibt es Projektbudgets, die Projektkosten werden nach Sachkosten, Kosten für externe und interne Mitarbeiter erfasst. Die Budgets werden noch zu oft überschritten, der Anteil lag im ersten Jahr bei rund 50%, in diesem Jahr liegt er bei 40%. Die Gründe liegen vor allem in der unzureichenden Budgetplanung für die einzelnen Projekte, weil die Projektplanungen zu ungenau sind, teilweise wird über den Daumen gepeilt. Hier besteht Handlungsbedarf. Ein großer Fortschritt besteht vor allem in der viel besseren Abstimmung zwischen den Projekten, die inhaltlichen, zeitlichen und personellen Vernetzungen zwischen den einzelnen Projekten sind transparenter geworden. Dabei hat auch der N&B-Projektmanagement-Standard „Jedes Projekt muss von der Machbarkeitsstudie an auf die Abhängigkeiten zu anderen Projekten hin analysiert werden" geholfen. Die Abhängigkeitsanalyse erfolgt mindestens alle acht Wochen, was durch die Inhalte der Projekte zu erklären ist. Durch die gemeinsame Prüfung der Abhängigkeiten möchte die Multiprojektmanagerin auch den Erfahrungsaustausch und das Netzwerk der Projektleiter verstärken. Die inhaltliche Verantwortung der Analyse liegt bei den Projektleitern, während die Prozessverantwortung beim MpM liegt. Im ersten Jahr hat die Multiprojektmanagerin auf der Grundlage einer fundierten Diagnose über den Zustand des Projektmanagements bei N&B mit Führungskräften und Projektleitern Standards und Methoden für die Projektarbeit eingeführt. Sie legte großen Wert auf eine Visualisierung des Projektmanagement-Prozesses. In einigen Büros und in allen Sitzungsräumen hängt das Poster

„Projektmanagement-Prozess N&B". Die Road Map ist eingeführt, die Prozesse und die Rollen sind klar beschrieben. Die Road Map bildet eine Basis für Multiprojektmanagement, denn die Projektbeteiligten mussten sich mit den relevanten Fragen auseinander setzen, um die Prozesse und Verantwortungen zu definieren.

Prozess/Aufgabe	Wann?	Unternehmensleitung	Auftraggeber + 2 Spartenl.	Auftraggeber	Projektleiter	Projektmitarbeiter	Abteilungsleiter	Spartenleiter	Multiprojektmanager
...									
Ideenmanagement									
Ideen entwickeln	laufend	A	A	A	A	A	A	A	A
Ideen klassifizieren und dokumentieren	laufend				M	M	V		
A-Ideen bewerten	periodisch	V					M	M	A
B-Ideen bewerten	periodisch					M	V		
Projektvorbereitung									
Entscheidung, Projektvorbereitung	situativ	A-Ideen						B-Ideen	M
Auftragsklärung, Machbarkeitsstudie	situativ		M	V					
Projektklassifikation	situativ	V	M	M			M		A
Projektfreigabe		A-Projekte	B-Projekte				C-Projekte		
Genehmigung der Projektorganisation	situativ	V	V				V		
...									
Projektführung									
...									
Periodische Aktualisierung der Ressourcenplanung	alle 8 Wochen			M		V	M		M
Übergeordnete Entscheidungen/Phasenfreigaben	meilenstein-bezogen				V	M			
...									

A = Ausführung; M = Mitarbeit; V = Verantwortung; A/B/C-Projekte = verantwortlich für A/B/C-Projekte

Abb. 43: Road Map (Quelle: Scholian, Portfolio-Management, S. 14, in: Projektmanagement 4/2000, Hrsg., GPM, Deutsche Gesellschaft für Projektmanagement e.V.)

Das Reporting der Projekte steht jetzt auf so festen Füßen, dass die Multiprojektmanagerin nun darüber nachdenkt, ein Projektmanagement-Tool auszusuchen, das es ihr ermöglicht, das Projektportfolio besser zu planen und zu steuern. Den Auswahlprozess wird sie gemeinsam mit je einem Projektleiter aus jeder Sparte durchführen. Unzufrieden ist sie nach wie vor mit der Personalsituation. Die Projekte liefen nur deshalb so erfolgreich, weil die Mitarbeiter bereit waren, regelmäßig viele Überstunden zu machen. Darin sieht sie auf Dauer ein Risiko, denn sie weiß, dass Provisorien die Tendenz haben, sich zu verewigen. Gerade das Know-how der Keyplayer müsste in mehr Köpfe verteilt werden.

In einem dreitägigen Projektmanagement-Seminar wurden Grundlagen geschult. Coaching für Projektleiter und Projektteams ist als fortlaufende Qualifikationsmaßnahme etabliert. Allen Führungskräften wurde in einer eintägigen Veranstaltung mit dem Thema „Was müssen Führungskräfte bei N&B tun, damit Projektmanagement richtig funktioniert?" ihre Rolle verdeutlicht. Alle waren von den klaren Worten des Geschäftsführers überrascht, einige begeistert, die meisten skeptisch – und der harte Kern sah darin eine Kampfansage. Am meisten störte seine Aussage: „Wir müssen das Spartendenken aufgeben, unsere Projekte erfordern mehr Gemeinsamkeit. Wir müssen die Projektleiter stärken und ich erhoffe und erwarte mir von der Arbeit unserer Multiprojektmanagerin Transparenz über den Fortschritt aller Projekte. Sie weiß, dass sie meine volle Rückendeckung und die meiner Kollegen hat." Die Multiprojektmanagerin ging aus dieser Veranstaltung gestärkt an ihre Arbeit, sie hatte das Gefühl, im Geschäftsführer einen wirklichen Machtpromotor zu haben. Diese Rückendeckung hatte sie im ersten Jahr sicher nicht bei allen Spartenleitern, vor allem der Leiter Biotope behinderte ihre Arbeit massiv, weil er den Eingriff in seine Verantwortung nicht akzeptierte. Inzwischen konnte sie durch ihre Erfolge und viele Gespräche seine Bedenken reduzieren.

Sie denkt nicht nur über die Ergebnisse nach, sondern sie lässt in Gedanken auch den Einführungsprozess noch einmal an sich vorüberziehen. Heute ist ihr bewusst, welche Bedeutung die Zielklärung für einen erfolgreichen Veränderungsprozess hat. Auch vor zwei Jahren war ihr das bekannt, doch zwischen Wissen und Umsetzen klafft bekanntlich oft eine große Lücke. Rückblickend hätte sie sich mehr Zeit nehmen sollen, die Erfolgskriterien besser auszuarbeiten. Das gute Klima und das gegenseitige Vertrauen in ihrem informellen Netzwerk, das sie sich mit Geschick und durch brauchbare Ergebnisse Schritt für Schritt aufgebaut hat, ist ihre emotionale Basis, dort kann sie fachlich und persönlich auftanken. Die Unterstützung durch den Geschäftsführer hat ihr sehr geholfen, mit Widerständen und sogar persönlicher Ablehnung besser umzugehen. Ihre Ungeduld und ihre gelegentlichen Alleingänge waren nicht immer klug, zumal sie den partizipativen Ansatz vertritt. Dadurch hat sie sich überflüssigen Ärger eingehandelt. Andererseits war sie in einigen kritischen Situationen nicht klar genug. Die schwierigen Situationen und die Rückschläge des Einführungsprozesses sind ihr stärker in Erinnerung geblieben und haben sie persönlich und fachlich wachsen lassen.

Praxisfragen

▼ „Worauf kommt es bei der Einführung von Multiprojektmanagement an, welche Grundlagen und Regeln sind zu beachten?"

▼ „Wie können wir feststellen, ob wir auf dem richtigen Kurs sind?"

▼ „Was tun, wenn ich die Unterstützung des Vorstands nur in Sonntagsreden habe?"

▼ „Wie kann ich Widerstände am besten abbauen?"

▼ „Wer hat welche Rolle im Einführungsprozess?"

▼ „Was tun, wenn die Verantwortungen nicht wahrgenommen werden?"

▼ „Wie kann ich viele Projektbeteiligte, die an verschiedenen Standorten arbeiten, am effizientesten über die Aufgaben des MpM informieren? Welche Informationsmittel gibt es?"

▼ „Standards sind verabschiedet, Prozesse definiert und das Instrumentarium ist auch vorhanden, nur halten sich zu viele nicht daran. Wie kann mehr Verbindlichkeit erreicht werden?"

Zugegeben, alle Fragen haben mit Multiprojektmanagement wenig zu tun, sondern es geht um das Thema Change-Management. Wenn der Veränderungsprozess nicht richtig läuft, wird die Einführung von Multiprojektmanagement scheitern. Mit Macht allein geht es mit Sicherheit nicht, dafür sorgt schon die Komplexität des Projekts mit seiner Dynamik und Intransparenz. Projektleiter und Auftraggeber können den Multiprojektmanager informativ vertrocknen lassen oder völlig nass machen. Überzeugung ist notwendig, nur miteinander kann die Projektelandschaft erfolgreich koordiniert werden.

Worauf kommt es bei der Einführung von MpM an?

Die Einführung von MpM ist erfolgreich, wenn Ziele und Aufgaben richtig definiert und so umgesetzt werden, dass sie von den Beteiligten akzeptiert und genutzt werden. Ich habe im zweiten Kapitel geschrieben, dass ich MpM als Führungs-, Organisations- und Arbeitsform verstehe und nicht als Entscheidung für ein Projektmanagement-Tool. Dieser Hinweis erscheint mir an dieser Stelle interessant. Die Einführung von MpM stellt eine starke Intervention in das bestehende Kraftfeld der Organisation dar. Fragen mit erheblichen Konsequenzen müssen zu Beginn des Prozesses geklärt werden:

▼ Will die Organisation *wirklich* wissen, wie es um die Projekte im Einzelnen und um die gesamte Projektelandschaft steht?

▽ Sind die Entscheidungsträger *wirklich* bereit, aus diesen Informationen Konsequenzen zu ziehen?

▽ Soll die Projektelandschaft systematisch geplant werden? Sollen Prioritäten gesetzt und *wirklich* eingehalten werden?

In allen drei Fragen taucht das kleine Wort „wirklich" auf, der Maßstab ist die Transferleistung. Der Konzeption mit ihren Begriffen wie Transparenz, Prozessdenken, Gesamtsteuerung, schnellere Entscheidungen, Bewertung des Projektportfolios, Strategiekonformität, eindeutige Prioritäten oder Performance Measurement stimmt man gerne zu, wer kann schon etwas dagegen haben? Aber die Konsequenzen – man legt sich fest, zumindest fester: Entscheidungen müssen begründet, Bereichsinteressen können hinterfragt werden, „die eierlegenden Wollmilchsäue" – lassen sich nur noch schwer durchsetzen.

Wie bei jedem Veränderungsprozess steht und fällt auch die Einführung von Multiprojektmanagement mit der Beantwortung der beiden Fragen:

1. Stimmen die Ziele, die organisatorischen Rahmenbedingungen und die daraus folgenden Maßnahmen?
2. Wie kann eine möglichst hohe Akzeptanz erreicht werden?

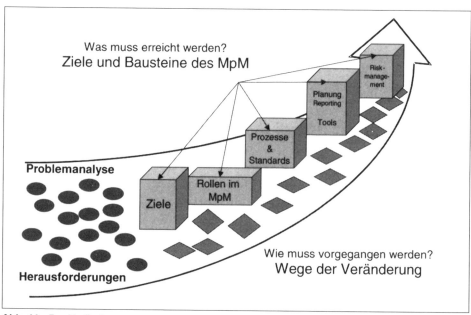

Abb. 44: Der Veränderungsprozess

Worauf müssen Sie bei der Durchführung des Veränderungsprozesses achten?

Ich möchte diese Frage beantworten, indem ich neue Fragen stelle – und das aus zwei Gründen:

1. Wenn Sie Multiprojektmanagement einführen, können Sie sich an den folgenden Fragen orientieren. Es handelt sich um die elementaren Aspekte von Veränderungsprozessen:
   - Ziele der Veränderung
   - Rollenträgerschaft, Rückendeckung
   - Information und Kommunikation
   - Planungsschritte und -verfahren
   - Kontrolle des Veränderungsprozesses
   - Widerstände
2. Die Fragen helfen mir, das Thema in angemessener Kürze zu behandeln. Selbstverständlich empfehle ich jedem Multiprojektmanager, sich intensiv mit Change-Management zu beschäftigen, sowohl durch Literaturstudium als auch durch Seminare oder die Zusammenarbeit mit erfahrenen Kollegen.

Kernfragen des Einführungsprozesses

Wer will MpM haben und wer macht sich dafür stark?	Rollen Macht
Wer kann und wer will mitarbeiten?	Partizipation Netzwerke
Was soll erreicht werden? • Wie sieht die Ausgangslage aus? • Woran kann die erfolgreiche Einführung bewertet werden?	Ziele • Diagnose • Erfolgsfaktoren
Wer muss wie und wann informiert werden?	Information
Worauf ist bei der Planung zu achten? Wie können Fehlentwicklungen erkannt werden?	Planung Kontrolle Reflexion
Was tun, wenn Widerstände auftreten?	Widerstände Kommunikation

Wer will MpM haben und wer macht sich dafür stark?

Ohne Macht geht es nicht: Die Projektleiter müssen regelmäßig ihre Statusberichte nach den MpM-Standards liefern. Das kann aufwändig sein und gefällt nicht jedem. Projekte werden auf ihre Verträglichkeit in der Projektelandschaft gründlich „abgeklopft" und potenzielle Auftraggeber erhalten gegebenenfalls kein grünes Licht für die Durchführung ihrer favorisierten Projektidee. Manchmal versuchen sie es dann auf anderen Wegen. Der Multiprojektmanager hat nicht die Macht, Widerstände und politische Einflüsse unmittelbar zu verhindern, er ist auf Machtpromotoren angewiesen. Vergewissern Sie sich, dass die Unternehmensleitung wirklich hinter der Maßnahme steht, erst dadurch erhält sie die notwendige Ausgangsenergie. Was Sie in dieser Phase bereits geklärt haben, das brauchen Sie später nicht mehr zu tun.

Worauf achten?

▽ Es gibt einen offiziellen Auftraggeber für die Einführung des Multiprojektmanagements. Hier muss die Reichweite des MpM beachtet werden, denn der Auftraggeber muss genügend Einfluss auf die Projektelandschaft haben.

▽ Stehen alle Mitglieder des Top-Managements hinter der Idee? Haben alle das gleiche Verständnis von Multiprojektmanagement? Klären Sie Begriffe, schaffen Sie eine gemeinsame Basis. Der erfahrene Multiprojektmanager kennt seine Machtpromotoren.

▽ Werden unterschiedliche Sichtweisen und Interessenkonflikte offen diskutiert oder hält man sich vornehm zurück, um die Auseinandersetzung dort zu führen, wo man sich weniger angreifbar weiß?

▽ Bezieht der Auftraggeber des Einführungsprozesses bei offenen Fragen und unklaren Entscheidungssituationen Position? Setzt er in kritischen Situationen die richtigen Signale?

▽ Trauen Sie sich zu, Probleme in der Unternehmensleitung offen anzusprechen, oder halten Sie sich eher höflich zurück? Vorsicht, manchmal kann aus friedlich und höflich auch „friedhöflich" werden. Durch klare Positionierung gewinnen Sie die notwendige Akzeptanz, bei zu viel Zurückhaltung und Taktieren sollten Sie die Rolle des Multiprojektmanagers begraben.

▽ Blinde Verliebtheit in die Attraktivität der Aufgabe schadet. Natürlich kann es Ihnen passieren, dass Sie zur Erkenntnis kommen, dass Ihr Rollenverständnis nicht mit dem der Unternehmensleitung übereinstimmt, aber besser am Anfang als während der Reise.

Wer kann und wer will mitarbeiten?

Der Multiprojektmanager ist Netzwerker. Er muss mit vielen Menschen aus den Projekten und aus der Linie zusammenarbeiten. Durch frühzeitige Einbindung der beteiligten Personen beginnt das Netzwerk zu wachsen. Über die Vorteile der gemeinsamen Arbeit brauche ich nicht viele Worte zu verlieren: Projektleiter, Kollegen aus anderen Querschnittsfunktionen oder Mitglieder von Lenkungsausschüssen bringen Erfahrungen, Ideen und Wissen ein. Durch die Beteiligung steigt die Akzeptanz der Ergebnisse, man hat das Ziel gemeinsam erreicht.

Worauf achten?

▽ Der Spielraum für die gemeinsame Arbeit muss klar definiert sein. Welche Entscheidungen sind bereits im Vorfeld von der Unternehmensleitung getroffen worden und welcher Spielraum für die gemeinsame Arbeit besteht?

▽ Vermeiden Sie Double Binds: „Ich bin sehr an Ihren Beiträgen interessiert, bitte arbeiten Sie ein Konzept aus" – und Sie wissen, dass bereits alles entschieden ist. Menschen lassen sich nicht gerne auf den Arm nehmen und die Double Binds bleiben als Belastung in den Fäden des Netzwerks hängen.

▽ Wie in jedem Projekt müssen Sie bei der Zusammensetzung von Teams auf die zeitliche und qualifikatorische Verfügbarkeit achten. Natürlich spielt auch das Interesse der Beteiligten eine gewichtige Rolle.

▽ Sind die wichtigen Organisationseinheiten im Einführungsprozess vertreten? Wie können Sie am einfachsten ermitteln, wer mitarbeiten soll und kann? Machen Sie eine Stakeholder-Analyse. Nehmen Sie sich ein großes Blatt und schreiben Sie in die Mitte das Ziel „Einführung von Multiprojektmanagement". Überlegen Sie, welche Personen, Gruppen und Organisationseinheiten beim Multiprojektmanagement welche Interessen haben könnten. Dabei kann es sich sowohl um sachlich-inhaltliche als auch um politisch-soziale Interessen handeln. Im Verlauf der Einführung kann sich das Bild verändern. Deshalb es ratsam, in Abständen die Stakeholder-Analyse zu überpüfen.

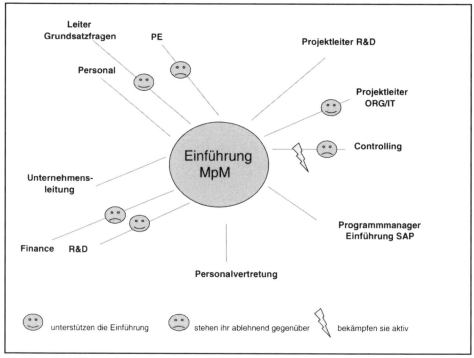

Abb. 45: Stakeholder-Analyse

Was soll erreicht werden?

Sage mir, wie ein Projekt beginnt, und ich sage dir, wie es endet. Diese Erfahrung gilt auch für die Einführung des Multiprojektmanagements. Das Ziel, die Rahmenbedingungen, der Auftraggeber und der Zeithorizont müssen stimmen und verbindlich festgelegt werden. Drei Fragen stehen stets im Mittelpunkt:

▽ Sind die Ziele und die damit verbundene Konzeption dazu geeignet, die Unternehmensentwicklung positiv zu beeinflussen?
▽ Sind die Ziele klar, werden sie von allen gleich verstanden? Der Schlüssel liegt in der Information und der Kommunikation.
▽ Werden die Ziele akzeptiert oder gibt es Widerstände?

Gründlichkeit und Beharrlichkeit gehören zu den Kerntugenden im Zielfindungsprozess. Wer meint, er könnte hier Zeit sparen, den holen die offenen Punkte irgendwann ein – und je später das passiert, desto teurer ist es in der Regel.

Wie sieht die Ausgangslage aus?

Wie laufen die Projekte im Unternehmen bisher ab? Um den Sollzustand zu erreichen, ist es meistens notwendig, den Istzustand zu kennen. Dafür sprechen nicht nur inhaltliche Gründe, sondern durch eine fundierte Analyse entsteht Energie für Veränderungen, der Einführungsprozess erhält seine Legitimation. Analysieren Sie den Zustand des Projektmanagements als Ausgangsbasis der Zielklärung. Durch

▼ Einzel- und Gruppeninterviews,
▼ Workshops,
▼ Fragebögen und
▼ Dokumentenanalyse (z. B. Projektaufträge, Statusberichte, Change Requests)

erhalten Sie recht schnell ein Bild über das Projektmanagement im Unternehmen.
  Die Analyse der Projektarbeit in einem Unternehmen ergab folgendes Bild:

- Es war unklar, was ein Projekt ist und was nicht. Zu viele Maßnahmen wurden Projekt genannt, was die Priorisierung der Projekte erschwerte.
- Die Aufgaben und Verantwortungen der Projektbeteiligten waren nicht immer klar definiert. Die Verantwortungen wurden gerne verschoben.
- Projekte waren oft zu schlecht vorbereitet. Ideen kreisten lange herum und dann sollte schnell ein Projekt durchgeführt werden. Ein System zur Bewertung der Projektideen gab es nicht.
- Projektaufträge waren häufig schlecht ausgearbeitet, bei 70 % aller Aufträge fehlte eine fundierte Kosten-Nutzen-Analyse.
- Eine Methode zur Erfassung der Projektrisiken existierte nicht.
- Es wurde viel angefangen, aber es mangelte an der Umsetzung.
- Die Aktualität und die Zuverlässigkeit der Statusberichte wurden überwiegend negativ beurteilt. Rund 50 % der Statusberichte waren unvollständig oder falsch.
- Das Bereichsdenken war stark ausgeprägt. Eine Erklärung lautete: „Wenn wir uns noch mit den Projekten der anderen Bereiche beschäftigen müssten, dann würden wir gar nicht fertig.“
- Von den Projektleitern der IT des Unternehmens wurde das fehlende Engagement vieler Fachabteilungen kritisiert.
- Widersprüchliche Entscheidungen auf Vorstands- und Bereichsleitungsebene wurden in die Projekte verlagert, die sich dort in Kapazitätsproblemen und unterschiedlichen Zielinterpretationen zeigten.
- 16 von 25 Projekten konnten die Zeitpläne nicht einhalten, bei den Budgets ergab sich ein ähnliches Bild.

Bei dieser Ausgangslage weiß der Multiprojektmanager, dass Handlungsbedarf in den unterschiedlichen Feldern des Projektmanagements besteht. Die Planungsmethoden müssen verbessert und die Rollen im Projektmanagement klar definiert werden. Schwieriger wird es beim Abbau des Bereichsdenkens und bei der Verbesserung der Entscheidungsprozesse; da helfen noch so gute Methodenkenntnisse allein nicht weiter. Bei der Vielzahl der „offenen Baustellen" stellt sich natürlich die Frage: Womit beginnen? Die Antwort ist klar: Ziele klären, Erfolgsfaktoren formulieren.

Woran kann die erfolgreiche Einführung bewertet werden?

Im ersten Schritt sollte der Multiprojektmanager auf der Grundlage der durchgeführten Analyse die Ziele des Einführungsprozesses klären, indem er die Erfolgsfaktoren formuliert. Am besten beginnen Sie mit einer hypothetischen Frage: Was ist anders gegenüber heute, wenn Multiprojektmanagement erfolgreich eingeführt worden ist?

Erfolgsfaktoren MpM	stimmt völlig	stimmt teilweise	stimmt nicht
Das Projektportfolio wird systematisch geplant und gesteuert.			
Es gibt qualifizierte Projektaufträge.			
Kapazitäten werden realistisch geplant.			
Der Einsatz von externen Mitarbeitern wird koordiniert.			
Es gibt eine laufende Übersicht über die Keyplayer in allen Projekten.			
Das Controlling der Projektbudgets bietet eine fundierte Grundlage zum Controlling des Projektportfolios.			
Die inhaltlichen Vernetzungen zwischen den Projekten sind transparent.			
Personelle Abhängigkeiten zwischen den Projekten sind transparent.			
Es gibt ein aussagefähiges und zeitnahes Reporting.			
Das Riskmanagement für Projekte ist eingeführt.			
Methoden und Projektmanagement-Tools sind vorhanden und werden genutzt.			

Es gibt eine laufend aktualisierte Wissens-datenbank, die von den Projekten genutzt wird.			
Die Professionalität der Projektbeteiligten ist deutlich gestiegen.			
Der Erfahrungsaustausch der Projektleiter, Teilprojektleiter und Projektmitarbeiter funktioniert.			
Die Entscheidungsprozesse laufen schneller.			
Die Auftraggeber nehmen ihre Aufgabe besser wahr.			
Die Projektmanagement-Kultur entwickelt sich positiv.			

Jedes einzelne Thema muss im Verlauf des Einführungsprozesses weiter konkretisiert werden. Bei einigen Punkten ist es recht einfach. So wird man bei der laufenden Übersicht über die Keyplayer schnell Einigkeit darüber erreichen, was benötigt wird. Andere Erfolgskriterien dagegen sind nur sehr schwer zu fassen. Was ist gemeint mit dem Kriterium: „Die Professionalität der Projektbeteiligten ist deutlich gestiegen"? Es ist ein weiches Erfolgskriterium; also darauf verzichten? Keineswegs, nicht alle Kriterien lassen sich quantifizieren, dafür ist das Geschehen im Unternehmen viel zu lebendig.

Wer muss wie und wann informiert werden?

Glaubwürdige Information ist entscheidend

Wollen Sie Probleme und Widerstände im Einführungsprozess produzieren, so gibt es ein probates Mittel: Informieren Sie möglichst wenig, häufig zu spät oder so ungenau, dass sich jeder seinen eigenen Reim darauf machen kann – und vor allem, informieren Sie widersprüchlich. Montags geht es in die eine Richtung und freitags in die andere. Wenn Sie es noch verstärken wollen, dann verkaufen Sie nur die Vorteile der Veränderung und verschweigen die Nachteile, die Gerüchte werden es Ihnen danken. Information und Kommunikation bilden das zentrale Nervensystem jeder Organisation, Störungen wirken sich in der Regel unmittelbar aus, sie blockieren den Kopf und das Herz. Informationsprobleme lassen sich nicht völlig vermeiden, dafür hängen Informationen zu sehr von der persönlichen Einstellung, den eigenen Wertvorstellungen und emotionalen Faktoren ab. Aber viele Probleme sind durch ein klares Informationskonzept mit glaubwürdiger

Information vermeidbar. Der Volksmund sagt: „Nun bin ich auch nicht schlauer als vorher." Schaffen Sie Transparenz, informieren Sie so, dass die Menschen schlauer sind als vorher.

Worauf achten?

Überlegen Sie bei allen Maßnahmen, welche Informationsnotwendigkeiten und -bedürfnisse bestehen, beides ist wichtig. Was müssen andere bei den Einführungsschritten aus Ihrer Sicht wissen? Welche Erwartungen und Bedürfnisse haben die Beteiligten, was möchten sie wissen? Haben Sie keine Organisationseinheit und keine Personen vergessen? Die Stakeholder-Analyse kann dabei helfen. Entwickeln Sie außerdem ein Informationskonzept für die einzelnen Veränderungsschritte.

Informationskonzept entwickeln

Was soll inhaltlich mitgeteilt werden?	**Inhalte**
Warum soll informiert werden?	**Hintergrund**
Wer soll informiert werden?	**Zielgruppe**
Wann soll informiert werden?	**Zeitpunkt**
Wie soll informiert werden?	**Methode**
Wer soll informieren?	**Rollenverteilung**
Woran können Sie erkennen, ob die Information angekommen ist?	**Feedback**

Bei der Entwicklung des Informationskonzepts ist ein Check-up über den Informations- und Akzeptanzgrad der geplanten Veränderung hilfreich. Dadurch können Sie sowohl die Inhalte als auch die Art und Weise der Information situationsgerechter ausarbeiten. Je stärker mit Skepsis und Widerständen zu rechnen ist, desto mehr Augenmerk sollte auf den Informations- und Akzeptanzgrad gerichtet werden.

Informations- und Akzeptanzgrad einschätzen

	Information		Akzeptanz	
Veränderung	bekannt	unbekannt	akzeptiert	nicht akzeptiert
Ziele und Hintergründe				
Einzelne Maßnahmen				
Vorgehensweise				
Zeitrahmen				
Organisatorische Rahmenbedingungen				
Qualifikations- anforderungen				
Abhängigkeiten, Verknüpfungen zu anderen Maßnahmen				

Abb. 46: Check-up zum Informations- und Akzeptanzgrad (vgl. Hansel/Lomnitz: Projektleiter-Praxis, S. 132, Springer-Verlag, Berlin, Heidelberg, New York, 1999)

Worauf ist bei der Planung zu achten?
Wie können Fehlentwicklungen erkannt werden?

Sie finden in diesem Abschnitt nichts über Phasenmodelle oder Planungsmethoden des Projektmanagements, sondern wichtige Aspekte der Planung von Veränderungsprozessen werden kurz dargestellt.

Worauf achten?

▽ **Die langfristigen Ziele, die Vision, nie aus den Augen verlieren und gleichzeitig „Quick Wins" erreichen.**

Die langfristigen Ziele sind in den kritischen Erfolgsfaktoren formuliert, an denen die Arbeit des Multiprojektmanagers nach sechs, zwölf und 24 Monaten bewertet wird. Es gibt eine Reihe von Möglichkeiten, Quick Wins zu erreichen: Statusberichte optimieren, Unterstützung bei der Planung von Kick-off-Meetings, mit den Projektleitern die Abhängigkeiten zwischen den Projekten analysieren oder eine Keyplayer-Analyse durchführen. Schnelle Erfolge erhöhen die Akzeptanz des Einführungsprozesses. Man merkt, dass pragmatisch gearbeitet wird. Wenn der Multiprojektmanager erst einmal den Ruf des reinen Theoretikers weg hat, ist es für ihn schwierig, die Akzeptanz der Projektleiter und der Führungskräfte zu gewinnen. Damit spreche ich nicht gegen die Bedeutung der Theorie für den Multiprojektmanager, die er unbedingt benötigt, um Komplexität besser zu verstehen und Maßnahmen zu strukturieren. Gerade für die Beeinflussung der Projektelandschaft als komplexes System sind Kenntnisse über Systemtheorie, Organisationsdynamik, Strategie, Projektmanagement und Veränderungsprozesse notwendig.

▽ **Veränderung muss „verdaubar" sein.**

　•　*Den Zeitfaktor ernst nehmen*

　　„Nun sagen Sie mir mal, wann ich das noch machen soll?" Diese Frage oder diesen Hilferuf kennt wohl jeder. Die enorme zeitliche Belastung durch Projektarbeit und durch das Tagesgeschäft sollte der Multiprojektmanager ernst nehmen und in seiner Planung berücksichtigen. Eine Voraussetzung für die Beteiligung an Veränderungsprozessen ist die zur Verfügung stehende Zeit. Und in manchen Fällen entbehrt die Aussage „Wenn es Ihnen wichtig ist mitzuarbeiten, dann nehmen Sie sich die Zeit" nicht einer gewissen Zynik, wenn der Release-Wechsel oder die Produkteinführung vor einem Messetermin sehr harte Zeitgrenzen bedeuten.

　•　*Veränderungsprozesse sind Lernprozesse*

　　Bei den zahlreichen Veränderungen ist in vielen Unternehmen für die Betroffenen nicht mehr erkennbar, wie viele Maßnahmen gleichzeitig durchgeführt werden, geschweige denn, welche organisatorischen und qualifikatorischen Konsequenzen damit verbunden sind. Darin liegt eine Ursache für das Scheitern von Veränderungen. Neue Anforderungen werden gestellt, inhaltlich-fachlicher und emotionaler Art. Der neu gestaltete Produktentwicklungsprozess, der in seiner Ausrichtung und in den einzelnen Schritten erheblich vom alten abweicht, muss verstanden und von den Projektbeteiligten erst einmal erprobt werden, wobei der Zeit- und Kostendruck als feste Konstante bleibt. Das Multiprojektmanagement verlangt vom Projektleiter in regelmäßigen Abständen qualifizierte Statusberichte. Reviews werden nun auch noch durchgeführt. Die Projektleiter betrachten das nicht nur als aufwändigen, bürokratischen Akt, sondern vor allem als eine Einmischung in die inneren Angelegenheiten der Projekte. Auch diese Veränderung will gelernt sein – und sie braucht mehr Zeit als das Verstehen eines neuen Tools.

▼ **Regelmäßige Standortbestimmung und Kursanpassungen vornehmen.**
Multiprojektmanagement richtig einzuführen, ist keine kurzfristige Angelegenheit. Die Zeitspanne reicht aus meiner Erfahrung von sechs Monaten bis zu drei Jahren, wobei ich kontinuierliche Arbeit voraussetze. Die unterschiedliche Dauer hängt von verschiedenen Faktoren ab, sie wird beeinflusst von

- der Unternehmensgröße,
- der Komplexität der Projekte,
- den Kundenerwartungen, dem Kundendruck,
- der bereits bestehenden infrastrukturellen Basis für Projektarbeit,
- der Qualifikation der Projektleiter.

Der Einführungsprozess wird in einzelne Schritte und Maßnahmen aufgeteilt, die wie kleinere Projekte durchgeführt werden können. Allerdings sollten Sie nicht den Versuch starten, den gesamten Veränderungsprozess in einer detaillierten Planung mit festen Meilensteinen und Aufgabenpaketen zu planen. Überstrukturierung ist schädlich, denn die fachlichen, personellen, organisatorischen und politischen Rahmenbedingungen können sich während des Einführungsprozesses erheblich verändern. Arbeiten Sie mit einer flexiblen, rollierenden Planung. Führen Sie regelmäßig mit der Unternehmensleitung, den Projektleitern und den anderen Kollegen des MpM-Netzwerks eine Standortbestimmung durch, auf deren Grundlage die nächsten Schritte gemeinsam geplant werden können. Hierzu einige Fragen:

- Was haben wir bisher erreicht?
- Was konnte von den geplanten Maßnahmen noch nicht umgesetzt werden?
  - Wo liegen die Ursachen?
  - Wie soll mit den Abweichungen umgegangen werden?
  - Welche Konsequenzen ergeben sich daraus?
- Wie ist der Einführungsprozess bisher insgesamt gelaufen?
  - Wo sind unsere Stärken?
  - Wo gibt es Probleme?

- – Welche Erkenntnisse und Konsequenzen ergeben sich daraus für das weitere Vorgehen?
- – Wer muss was unternehmen, um die Einführung zu fördern?

Fehlentwicklungen kündigen sich in den meisten Fällen an. Es ist wie beim Segeln: Stürme kommen so gut wie nie aus heiterem Himmel. Das Problem mancher Segler liegt darin, dass sie die Indikatoren nicht wahr- oder nicht ernst nehmen. Wenn man immer nur in eine Richtung schaut, bekommt man nicht mit, wenn das Unwetter aus einer anderen kommt. Der Multiprojektmanager braucht Sensibilität für Kursabweichungen im Veränderungsprozess.

Fehlentwicklungen im Einführungsprozess sensibel aufnehmen

▽ Zwischentermine werden nicht eingehalten.
▽ Prioritäten werden verschoben.
▽ Mitarbeiter haben keine Zeit.
▽ Nachlassendes Interesse des Auftraggebers. Notwendige Entscheidungen werden nicht getroffen, politische Einflüsse nehmen zu, ohne Absprache mit dem Multiprojektmanager wird auf den Einführungsprozess Einfluss genommen.
▽ Widerstände gegen MpM werden stärker.
▽ Zwischenergebnisse werden in destruktiver Weise infrage gestellt, ständige Änderungswünsche, wobei die Gründe unklar sind.
▽ Fehlende Motivation in einzelnen Arbeitsgruppen.
▽ Schlechte Ergebnisse werden nicht angesprochen.
▽ Kritik, Nörgeleien und Spott nehmen zu.
▽ Man sucht Fehler und nicht Lösungen.
▽ Keine gemeinsame Zielorientierung mehr.
▽ Übertriebener Perfektionismus, man sichert sich ab.
▽ Einschränkung von Informationsbereitschaft.
▽ Negative Aussagen über MpM, Gerüchte kursieren, schlechte Erfahrungen aus alten Veränderungsprojekten tauchen wieder auf.

Reflektieren Sie auch Ihre persönliche Situation, häufig bieten die eigenen Irritationen und Zweifel die Chance, Fehlentwicklungen frühzeitig wahrzunehmen.

▽ Meine Zweifel am Erfolg des Multiprojektmanagements sind gestiegen.
▽ Zu Beginn des Einführungsprozesses fühlte ich mich sicherer.
▽ Ich weiß nicht, ob meine Qualifikation wirklich ausreicht.
▽ Mein Interesse an dieser Aufgabe ist gesunken.

Was können Sie mit diesen Informationen anfangen?

▽ Nehmen Sie Fehlentwicklung sensibel auf, aber reagieren Sie nicht übersensibel, Gelassenheit gehört dazu.
▽ Probleme mit Entscheidungsvorlagen klar kommunizieren.
▽ Das Umfeld des Einführungsprozesses stets beachten.
▽ Den Auftraggeber in die Verantwortung nehmen.
▽ Das eigene Rollenverhalten reflektieren.

Was tun, wenn Widerstände auftreten?

Analysieren Sie die Ursachen für Widerstände

Nicht jeder im Unternehmen ist mit der Einführung von Multiprojektmanagement einverstanden:

▽ Einige Projektleiter sehen darin eine Einengung, andere einen Schritt in völlig überflüssige Bürokratie: „Stärkere Budgetkontrolle zwingt uns zu mehr Planungsarbeiten, die in der Praxis häufig nur einen kurzfristigen Bestand haben."„Wahre Innovation basiert auf spontanen Ideen und diese lassen sich bekanntlich nicht planen."
▽ Bereichsleiter sind dagegen, weil sie die Eigenständigkeit des Bereichs befürchten. Man sieht darin eine neue Form des Zentralismus, der vor einigen Jahren erst abgeschafft wurde. Außerdem gibt es schon viel zu viele Projekte und diese Entwicklung braucht durch die Einführung von MpM nicht noch verstärkt zu werden.
▽ Projektleiter kritisieren die Geheimniskrämerei, mit der die Einführung betrieben wird, sie fühlen sich nicht genug einbezogen.
▽ Auf starke Kritik stößt der Ansatz, eine Stelle Multiprojektmanagement für alle Projekte einzuführen, weil es keinen Sinn macht, R&D-Projekte und IT-Projekte von einer Stelle planen und steuern zu lassen. Ein ähnliches Projekt gab es vor vier Jahren schon einmal. Damals wurde viel Geld für Berater ausgegeben, schöne Konzepte produziert – und herausgekommen ist gar nichts.
▽ Die Mitarbeiter des Controllings sind mit der Entscheidung, Multiprojektmanagement einzuführen, prinzipiell einverstanden. Doch die Entscheidung der Unternehmensleitung, daraus eine eigene Organisationseinheit zu machen, halten sie für völlig verkehrt, sie sehen darin eine ursächliche Aufgabe des Controllings.

Die Beispiele zeigen unterschiedliche Ursachen für Widerstände:

▽ *Widerstand richtet sich gegen die Auswirkungen der Veränderung.*
Man sieht in der Entscheidung eines konzernweiten MpM die Gefahr, dass die notwendige Flexibilität der Projektkoordination in den Projekten gefährdet wird. Man macht sich Sorgen um die Entwicklung des Unternehmens und es wäre töricht, diese Bedenken als Killerphrasen in die Schublade der Querulanten zu legen.

▽ *Widerstand entsteht durch die Art und Weise des Vorgehens.*
Die Projektleiter fühlen sich übergangen, denn sie werden weder richtig informiert noch ernsthaft beteiligt. Schlechte Information, fehlende Beteiligung und zu späte Qualifikationsmaßnahmen sind Kernursachen für Widerstände.

▽ *Widerstand beruht auf negativen Erfahrungen.*
Der Einführungsprozess ist schon einmal gescheitert und nun versucht man den gleichen Ansatz noch einmal.

▽ *Widerstand ist persönlichkeitsbedingt zu erklären.*
Sie werden nicht jeden von der Notwendigkeit und den Vorteilen einer gründlichen Planung überzeugen können. Auch mit der verletzten Eitelkeit des Leiters Controlling werden Sie leben müssen. Persönlichkeitsbedingte Erklärungen werden aus meiner Erfahrung schnell als Erklärung für Widerstände benutzt. Sicher entstehen Widerstände auch dadurch, aber persönliche Motive sind nur eine Ursache für Widerstände.

▽ *Der Widerstand richtet sich eigentlich nicht gegen die Einführung von Multiprojektmanagement, sondern dieses Thema dient als Blitzableiter.*
Viele Mitarbeiter des Unternehmens – vom Sachbearbeiter bis zum Bereichsleiter – kritisieren den neuen Managementstil: „Zu viele Konzepte und Workshops, überflüssige Aktionen wie 360-Grad-Beurteilung, Balanced Scorecard, CRM." Die Ablehnung hat offenbar eine größere Dimension.

Widerstände sind kein lästiges Übel, sondern ein notwendiger Bestandteil von Veränderungsprozessen

Widerstände sind prinzipiell weder gut noch schlecht, sie stören nicht per se den Einführungsprozess. Im Gegenteil, sie bieten große Chancen, den Veränderungsprozess besser zu gestalten. Praxisgerechte Lösungen werden oft erst dadurch erreicht, indem betroffene Mitarbeiter mit dem ursprünglichen Lösungsvorschlag nicht einverstanden sind und Alternativen erarbeitet werden. Es ist deshalb falsch und für das Unternehmen gefährlich, Widerstände gegen Veränderungen grundsätzlich negativ zu bewerten. Diese Sätze sind einfach zu verstehen, doch die

Umsetzung ist für viele, die den Veränderungsprozess vorantreiben wollen, nicht ganz so einfach. Widerstände sind lästig, sie kosten Zeit, die Kollegen arbeiten nicht richtig mit, Zusagen werden gemacht und nicht eingehalten, eine Mischung aus Resignation und Nörgelei lähmt Sitzungen – und ständig diese Einwände.

Wäre es nicht viel einfacher, der Multiprojektmanager würde mithilfe seines Auftraggebers die Widerstände einfach brechen? Diese Frage ist fiktiv, weil Widerstände sich nicht brechen lassen. Aktive Widerstände können durch massive Repression gebrochen werden, doch passive Widerstände nie. Engagement, Prozessdenken, Informationsbereitschaft oder das Entwickeln neuer Ideen kann man nicht erzwingen. Allein unter diesem Aspekt – lassen wir den ethischen einmal außen vor – ist der Multiprojektmanager darauf angewiesen, sich mit Widerständen auseinander zu setzen. Das bedeutet vor allem, die Widerstände von Menschen aufnehmen und ernst nehmen.

Leitaspekte zum Umgang mit Widerstand

▽ *Bewerten Sie Widerstände nicht voreilig und einseitig negativ.*
Welche Chancen bieten die Einwände und die kritischen Fragen?
▽ *Arbeiten Sie nicht gegen, sondern mit dem Widerstand.*
Sehen und hören Sie die Botschaften der Mitarbeiter, die in Einwänden und Fragen enthalten sind. Gehen Sie auf die negativen Erfahrungen ein und diskutieren Sie, welche Konsequenzen sich daraus für den Einführungsprozess ergeben.
▽ *Proaktiv ist besser als reaktiv.*
Viele Widerstände entstehen, weil die Auswirkungen der Veränderungen für die Betroffenen zu Beginn des Einführungsprozesses nicht bzw. nicht umfassend genug analysiert worden sind. Was bedeutet die Veränderung für die Betroffenen? Welche Vor- und Nachteile sind damit verbunden? Welche Bedenken und Erwartungen könnten entstehen? Ist die Ausgangslage der Veränderung analysiert, können entsprechende Maßnahmen durchgeführt werden?
▽ *Durch Information und Kommunikation wird Akzeptanz erst möglich.*
Mitarbeiter von der Notwendigkeit der Veränderung überzeugen. Vorteile und Nachteile der Veränderung kommunizieren.
▽ *Erfassen Sie die Beteiligungswünsche und setzen Sie diese so weit es geht um.*
Eine echte Beteiligung erreichen Sie durch die Transparenz des Handlungsspielraums, vermeiden Sie Double Binds.
▽ *Entwickeln Sie frühzeitig ein Qualifizierungskonzept.*
Dies geschieht gemeinsam mit den Beteiligten und der Personalentwicklung.

▼ *Soziale Folgekosten sind Veränderungskosten.*
Akzeptanzprobleme beeinflussen negativ die Motivation und die Innovationsbereitschaft der Mitarbeiter mit erheblichen Auswirkungen für die Projektarbeit. Der Auftraggeber kann durch seinen Einsatz und seine Glaubwürdigkeit einen wichtigen Beitrag zum Abbau von Widerständen leisten, denn viele Projektleiter und Projektmitarbeiter schauen genau hin, inwieweit die Unternehmensleitung die Gedanken des Multiprojektmanagements selbst lebt.

▼ *Um mit Widerständen richtig umzugehen, brauchen Sie Toleranz und Gelassenheit.*
Mancher Widerstand baut sich dadurch ab, indem die Betroffenen die Vorteile des neuen Systems durch neue Erfahrungen kennen lernen. Zu viel Überzeugungsarbeit kann ins Gegenteil umschlagen. Es nutzt ja auch nichts, den guten Geschmack einer Birne ständig anzupreisen – wenn man wissen will, wie sie schmeckt, muss man sie essen.

Veränderungsprozesse sind Austauschprozesse

Veränderungsprozesse können als Austauschprozesse begriffen werden: Menschen müssen etwas aufgeben und bekommen etwas dafür. Es gibt drei Möglichkeiten:

1. Der neue Zustand ist aus Sicht der Betroffenen besser als der alte.
2. Der neue Zustand ist aus Sicht der Betroffenen relativ gleich.
3. Der neue Zustand ist aus Sicht der Betroffenen schlechter als der alte.

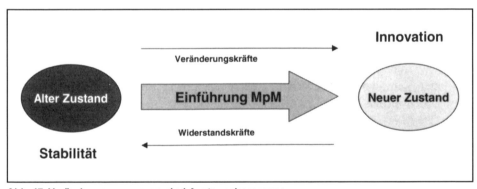

Abb. 47: Veränderungsprozesse sind Austauschprozesse

Um die Auswirkungen des Veränderungsprozesses „Einführung MpM" einschätzen zu können, müssen drei Fragen beantwortet werden:

▼ Was verändert sich?
▼ Wer ist betroffen?
▼ Wie wird die Veränderung von den Betroffenen bewertet?

Im folgenden Beispiel geht es um die Auswirkungen für Projektleiter aus dem Bereich ORG/IT. Im Rahmen der Einführung von MpM schätzt eine kleine Arbeitsgruppe unter Leitung des Multiprojektmanagers die Veränderung für die Projektleiter ein:

Änderungen	Die ressortübergreifende Einführung von MpM hat für die ORG/IT-Projektleiter folgende Auswirkungen:				
	sehr stark	stark	schwach	keine	Begründung der Einschätzung
Arbeitsinhalte		x			Arbeitsinhalte ändern sich, weil Abhängigkeiten zwischen Projekten stärker beachtet werden müssen.
Arbeitsbelastung		x			Prüfung der Abhängigkeiten erfordert Zeit.
Qualifikation		x			PL müssen lernen, die Projekte in der Komplexität zu verstehen und zu präsentieren.
Gewohnheiten	x				Projekte müssen besser geplant werden; Reporting zwingt zur gründlichen Analyse.
Verhalten		x			Projektleiter müssen ihre Projekte im Portfolio-Board präsentieren und ihre Probleme offen kommunizieren.
Arbeitsbeziehungen zwischen Projekten	x				Die Arbeitsbeziehungen zwischen den Unternehmensbereichen sind in dieser Form neu; stärkere Vernetzung.
Soziale Beziehungen zwischen den PL		x			Durch Einführung von PL-Erfahrungsaustauschgruppen entstehen mehr Kommunikationsmöglichkeiten.
Informationsaustausch		x			Wird stärker.

Führungs-verantwortung der PL		x		PL müssen dafür sorgen, dass sich die TPL stärker ihrer Ver-netzungsfunktion bewusst werden.
Eigenkontrolle der Projekte durch die PL		x		Eigenkontrolle wird zunehmen, um Fehlentwicklungen besser zu erkennen.
Fremdkontrolle der PL	x			Fremdkontrolle nimmt deutlich zu durch Status-reports und durch mögliche Reviews.
Gehalt			x	Zum gegenwärtigen Zeitpunkt keine Änderung geplant.
Status, Prestige			x		Durch die Einführung von MpM wird das Projektmanagement insgesamt aufgewertet.
Machtzuwachs			x	
Machtverlust		x		Einige Projektleiter verlieren einen Teil ihrer Informations-macht.

Wie kann MpM weiterentwickelt werden?

Um Multiprojektmanagement erfolgreich zu praktizieren, müssen die Ziele, die Methoden sowie das Zusammenspiel aller Beteiligten immer wieder auf den Prüfstand gestellt werden. Der Multiprojektmanager wird als Planer, Koordinator und Wächter der Projektelandschaft von Linienvorgesetzten und Projektleitern kritisch beäugt. Inwieweit arbeitet er selbst effizient und koordiniert seine Aufgaben richtig? Ein regelmäßiger Check-up über den Zustand des Multiprojektmanagements gehört zu seinen Aufgaben.

Wissen Sie, wie es um das Multiprojektmanagement in Ihrem Unternehmen steht? Die folgenden Fragen können Ihnen helfen, Antworten zu finden. Der erfahrene Multiprojektmanager kann vielleicht das eine oder andere Fragezeichen entdecken. Dem Anfänger bietet die Checkliste die Möglichkeit, die Optimierung Schritt für Schritt zu erreichen.

Multiprojektmanagement-Check-up

Fragen	Bewertung			
Ziele und Aufgaben	ja	überwie-gend	wenig	nein
Ist allen Beteiligten klar, was MpM im Unternehmen bedeutet?				
Sind die Ziele der Unternehmenslei-tung bezüglich MpM bekannt?				
Sind die Ziele geeignet, um die Pro-jektelandschaft erfolgreich zu planen und zu steuern?				
Gibt es kritische (quantitative und qualitative) Erfolgsfaktoren für das MpM?				
Sind die kritischen Erfolgsfaktoren richtig und klar formuliert?				
Ist die Reichweite des MpM definiert?				
Hat das MpM die notwendige themati-sche Verbindung zur Unternehmens-strategie?				
Sind die gegenseitigen Erwartungen zwischen Unternehmensentwicklung und MpM klar kommuniziert?				
Gibt es geeignete Projektklassifizie-rungen?				
Rollen im MpM richtig/klar/akzeptiert				
Ist MpM organisatorisch richtig ange-bunden?				
Unterstützt die Unternehmensleitung den Multiprojektmanager wirklich?				
Sind die Aufgaben zwischen dem Multiprojektmanagement und den Projektleitern richtig verteilt?				
Ist die Rollenverteilung zwischen dem Multiprojektmanager und den einzel-nen Projektleitern klar?				

Ist die Rollenverteilung zwischen dem Multiprojektmanager und den Projektleitern akzeptiert?				
Sind die Aufgaben zwischen dem MpM und den anderen Querschnittfunktionen richtig verteilt?				
Ist die Rollenverteilung zwischen dem Multiprojektmanagement und den anderen Querschnittfunktionen klar?				
Ist die Rollenverteilung zwischen dem Multiprojektmanager und den anderen Querschnittfunktionen akzeptiert?				
Ist die Rollenverteilung zwischen dem Multiprojektmanager und dem Projektportfolio-Board klar?				
Hat der Multiprojektmanager genügend Gestaltungsmöglichkeiten?				
Laufen die Entscheidungsprozesse schnell genug?				
Planung und Steuerung				
Werden die Projektaufträge mit MpM abgestimmt?				
Werden Planungsverfahren eingehalten?				
Ist MpM im Priorisierungsprozess der Projekte genügend eingebunden?				
Werden die fachlichen Abhängigkeiten zwischen den Projekten analysiert?				
Werden die fachlichen Abhängigkeiten zwischen den einzelnen Projekten erfolgreich gesteuert?				
Werden personelle Abhängigkeiten zwischen Projekten richtig gesteuert?				
Werden die Externen richtig koordiniert?				
Werden die einzelnen Projekte richtig geplant?				
Hat MpM eine aktuelle Übersicht über die Projektbudgets?				

Werden technische Ressourcen wie Rechnerzeiten den einzelnen Projekten richtig zugeordnet, um ein Gesamtoptimum zu erreichen?				
Hat MpM eine aktuelle Übersicht über die technischen Ressourcen?				
Hat MpM die Aufgabe, Riskmanagement aufzubauen?				
Werden die Abweichungen aller Projekte erfasst und die Auswirkungen im Portfolio geprüft?				
Werden Keyplayer erfasst?				
Tools				
Werden PM-Tools benutzt?				
Wird ein einheitliches PM-Tool benutzt?				
Ist das Tool geeignet, Multiprojektmanagement zu unterstützen?				
Liegen Standards für die Nutzung der Tools vor?				
Werden die Tools akzeptiert?				
Lernprozesse/Qualifikation				
Gibt es institutionalisierte Lernprozesse im Projektmanagement?				
Werden Projekte systematisch ausgewertet?				
Stimmt die Zusammenarbeit mit dem Qualitätsmanagement?				
Sind die Projektleiter gut qualifiziert?				
Gehört zur Qualifikation der Projektleiter, Teilprojektleiter und Projektmitarbeiter neben der fachlichen und der methodischen auch die soziale Qualifikation?				
Gibt es Coaching-Angebote für Projektleiter/Teilprojektleiter?				

Gibt es Coaching-Angebote für Projektteams?				
Gibt es Erfahrungsaustauschgruppen für Projektleiter?				
Leistungsangebot intern				
Ist das Leistungsangebot des MpM gut ausgearbeitet?				
Werden Leistungen von den Kunden nachgefragt?				
Werden Leistungen verrechnet?				
Fehlen Leistungsangebote?				
Leistungsangebot extern				
Sollen Leistungen des MpM extern angeboten werden?				
Ist das Leistungsangebot des MpM für externe Kunden richtig ausgearbeitet?				
Gibt es qualifizierte Kooperationspartner?				
Image				
Besitzt MpM im Unternehmen hohes Ansehen?				
Sind die Stärken bekannt?				
Sind die Schwächen bekannt?				

Eine empirische Analyse bietet eine qualifizierte Basis zur Optimierung des Multiprojektmanagements

Manche Unternehmen haben sich entschieden, jedes Jahr oder alle zwei Jahre eine fundierte empirische Analyse auf Grundlage einer Befragung durchzuführen. Die Auswertung erfolgt mithilfe des Programmsystems SPSS *(Statistical Package for the Social Sciences)*. Auf diese Weise können qualifizierte Aussagen über den aktuellen Zustand des Projektmanagements und über seine Entwicklung getroffen werden. Die aussagekräftigen Grafiken und Tabellen bieten eine gute Grundlage, um Verbesserungsmöglichkeiten zu erkennen.

Der Fragebogen, der immer den Bedürfnissen des Unternehmens und der Situation des MpM angepasst werden muss, sowie die Auswertungen, die hier in

Auszügen wiedergegeben werden, sollen einen Einblick in diese Methode vermitteln.

In wie vielen Projekten haben Sie in den letzten drei Jahren mitgearbeitet?		
⇨ als <u>Projektleiter</u>	*Anzahl:* ___	
⇨ als <u>Projektmitarbeiter</u>	*Anzahl:* ___	
⇨ andere Aufgabe	*Anzahl:* ___	
• Werden die Projektziele mit dem Auftraggeber (Vorstand, Bereichsleitung) vor Projektbeginn klar abgestimmt?	1	*Ja, immer*
	2	*Ja, meistens*
	3	*Nein, eher selten*
	4	*Nein, nie*
• Die Entscheidungen werden vom Auftraggeber rasch getroffen.	1	*Ja, immer*
	2	*Ja, meistens*
	3	*Nein, eher selten*
	4	*Nein, nie*
• Die Projektleiter und Projektteams erhalten genügend Unterstützung vom Auftraggeber.	1	*Ja, immer*
	2	*Ja, meistens*
	3	*Nein, eher selten*
	4	*Nein, nie*
Wenn <u>nein</u>, was vermissen Sie?		
⇨		
⇨		
• Das Projektportfolio-Board nimmt seine Rolle insgesamt	1	*gut wahr*
	2	*zu wenig wahr*
Bitte begründen Sie Ihre Meinung:		
⇨		
⇨		
⇨		
• Die Rolle des Multiprojektmanagements ist mir klar.	1	*Ja, völlig klar*
	2	*Einige Fragen habe ich noch*
	3	*Unklar*

Bitte begründen Sie Ihre Meinung:			
⇨			
⇨			
• Die Unterstützung durch MpM	1	*finde ich sehr nützlich*	
	2	*finde ich nützlich*	
	3	*hilft mir weniger*	
• Über die im Unternehmen laufenden Projekte bin ich	1	*sehr gut informiert*	
	2	*gut informiert*	
	3	*einigermaßen informiert*	
	4	*unzureichend informiert*	
Falls Ihre Antwort <u>*negativ*</u> *ausfällt, welche Informationen vermissen Sie konkret?*			
⇨			
⇨			
• Ändern sich Projektzielsetzungen während des Projektverlaufs häufig?	1	*Ja, häufig*	
	2	*Eher selten*	
Wenn die Änderungen <u>*häufig*</u> *sind, erläutern Sie bitte, warum:*			
⇨			
⇨			

Die folgenden Grafiken bieten einen ersten Überblick über die absoluten oder relativen Häufigkeiten.

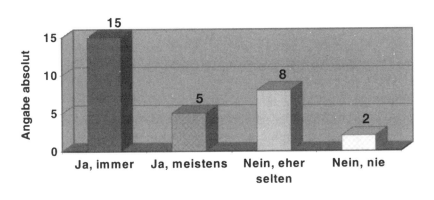

Abb. 48: Absolute Häufigkeiten

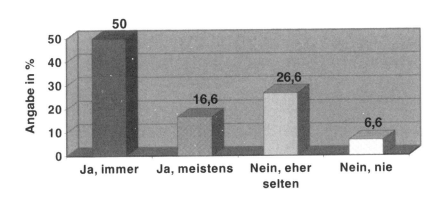

Abb. 49: Relative Häufigkeiten

Spezifische Informationen erhält man durch die SPSS-Tabellen. Hierin werden alle Fragen mit unterschiedlichen Spaltenvariablen in absoluten und relativen Häufigkeiten ausgewertet. Je nach Fragestellung lässt sich als Spaltenkopf neben den klassischen soziodemographischen Merkmalen wie Geschlecht (männlich/weiblich) oder Alter (in vier bis fünf Klassen) jede gewünschte Variable einsetzen, die eine sinnvolle und interessante Unterscheidung verspricht. So könnte es interessant sein, wie die Bewertung der Fragen von Projektleitern im Vergleich zu den Projektmitarbeitern aussieht.

Die Leistungspalette weiterentwickeln

Der Multiprojektmanager bietet Dienstleistungen für Projektleiter, Teilprojektleiter, Projektteams und das Management an. Seine Akzeptanz wird steigen, wenn er sein Angebot kontinuierlich mit hoher Qualität zum Nutzen seiner Kunden weiterentwickelt. An der MpM-Leistungspalette können Sie sich orientieren.

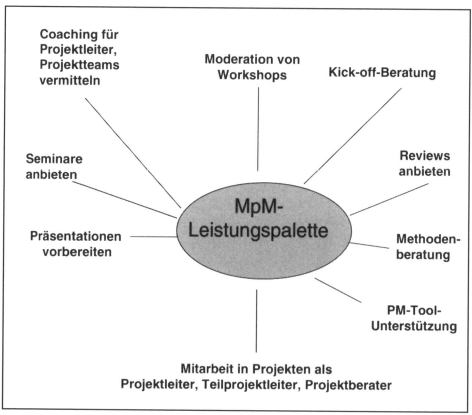

Abb. 50: MpM-Leistungspalette

Empfehlungen

▽ MpM verändert das politische Gleichgewicht im Unternehmen. Erfolgreiches Multiprojektmanagement ist nur möglich, wenn die Funktion Multiprojektmanagement im Unternehmen und die Rolle des Multiprojektmanagers akzeptiert werden. Der Multiprojektmanager ist auf offene Kommunikation und intensive Zusammenarbeit angewiesen.

▽ Grundlegende Fragen müssen zu Beginn des Einführungsprozesses geklärt werden:

  • Will die Unternehmensleitung wirklich wissen, wie es um die Projekte im Einzelnen und um die gesamte Projektelandschaft steht?

  • Sind die Entscheidungsträger wirklich bereit, aus diesen Informationen Konsequenzen zu ziehen?

  • Stimmen die Ziele, die Rahmenbedingungen und die daraus folgenden Maßnahmen der Veränderung?

  • Wie muss der Veränderungsprozess gestaltet werden, um eine möglichst hohe Akzeptanz zu erreichen?

▽ Vergewissern Sie sich, dass die Unternehmensleitung die Einführung unterstützt, auch dadurch entsteht die notwendige Ausgangsenergie für die Veränderung.

  • Bezieht der Auftraggeber bei offenen Fragen und unklaren Entscheidungssituationen klar genug Position?

  • Haben die Mitglieder der Unternehmensleitung das notwendige Verständnis für Multiprojektmanagement? Die Road Map bildet eine gute Grundlage für Multiprojektmanagement, denn die Projektbeteiligten müssen sich mit den Prozessen und Rollen auseinander setzen.

▽ Der Multiprojektmanager ist Netzwerker. Er muss mit vielen Menschen und Organisationseinheiten aus den Projekten und aus der Linie zusammenarbeiten. Das Netzwerk des MpM beginnt im Einführungsprozess durch frühzeitige Einbindung der beteiligten Stellen und Personen zu wachsen.

▽ Analysieren Sie die Situation des Projektmanagements als Ausgangsbasis für Ihre Zielklärung: Wie liefen die Projekte bisher ab?

▽ Klären Sie auf dieser Grundlage die Ziele des Einführungsprozesses. Formulieren Sie die Erfolgsfaktoren, die Einführung von MpM muss sich qualitativ und quantitativ bewerten lassen.

▽ Achten Sie bei der Planung des Einführungsprozesses auf folgende Punkte:

  • Die Vision nicht aus den Augen verlieren und gleichzeitig „Quick Wins" erreichen.

  • Veränderungen müssen „verdaubar" sein, zu viele Veränderungen auf einmal führen selten zum gewünschten Erfolg.

- Regelmäßige Standortbestimmung und Kursanpassungen vornehmen, Fehlentwicklungen im Einführungsprozess sensibel aufnehmen.
- Widerstände sind kein lästiges Übel, sondern ein notwendiger Bestandteil von Veränderungsprozessen.
  - Analysieren Sie die Ursachen für Widerstände.
  - Arbeiten Sie nicht gegen, sondern mit dem Widerstand. Sehen und hören Sie die Botschaften, die in Einwänden enthalten sind.
  - Proaktiv ist besser als reaktiv: Was bedeutet die Veränderung für die Betroffenen? Welche Bedenken könnten entstehen?
- Nur durch offene Information und Kommunikation ist Akzeptanz möglich.
  - Vorteile und Nachteile der Veränderung herausstellen.
  - Erstellen Sie ein Informationskonzept.
  - Analysieren Sie den Informations- und Akzeptanzgrad.
- Erfassen Sie die Beteiligungswünsche und setzen Sie diese so weit es geht um. Um echte Beteiligung zu erreichen, muss der Handlungsspielraum definiert sein.
- Entwickeln Sie gemeinsam mit den Beteiligten und der Personalentwicklung frühzeitig ein Qualifikationskonzept.
- Durch klare Positionierung gewinnen Sie die notwendige Akzeptanz, zu viel Zurückhaltung oder Taktieren schadet der Akzeptanz des Multiprojektmanagers.
- Um Multiprojektmanagement erfolgreich zu praktizieren, müssen die Ziele, die Methoden sowie das Zusammenspiel aller Beteiligten immer wieder kritisch geprüft werden. Eine empirische Analyse in sinnvollen Intervallen bietet eine qualifizierte Basis zur Optimierung des Multiprojektmanagements.
- Der Multiprojektmanager kann Dienstleistungen für Projektleiter, Teilprojektleiter, Projektteams und das Management anbieten. Seine Akzeptanz wird steigen, wenn er sein Angebot kontinuierlich mit hoher Qualität zum Nutzen seiner Kunden weiterentwickelt.

Kapitel 6

Multiprojektmanagement in der Pharma-Entwicklung Boehringer Ingelheim Pharma GmbH & Co KG, Biberach

Dr. Peter Bette, Abteilungsleiter Projektmanagement F&E

Ziel des Beitrags

In diesem Beitrag wird das Multiprojektmanagement (MpM) in der Entwicklung von Arzneimitteln bei Boehringer Ingelheim dargestellt. Genauer gesagt, es geht um das Multiprojektmanagement für die Planung und Steuerung der chemisch-pharmazeutischen und pharmakologisch-toxischen Aspekte von Arzneimittelentwicklungsprojekten. Die Projektsteuerung in den Forschungsphasen vor der Entwicklung und nach Markteinführung sowie die Steuerung der klinischen Prüfungen werden in diesem Beitrag nicht behandelt. Das Multiprojektmanagement wird aus der Sicht des Abteilungsleiters Projektmanagement in der Forschung und Entwicklung (F&E) beschrieben. Der Autor ist als Mitglied des F&E-Managements verantwortlich für das Multiprojektmanagement.

Um unseren Multiprojektmanagement-Ansatz besser verstehen zu können, werden einleitend sowohl der Forschungs- und Entwicklungsprozess von Arzneimitteln als auch Charakteristika der Entwicklungsprojekte von Arzneimitteln erläutert.

Arzneimittel-Entwicklungsprojekte im Pharma-Bereich bei Boehringer Ingelheim

Boehringer Ingelheim ist ein weltweit tätiger, unabhängiger Unternehmensverband, der sich die Erforschung, Produktion und Vermarktung von Medikamenten in der Human- und Tiermedizin zur Aufgabe gestellt hat. Seit mehr als 100 Jahren ist es ein erklärtes Ziel des Familienunternehmens, seine Selbstständigkeit durch kontinuierliches Wachstum zu sichern.

Boehringer Ingelheim gehört zu den 20 international führenden Pharmaunternehmen. In weltweit 152 Tochtergesellschaften in 45 Ländern arbeiten mehr als

34.000 Mitarbeiter. Seit der Gründung im Jahre 1885 kann Boehringer Ingelheim auf eine lange Geschichte von erfolgreichen pharmazeutischen Innovationen und deren Markteinführungen zurückblicken. Zu den bekanntesten Markteinführungen der letzten Jahre gehören SPIRIVA® zur Behandlung von Atemwegserkrankungen, VIRAMUNE® zur AIDS-Therapie, MOBEC® zur Behandlung der rheumatoiden Arthritis, MICARDIS® zur Therapie des Bluthochdrucks und ALNA® zur Behandlung von gutartigen Prostataerkrankungen. Die Vielfalt der Entwicklungsprojekte wird aus dieser Aufzählung deutlich.

Biberach ist das europäische Entwicklungszentrum für alle Arzneimittel gegen Erkrankungen des Zentralnervensystems, des Stoffwechsels, der Atemwege, des Herzkreislaufsystems, des Urogenitaltraktes und gegen Krebserkrankungen. Die F&E-Projektleiter aus der Abteilung Projektmanagement F&E steuern alle nicht-klinischen Entwicklungs- und Produktionsaktivitäten in den Projekten vom Ende der Forschungsphase bis zur Einführung des fertigen Produktes. Die Entwicklungsaktivitäten in dieser Phase der Gesamtproduktentwicklung beinhalten eine Vielzahl von biologischen und chemisch-pharmazeutischen Aktivitäten.

Von der Unternehmenszentrale in Ingelheim aus werden die globalen Marketing-, Vertriebs-, Zulassungs- und Entwicklungsaktivitäten gesteuert.

Der Forschungs- und Entwicklungsprozess von Arzneimitteln

Die Komplexität und den Stellenwert des Multiprojektmanagements im Rahmen der Forschungs- und Entwicklungsprojekte kann man nur verstehen, wenn man den Forschungs- und Entwicklungsprozess kennt.

Der gesamte Forschungs- und Entwicklungsprozess von Arzneimitteln von der Findung und Optimierung der molekularen Leitstruktur über die präklinische und klinische Entwicklung bis zur Zulassung und Markteinführung erstreckt sich bei Pharmaprojekten häufig über einen Zeitraum von zehn bis zwölf Jahren. Davon nimmt die präklinische und klinische Entwicklung normalerweise sieben Jahre in Anspruch. Zweimal wechseln in diesem Zeitraum die Projektleitungen und die Projektteams.

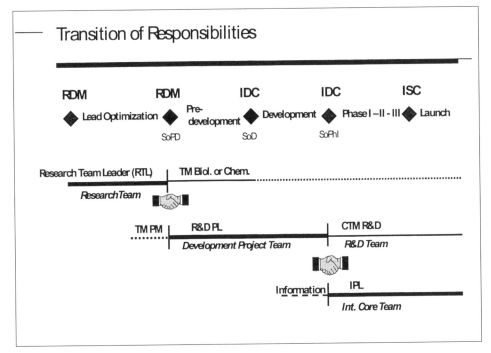

CTM R&D = Core Team Member R&D
IDC =International Development Committee
IPL =International Project Leader
ISC =International Steering Committee
PM =Project Management
R&D PL = R&D Project Leader

RDM =Research & Development Meeting
SoPD =Start of Pre-development
SoD = Start of Development
SoPhI = Start of Phase I
TM = Team Member

Abb. 1: Übergabe der Projektverantwortung im Rahmen des gesamten Forschungs- und Entwicklungsprozesses von Arzneimitteln

Kurze Erläuterung des gesamten Entwicklungsprozesses

▼ Während der Forschungsphase sucht man Moleküle (sog. Leitstrukturen), die spezifische Wechselwirkungen mit Molekülen im Organismus haben, die für eine bestimmte Erkrankung bedeutsam erscheinen. Die verschiedenen Leitstruktur-Optimierungsprogramme werden von einem Forschungsteamleiter – normalerweise derjenige Chemiker oder Biologe, der die Idee hatte – gesteuert. In der Endphase der Leitstrukturoptimierung wird der designierte F&E-Projektleiter Mitglied des Forschungsteams, um sich mit seinem zukünftigen Projekt vertraut zu machen. Wenn ein optimierter Entwicklungskandidat für ein neues Produkt nach Ansicht des Forschungsteams hinreichend profiliert ist, schlägt der Forschungsteamleiter die Substanz zur Aufnahme in das Entwicklungsportfolio vor. Der designierte F&E-Projektleiter berät ihn in der Erstellung der Dokumentation und stellt sicher, dass alle relevanten Entscheidungskriterien adressiert werden. Das Steuerungskomitee entscheidet über die Aufnahme ins Entwicklungsportfolio. Im positiven Fall wird das Forschungsteam anschließend aufgelöst.

▽ Mit Entscheidung zur Aufnahme der präklinischen Entwicklung übernimmt nun der F&E-Projektleiter die Verantwortung und die Zusammensetzung des Teams ändert sich erheblich. Das Entwicklungsteam plant ab diesem Zeitpunkt die zulassungsrelevante Untersuchung und erarbeitet das strategische Zielprofil des neuen Wirkstoffs. Hier beginnt das F&E-Projekt. Durch die Entscheidung des Steuerungskomitees ist das Projekt in das Entwicklungsportfolio aufgenommen worden und wird somit Bestandteil des Multiprojektmanagements, das in diesem Beitrag dargestellt wird.

Das F&E-Team ist wegen der vielen zu beteiligenden Disziplinen sehr interdisziplinär mit Vertretern aus folgenden Bereichen zusammengesetzt:

Organisationseinheit	Aufgabe
Chemische Forschung	entdeckt und optimiert den biologisch aktiven Wirkstoff
Chemische Entwicklung	erarbeitet sichere, robuste und preiswerte Syntheseprozesse
Verfahrensentwicklung	vergrößert die Syntheseprozesse in den Produktionsmaßstab
Pharmazeutische Forschung und Entwicklung	erarbeitet Darreichungsformen und Herstellprozesse
Pharmazeutische Produktion	überführt die Herstellprozesse in den Produktionsmaßstab und versorgt die Märkte nach Zulassung des Produktes
F&E-Analytik	entwickelt Analysemethoden zur Untersuchung der Reinheit und Stabilität des Wirkstoffs und der Darreichungsformen
Qualitätskontrolle	überführt die Analysemethoden in Routinetests in der Produktion
Qualitätssicherung	entwirft Systeme zur Qualitätssicherung und monitort die Sicherstellung der Korrektheit der chemisch-pharmazeutischen und biologischen Daten
Pharmakologie	untersucht die biologischen Wirkungen des Wirkstoffs auf den Organismus
Arzneimittelmetabolismus & Pharmakokinetik	untersucht die Reaktion des Organismus auf den Wirkstoff bezüglich Aufnahme von Applikationsort, Verteilung, Abbau im Organismus und Ausscheidung

Toxikologie	untersucht die Wirkung des Wirkstoffs in hohen Dosen über lange Zeiträume (mehrere Monate) auf den Organismus
Patente	sichern die Eigentumsrechte der Firma an neuen Wirkstoffen, neuen Anwendungen oder neuen Herstellprozessen

Mit dem Start des F&E-Projekts werden zulassungsrelevante und durch internationale Richtlinien definierte Untersuchungen durchgeführt. Diese werden wie in anderen Projekten in klar strukturierten Projektplänen in ihrer zeitlichen Abhängigkeit erfasst. Die Projektpläne werden vom Projektleiter mit dem Team erarbeitet und vom Project Office gepflegt. Der F&E-Projektleiter verfolgt die inhaltlichen und zeitlichen Abläufe im Projekt und gibt Änderungen an das Project Office weiter.

Das Entwicklungsteam erarbeitet während der präklinischen Entwicklung

- das Zielprofil des neuen Wirkstoffs, also die geplanten klinischen Indikationen,
- den Entscheidungsbaum der wichtigsten Untersuchungen und ihre möglichen „Go/No Go"-Entscheidungsszenarien,
- die Analyse der Mitbewerber,
- die aus all dem resultierende ökonomische Einschätzung des Produktwertes nach Markteinführung.

Die klinische Entwicklung mit ihren verschiedenen Phasen

- klinische Phase I (Erstanwendung am Menschen),
- klinische Phase II (erste klinische Prüfung der Wirksamkeit),
- klinische Phase III (Beleg der Wirksamkeit unter marktähnlichen Bedingungen an einer großen Zahl von Patienten)

mündet in die Zusammenstellung und Einreichung der Zulassungsdokumente.

Mit Beginn der klinischen Entwicklung übergibt der F&E-Projektleiter die Gesamtverantwortung an einen Internationalen Projektleiter, der – zusammen mit einem Kernteam („Core Team"), bestehend aus je einem Vertreter für Medizin, Marketing, Zulassung, Produktion und F&E = (der vorherige Projektleiter) – die weitere strategische und operative Ausrichtung plant und bis drei Jahre nach Einführung in die großen Märkte steuert. Jedes Core Team Mitglied leitet ein eigenes Team. Der F&E-Projektleiter wird zum Core Team Member F&E und leitet das F&E-Produktionsteam. Er repräsentiert die F&E-Produktionsdisziplinen im Core Team. Auf den Prozess der klinischen Entwicklung soll hier nicht weiter eingegangen werden, weil die klinische Entwicklung nicht Bestandteil des Multiprojektmanagements in F&E ist.

Charakteristika der Arzneimittelentwicklungsprojekte

Eine Hauptaufgabe eines forschenden Pharma-Arzneimittelherstellers sind F&E-Projekte in der Arzneimittelentwicklung. Ein F&E-Projekt in der Arzneimittelentwicklung hat das Ziel, aus chemisch oder biotechnisch definierten Wirkstoffen Medikamente gegen bestimmte Erkrankungen in verschiedenen Darreichungsformen zu entwickeln. Häufig gewählte Verabreichungswege und Darreichungsformen sind:

Verabreichungswege Darreichungsformen	Produktform
oral	Tabletten, Kapseln mit rascher oder verzögerter Wirkstofffreisetzung, Trinklösungen
parenteral	intravenöse Infusionslösungen
inhalative	Aerosole, Inhalationslösungen

Was sich hier so einfach liest, ist in der Praxis mit einem sehr hohen personellen, zeitlichen und finanziellen Aufwand verbunden. Neben der Entwicklung des Medikamentes selbst ist auch mit der Entwicklung der Darreichungsformen ein hohes Maß an Komplexität verbunden. Die Wahl der biologisch besten Darreichungsform hat massive Auswirkungen auf Investitionen in Produktionsanlagen und beeinflusst damit die Entwicklungszeiten.

Arzneimittel-Entwicklungsprojekte sind durch ihre lange Dauer gekennzeichnet. Die gesetzlich vorgeschriebenen mehrjährigen Untersuchungen zur Unbedenklichkeit und Stabilität und die – insbesondere bei chronischer Erkrankung – langwierigen klinischen Prüfungen erfordern Entwicklungsprozesse, deren Zeitspanne üblicherweise zwischen sechs und zehn Jahren liegt, in manchen Fällen noch darüber. Am Ende des Entwicklungsprozesses steht eine umfangreichen Dokumentation mit folgenden Kernpunkten:
- Wirksamkeit des Arzneimittels,
- Unbedenklichkeit des Arzneimittels sowie
- Qualität des Arzneimittels.

Diese Dokumentation ist notwendig zur Einreichung bei den Zulassungsbehörden und im Falle der Genehmigung für die Zulassung des neuen Medikaments.

Neben Produktneuentwicklungen werden bereits zugelassene Wirkstoffe auch in weiteren Darreichungsformen (z. B. Tabletten mit verzögerter Wirkstofffreisetzung) oder zur Therapie weiterer Erkrankungen entwickelt. Auch diese Projekte sind Bestandteil des Projektportfolios.

Die hohe „Verlustrate" von Projekten ist ein weiteres Merkmal für die Arzneimittelentwicklung:

▼ Weniger als jedes zehnte Projekt, das aus der Forschung in die Entwicklung kommt, erreicht die Markteinführung (8 % Wahrscheinlichkeit der Zulassung).

▼ Selbst von den Projekten, für die die klinische Wirksamkeit in Phase II-Studien bewiesen werden konnte, wird nur jedes zweite (55 %) zugelassen.

▼ Darüber hinaus wird nur jedes zehnte Produkt, das die Zulassung erhält, kommerziell ein „Blockbuster" und kann durch seinen Erfolg die Forschung und Entwicklung neuer Wirkstoffe finanzieren.

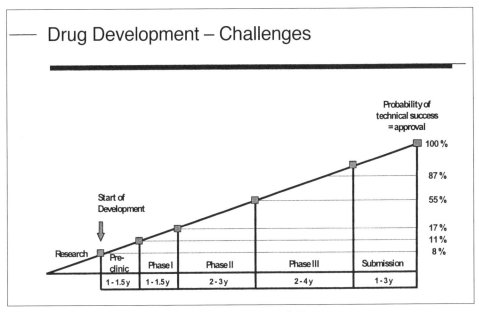

Abb. 2: Erfolgswahrscheinlichkeit in der Arzneimittelentwicklung

MpM bei Boehringer Ingelheim

Kernziele des MpM bei Boehringer Ingelheim

Die Entwicklungsorganisation der BI Pharma Deutschland entwickelt kontinuierlich eine Vielzahl von Projekten in unterschiedlichen Phasen der Arzneimittelentwicklung in den sechs Therapiegebieten:

▼ Erkrankungen des Zentralnervensystems

▼ Erkrankungen des Stoffwechsels

▼ Erkrankungen der Atemwege

▼ Erkrankungen des Herzkreislaufsystems

▼ Erkrankungen des Urogenitaltrakts
▼ Krebserkrankungen

Um dies komplexe Portfoliostruktur zu planen und zu steuern, ist ein gut funktio-nierendes, reaktionsfähiges Multiprojektmanagement zwingend erforderlich. Die Kernziele des MpM bei Boehringer Ingelheim Pharma Deutschland werden an dieser Stelle zusammengefasst und später genauer erläutert.

Planung der Projektlandschaft

▼ Regulation des Zuflusses: Aufnahme von Entwicklungskandidaten aus der Forschung in das Projektportfolio
▼ Regulation des Abflusses: Einstellung von Projekten oder Einführung von Produkten in den Markt
▼ Zuordnung von Prioritäten im Portfolio

Steuerung der Projektlandschaft

▼ Kontinuierliche Erfassung und transparente Darstellung der Situation der einzelnen Projekte im Portfolio vor den verschiedenen Steuerungskomitees
▼ Auswirkungen auf die Projektlandschaft analysieren und Defizite identifi-zieren

Optimierung der Infrastruktur für professionelles Projektmanagement

▼ Definition der Prozesse und der Standards für Reporting
  • Definition der Projektmanagement-Tools
  • Vorgabe von Kooperations- und Kommunikationsprinzipien
  • Ausbildung der Projektleiter
▼ Steuerung eines Pools von erfahrenen Projektleitern
  Diese Aufgabe wird als Linienaufgabe durchgeführt.
▼ Projektplanpflege durch ein Project Office

Die Kernziele werden im Zusammenspiel zwischen den verschiedenen Steue-rungskomitees und den Projektteams realisiert. Unterschiedliche Steuerungsko-mitees sind erforderlich, um die Projekte in den einzelnen Phasen unter verschie-denen Gesichtspunkten (z. B. Medizin, Forschung, Entwicklung, Produktion, Ver-marktung) und mit unterschiedlichem Detaillierungsgrad zu erörtern. Die Steue-rungskomitees sind hierarchisch unterschiedlich besetzt. Je weitreichender und

kostenintensiver eine Entscheidung ist, umso hochrangiger besetzt ist das Steuerungskomitee.

Rollen im Multiprojektmanagement

Die F&E-Projektleiter sind in der Abteilung Projektmanagement F&E am Standort in Biberach organisatorisch angesiedelt. Der Abteilungsleiter ist Mitglied der
verschiedenen deutschen F&E-Steuerungskomitees. In seiner Person vereinigen
sich zwei Rollen: Er ist einerseits der Multiprojektmanager für die F&E-Projekte
und andererseits leitet er den Pool der F&E-Projektleiter. In dieser Funktion hat
er Linienverantwortung für die Projektleiter. Diese Doppelrolle wird hier als
„AL/MpM" bezeichnet.

In einer Matrixstruktur, die in der pharmazeutischen Industrie weit verbreite-
tet ist, werden die Verantwortlichkeiten zwischen dem Projektteam und der Linie
ausbalanciert. Das Projektteam entscheidet die inhaltliche und zeitliche Steuerung des Projekts und die Linie die fachlichen, personellen und budgetären
Aspekte der durchzuführenden Untersuchungen.

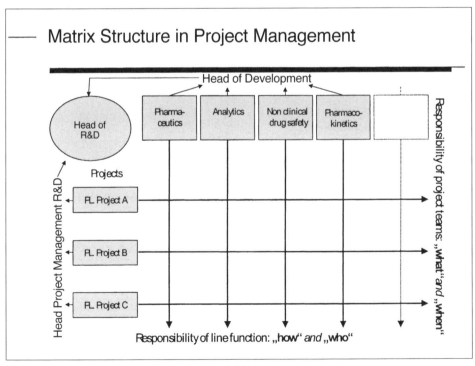

Abb. 3: Matrixstruktur in der Arzneimittelentwicklung

Jede Fachabteilung delegiert einen Wissenschaftler in das Projektteam. Unabhängig von ihrer hierarchischen Funktion vertreten die Team Members ihre Abteilung in allen fachlichen und organisatorischen Aspekten. Sie bleiben in die hierarchische Struktur ihrer Abteilung eingebunden und berichten für die projektrelevanten Aspekte an die Projektleitung.

Beim Geschäftsführer F&E („Head of R&D") laufen die funktionalen (Projektteam) und hierarchischen (Fachabteilung) Berichtslinien zusammen. Mögliche Konflikte, in der Regel Ressourcen- und Prioritätenkonflikte zwischen den Projekten, werden auf der Ebene des Steuerungskomitees unter dem Vorsitz des F&E-Leiters geklärt.

Die organisatorische Zusammenführung aller F&E-Projektleiter in einer Stabsabteilung mit direkter Berichtslinie zum Geschäftsführer F&E belegt, dass das Multiprojektmanagement die volle Unterstützung der Geschäftsleitung hat und Projektmanagement als Führungsform (Projektleiter gleichrangig mit Gruppenleitern), Organisationsform (Projektmanagement-Abteilung = Pool von Projektleitern) und Arbeitsform (Matrixstruktur) bei Boehringer Ingelheim wirklich etabliert ist.

Aufgaben des AL/MpM im Einzelnen

Planung und Steuerung der Projektlandschaft

Jedes Projekt muss vom Projektleiter in zwei- bis dreimonatigen Abständen vor F&E-relevanten Steuerungskomitees vorgestellt werden, um
▽ den Status zu referieren,
▽ Risiken zu identifizieren,
▽ Entscheidungen zu Prioritätenfragen zu klären,
▽ Budget und personelle Ressourcen zu erhalten.

Als Mitglied der F&E-Steuerungskomitees ist der AL/MpM am Auswahlprozess von neuen und laufenden Projekten intensiv beteiligt. Die Steuerungskomitees besprechen die einzelnen Projekte des Portfolios und korrigieren gegebenenfalls die Prioritäten nach folgenden Kriterien:
▽ Erfolgswahrscheinlichkeit
▽ Innovationsgrad
▽ erwarteter kommerzieller Wert

Dabei geht es auch um das Ausloten von Spannungsfeldern. So hat z. B. ein Nachfolgemolekül für einen bereits weit entwickelten Vorläufer einerseits eine höhere Erfolgswahrscheinlichkeit, andererseits jedoch einen niedrigeren Innovationsgrad und als Nachahmerprodukt möglicherweise einen geringeren Marktanteil.

Budgetaspekte sind für nicht-klinische Untersuchungen primär kein Prioritätskriterium. Eine Prioritätensetzung in den F&E-Projekten mit dem Fokus möglichst geringes Budget würde Projekte mit geringem Entwicklungsaufwand, niedrigerem Innovationsgrad und damit auch oft geringerem kommerziellem Wert bevorzugen. Ziel muss ein bezüglich der drei genannten Kriterien ausgewogenes Portfolio sein.

Die Steuerungsgremien werden vom AL/MpM bei ihrer strategischen Planung durch Portfolioübersichten und Analysen der Veränderungen im Portfolio unterstützt. Eine Kernvoraussetzung ist, dass der AL/MpM über den Stand der Projekte informiert ist. Durch regelmäßige Diskussion mit den ihm unterstellten Projektleitern analysiert der AL/MpM die inhaltlichen und zeitlichen Risiken und leistet damit einen Beitrag zum Risikomanagement.

Die Einhaltung inhaltlicher und zeitlicher Vorgaben und das Herbeiführen von Entscheidungen liegen in der Verantwortung des Projektleiters. Da die Verantwortung für Ressourcen und Budgets in den Fachabteilungen liegt, müssen sie die Entscheidungen der Steuerungskomitees zu Budget und Ressourcenthemen umsetzen.

Die F&E-Projektleiter haben i. d. R. keine Budgetverantwortung. Dafür gibt es mehrere Gründe:
▽ Dies entspricht der konsequenten Umsetzung der Matrixstruktur.
▽ Aufgrund des hohen Anteils von projektunabhängigen Fixkosten (Personal, Infrastruktur etc.) und der häufigen Änderungen im Projektportfolio ist eine Budgetplanung der Abteilungen auf Projektbasis wenig zielführend. Trotzdem stellen F&E-Projektleiter unerwartete und außergewöhnliche Kosten in Steuerungskomitees zur Diskussion.
▽ Ein weiteres Argument gegen eine Budgetplanung in F&E auf Projektbasis ist die geringe Auswirkung von Kostenveränderungen im nicht-klinischen F&E-Bereich auf den Net Present Value.

Bewertungskriterien für die Projekt

Anhand von definierten Entscheidungskriterien,
▽ medizinischer Nutzen,
▽ biologische und chemisch-pharmazeutische Eigenschaften,
▽ Konkurrenzumfeld,
▽ ökonomisches Potenzial,
▽ technische Machbarkeit,
▽ und andere,

werden die Projekte auf der Grundlage an definierten Entscheidungspunkten (z. B. Aufnahme der Entwicklung, Erstanwendung am Menschen [Phase I], erste Untersuchungen an Patienten [Phase II], Beginn klinischer Studien an vielen Patienten [Phase III]) bewertet und wenn möglich in die nächste Phase transferiert.

Der AL/MpM drängt als Multiprojektmanager auf die Einhaltung und Beachtung der Kriterien und überprüft in Diskussionen mit den F&E-Projektleitern die Validität der Bewertung.

Optimierung und Erhaltung der Infrastruktur für professionelles Projektmanagement

Der Leiter der Abteilung Projektmanagement F&E kann in idealer Weise die Infrastruktur für professionelles Projektmanagement etablieren und die Einhaltung von Standards, Regeln und Instrumenten durchsetzen.

Zu den Infrastrukturelementen, die in einer elektronischen „Toolbox" allen F&E-Projektleitern zugänglich sind, gehören:

▽ Richtlinien („Guidelines") für die Projekt-Evaluierungen
▽ Guidelines für die Entwicklungsprozesse
▽ Guidelines für die Erstellung von Zielprofilen
   Das Zielprofil beschreibt die erwarteten Eigenschaften des zu entwickelnden Produktes im Markt im Vergleich mit den aktuellen und zukünftig erwarteten bestmöglichen therapeutischen Ansätzen. Dazu gehören höchst relevante Erfolgsfaktoren für das Medikament wie Wirksamkeit, Sicherheit oder Anwenderfreundlichkeit des Medikamentes, um die wichtigsten zu nennen. In drei Szenarien wird der Wert eines Projekts abgeschätzt:
   ○ optimistisches Szenario
   ○ realistisches Szenario
   ○ pessimistisches Szenario
   Das Zielprofil bildet die Grundlage des Entwicklungsplans und wird als strategische Richtschnur von den Steuerungskomitees genutzt.
▽ Guidelines und Regeln für die Erstellung und Verteilung von Sitzungsprotokollen
▽ Formate („Templates") für Projektdokumentationen:
   ○ Struktur von Management Summaries und Zielprofilen
   ○ Projektpläne (inhaltlicher und zeitlicher Aufbau der Projekte)
   ○ Projektarchivierung, Struktur für die Ablage von Projektdokumentationen
   ○ Das Project Office, als Stabsstelle beim AL/MpM organisatorisch aufgehängt, stellt sicher, dass alle Projekte nach einheitlichen Standards in MS Project aufgebaut werden.

Durch diese klare, einheitliche und verbindliche Projektinfrastruktur als Grundlage für das Multiprojektmanagement werden folgende Ziele erreicht:

▽ Alle Mitglieder des Projektteams (Projektleiter, Team Members und Mitarbeiter des Project Office) haben Klarheit über das Planungsverfahren.
▽ Jeweils eine Woche vor den Steuerungskomitees erstellen die Projektleiter auf der Basis der Templates Statusberichte, die den Mitgliedern der Steuerungskomitees ein aktuelles Bild über alle Projekte der Projektlandschaft erlauben:
  ● wichtige Neuigkeiten („important news")
  ● kritische Punkte („critical issues")
  ● wesentliche Arbeiten bis zum nächsten Entscheidungspunkt („key activities to next milestone")

Etablierung und Pflege eines Pools von erfahrenen Projektleitern

Durch die Einbettung aller F&E-Projektleiter in einer Abteilung kann der AL/MpM in seiner Funktion als Linienmanager/Ressourcenmanager eine optimale Versorgung mit qualifizierten F&E-Projektleiter sicherstellen. Damit sind folgende Aufgaben verbunden:

▽ Der AL/MpM stellt F&E-Projektleiter ein und definiert die Eingangsqualifikation wie:
  ein abgeschlossenes Hochschulstudium in Naturwissenschaften oder Medizin mit Promotion, mehrjährige Erfahrung in einer Fachdisziplin der Forschung, der Entwicklung oder der Produktion von Arzneimitteln.
▽ Er wählt die für den F&E-Projektleiter geeigneten Qualifikations- und Fortbildungsmaßnahmen aus.
▽ Er vermittelt in Vorträgen und Seminaren den Nahtstellendisziplinen (Medizin, F&E-Abteilungen, Marketing etc.) die Ideen, Rollen und Prozesse des multidisziplinären Projektmanagements in der Matrixorganisation.
▽ Er lädt interne und externe Referenten zu Fortbildungsveranstaltungen in die Abteilung Projektmanagement F&E ein, um kontinuierlich den Horizont zu erweitern.
▽ Pflege und Ausbau des PM-Netzwerks: Der AL/MpM organisiert und moderiert den Erfahrungsaustausch zwischen den primär „zentrifugal", d. h. zu ihren Teams hin und nicht zur Abteilung hin, orientierten F&E-Projektleitern durch:
  ● wöchentliche Jour-fixe
  ● gemeinsame Projektleiter-Sitzungen
  ● jährliche Projektleiter-Klausuren

Themenschwerpunkte für Klausuren sind beispielsweise die Revision des Jobprofils, Aufgabenzuordnung und Positionierung zu Nahtstellendisziplinen, Erörterung der Auswirkung und Umsetzung neuer externer und interner Guidelines auf die Projektarbeit

* Verknüpfungen von Projektleitern, die mit ähnlichen Herausforderungen konfrontiert sind

▼ Zuordnung von Projekten zu Projektleitern:
Alle Anforderungen für die Nominierung von Projektleitern für neue Projekte gehen beim AL/MpM ein. Dieser setzt unter Gesichtspunkten der Auslastung, fachlicher Expertise und Personalentwicklungsaspekten den geeigneten F&E-Projektleiter ein. Die Projektleiter sollten idealerweise Projekte aus zwei unterschiedlichen Therapiegebieten und/oder aus unterschiedlichen Entwicklungsphasen leiten, um einen möglichst breiten Kenntnisstand über die Arzneimittelentwicklung zu gewinnen.

Die Aufgaben des Project Office und die eingesetzten Tools

Die F&E-Projektleiter sind für die Planung, Steuerung und das Reporting der inhaltlichen und zeitlichen Aspekte ihrer Projekte zuständig. Sie werden dabei vom Project Office als Service-Einheit unterstützt. Das Project Office ist ausgesprochen klein, es besteht nur aus zwei Mitarbeitern für das gesamte Projektportfolio! Die Mitarbeiter des Project Office sind als Projektmanagement- und Planungsspezialisten Mitglieder der Projektteams. Sie sind keinesfalls die Sekretäre der Projektleitung. Da das Project Office als Stabsfunktion dem AL/MpM unterstellt ist, können Qualität und Aktualität der Pläne vom AL/MpM direkt verfolgt und gefordert werden. Die Pläne der einzelnen Projekte werden zentral im Project Office nach einheitlichen Kriterien – inhaltliche und zeitliche Struktur der Pläne – auf der Basis von Plan-Templates nach den Vorgaben der Projektleiter erstellt und aktualisiert. Einträge und Änderungen in „..mpp-files" werden nur vom Project Office nach Maßgabe des Projektleiters vorgenommen. So wird zum einen die Integrität der Masterpläne garantiert, zum anderen können sich die Projektleiter auf die inhaltliche Leitung des Projekts konzentrieren. Ein Multiprojektmanagement-Planungstool wird nicht für erforderlich gehalten, da die personelle Ressourcenplanung in der Fachabteilung erfolgt. Ein Multiprojektmanagement-Softwaretool wurde aus folgenden Gründen als zu umständlich und teuer erachtet und durch Einzelprojektplanung mit MS Project ersetzt:

▼ MpM-Softwaretools machen nur Sinn, wenn man die Planung der Inhalte, Zeiten, Ressourcen und Kosten miteinander verknüpft. Aus den bereits ausgeführten Gründen wird jedoch in der Matrixstruktur bei Boehringer Ingelheim die Planung und Budgetierung von Ressourcen und Kosten in den Fachabteilungen vorgenommen.

▽ Die Lizenzkosten für MS Project liegen bei wenigen Tausend € p. a., während die Lizenzkosten für ein MpM-Softwaretool im sechsstelligen Bereich liegen würden.

▽ Die Kosten für Server und Betreuung für MpM-Softwaretools liegen wesentlich über den Kosten für MS Project.

▽ Angesichts der bereits dargestellten Besonderheiten von Arzneimittelprojekten (hohe Verlustrate, lange Dauer, komplexe Subprojektstrukturen, unerwartete plötzliche Entdeckungen etc.) trägt ein komplexes MpM-Softwaretool nicht mehr zur Entscheidungssicherheit bei als ein einfaches Einzelprojektplanungstool wie MS Project.

Die einheitlichen Standards und festen Regeln spielen jedoch für die Wirksamkeit des Tools bzw. des Outputs eine entscheidende Rolle.

Um dem AL/MpM trotz Einzelprojektplanung eine rasche und effektive Übersicht über den Status des Gesamtportfolios zu ermöglichen, erstellt das Project Office direkt aus den „.mpp files" monatlich eine tabellarische Übersicht mit den Schlüsseldaten aller Projekte:

▽ Freigabe und Beginn der wichtigsten klinischen und präklinischen Studien

▽ Geplante Fertigstellung und Einreichung der Zulassungsdokumentation

▽ Start der wichtigsten Produktionskampagnen

▽ Start des Produktionstransfers für Wirkstoff und Produkt

▽ Geplanter Einführungstermin

Timelines Overview									
Project	SoD	FPI (Phase I)	FPI (Phase II)	FPI (Phase III)	1st Submission CTD	1st GLP tox	1st chronic tox	Manuf. Reg. Batches DS	Manuf. Reg. Batches DP
ProjectA Project B Project C									
Project D Project E Project F									
usw. usw.									

Abb. 4: Struktur „Timelines Overview" (Auszug)

CTD	=	Common technical document	DP	=	Drug Product
DS	=	Drug Substance	FPI	=	First patient in
GLP	=	Good Laboratory Practice	SoD	=	Start of Development

Diese tabellarische Verdichtung von Schlüsseldaten ermöglicht dem AL/MpM eine rasche Übersicht über den aktuellen Stand des Entwicklungsprojekts. Er hat damit das gesamte Projektportfolio auf einer Seite „im Blick".

Das Project Office bezieht seine Informationen durch Teilnahme an Projektteam-Besprechungen, durch E-Mails, Telefonate, Zugang zu Datenbanken etc.

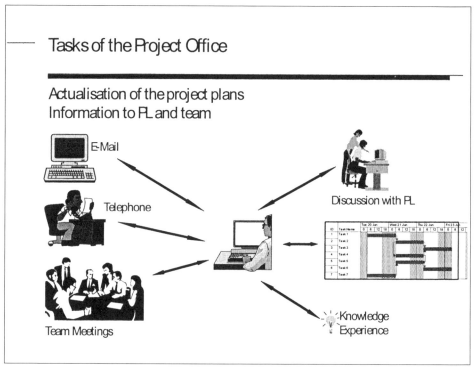

Abb. 5: Aufgaben des Project Office – Planung

Auf Grundlage ihrer jahrelanger Erfahrung können die Mitarbeiter des Projekt Office aussagefähige und logisch vernetzte Pläne erstellen, auf denen einzelne Aktivitäten hinsichtlich ihrer inhaltlichen und zeitlichen Abhängigkeiten abgebildet sind. Da die Mitarbeiter im Project Office seit mehr als zehn Jahren in einer Vielzahl von Therapiegebieten und Projekten mitgearbeitet haben, sind sie auch in der Lage, die von den Teams geschätzte Durchführungszeit der Untersuchungen sowie ihre inhaltliche und zeitliche Abhängigkeit zu hinterfragen. Auf diese Weise leisten sie einen wichtigen Beitrag für Optimierungen.

Die „Tiefe" der Planung ist die einzelne Studie, d. h. die Untersuchung der chemischen, pharmazeutischen und biologischen Eigenschaften der Substanz, die mit einem Untersuchungsbericht abgeschlossen wird. Auf diese Weise entstehen Projektpläne, die zu jedem Zeitpunkt ca. 80 bis 150 einzelne „Arbeitspakete" erfassen. Im Project Office werden diese Masterpläne als „.mpp files" (= Microsoft Project Files) geführt. Je nach Bedarf werden als „Output"

- Gantt Charts in PowerPoint mit Analysen des „kritischen Pfades",
- Tabellen in Word oder Excel o. ä. Formaten,
- Szenarienvergleiche bereitgestellt
  Beispiel: Wie viel Zeit würde man gewinnen, wenn man bei erhöhtem Risiko bestimmte bisher sequenziell angeordneten Untersuchungen parallel durchführen würde?

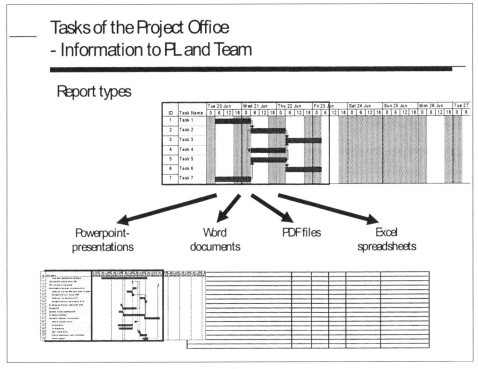

Abb. 6: Aufgaben des Project Office – Information

Erfahrungen

Fünf Jahre nach Gründung der Abteilung F&E-Projektmanagement im Geschäftsführungsbereich F&E der BI Pharma Deutschland lässt sich folgendes Fazit ziehen:

▼ Durch die Zusammenfassung aller Projektleiter in einer Abteilung mit direkter Berichtslinie zum Abteilungsleiter und hierarchischer Positionierung der Projektleiter als Gruppenleiter wurde das Profil der F&E-Projektleiter nach innen und außen geschärft. Damit wurde eine attraktive Karrieremöglichkeit für multidisziplinär interessierte, gut organisierte, durchsetzungsstarke, kommunikative und unternehmerisch denkende Naturwissenschaftler und Mediziner mit Erfahrung in Arzneimittelentwicklung etabliert.

▽ Das Project Office wurde als Stabsabteilung mit direkter Berichtslinie zum Abteilungsleiter etabliert. Ein großes Portfolio wird seither mit minimalem personellem Aufwand (zwei Personen) nach einheitlichen Kriterien mit geringem, aber angemessenem Softwareeinsatz geplant, so dass sich die Projektleiter auf die inhaltlichen Fragen konzentrieren können.

▽ Die Rollen im Matrixsystem wurden klar herausgearbeitet und Konflikte an Nahtstellen aufgrund unklarer Verantwortlichkeiten minimiert.

▽ Der komplexe Prozess der Entwicklung von Arzneimitteln wurde durch Guidelines für einheitliche Vorgehensweisen klarer strukturiert.

▽ Die Qualität der Analyse der Situation der einzelnen Projekte und ihrer Bewertung in den regelmäßigen Project Reviews wurde auf ein einheitlich hohes Niveau gehoben. Damit wurde die Entscheidungssicherheit der Steuerungskomitees bezüglich der Zuordnung von Prioritäten und Ressourcen gesteigert.

▽ Der komplizierte Transfer einer „Idee" aus der Forschungsphase in die Entwicklung wurde stets erfolgreich bewältigt und die neuen Moleküle nach einheitlichen Kriterien bewertet und strategisch positioniert.

▽ Die Kombination der Funktion des Abteilungsleiters als Linienvorgesetzter der Projektleiter und gleichzeitig als Multiprojektmanager hat sich bewährt, da sich die Hauptaufgaben in idcaler Weise ergänzen.

Kapitel 7

Steuerungsrelevantes Portfolio-Management in der Graubündner Kantonalbank

Die Projektportfolio-Manager im Gespräch mit Gero Lomnitz

Ziel des Beitrags

In diesem Beitrag wird das Projektportfolio-Management in der Graubündner Kantonalbank dargestellt. Er basiert auf einem umfangreichen schriftlichen und mündlichen Interview, das Gero Lomnitz mit Bruno Güntlisberger und Herbert Benz von der Graubündner Kantonalbank (GKB) geführt hat. Bruno Güntlisberger führt das Projektportfolio-Management der GKB und ist als Leiter des Projektmanagement-Pools innerhalb der Bank auch verantwortlich für die Projektstandards, Prozesse, Methoden und Hilfsmittel. Herbert Benz ist verantwortlich für das Projekt-Office und das Projektcontrolling im Rahmen des Multiprojektmanagements. Beide haben nicht nur das Material der GKB zur Verfügung gestellt, sondern auch durch ihre aktive Unterstützung den Beitrag erst ermöglicht. Ihnen gilt mein herzlicher Dank.

Die Kernfragen des Interviews

Ausgangspunkt der Zusammenarbeit waren folgende Fragen:

▽ Wie war die Ausgangslage für die Einführung des Multiprojektmanagements?
▽ Welchen Auftrag hat das Projektportfolio-Management in der GKB?
▽ Welche Projektarten und -klassen sind im Portfolio enthalten?
▽ Wie ist das Multiprojektmanagement aufbauorganisatorisch geregelt?
▽ Wie wird die Projektelandschaft geplant und gesteuert?
▽ Welche Bedeutung haben Tools für die Planung und Steuerung des Projektportfolios?
▽ Welche Maßnahmen sind geplant, um das Projektmanagement und das Portfolio-Management in der GKB weiterzuentwickeln?

▽ Was ist wirklich wichtig, um ein effektives und effizientes Portfolio-Management einzuführen?

Die Graubündner Kantonalbank (GKB) in Kürze

Zunächst eine kurze Vorstellung des Unternehmens: Die Graubündner Kantonalbank wurde 1870 gegründet. Das Unternehmen konzentrierte sich anfänglich auf die Ersparnisförderung und Kreditvermittlung im Hypothekarbereich. Heute ist sie eine moderne Universalbank. Die GKB erbringt in der Rechtsform einer selbstständigen Anstalt des kantonalen öffentlichen Rechts als Universalbank die branchenüblichen Dienstleistungen an ihrem Hauptsitz in Chur sowie in neun Regionen und 86 Geschäftsstellen im Kanton Graubünden. Außerdem gibt es noch eine Geschäftsstelle in Lugano. Mit dieser stationären Vertriebsstruktur werden vorwiegend Kundengruppen angesprochen, die einen Bezug zum Kanton Graubünden haben. Die GKB ist an der Privatbank Bellerive AG Zürich beteiligt, die auf das klassische Vermögensverwaltungsgeschäft im Segment der anspruchsvollen internationalen Kundschaft spezialisiert ist. Das Unternehmen pflegt zudem eine enge Kooperation mit den Gemeinschaftswerken des Verbandes der schweizerischen Kantonalbanken. Zu den Kunden zählen sowohl natürliche und juristische Personen als auch Körperschaften, Anstalten und Stiftungen. Zur optimalen Kundenbetreuung werden die Kunden in vier strategische Geschäftsfelder aufgeteilt: Private Banking, Private Banking International, Geschäftskunden und institutionelle Anleger sowie externe Vermögensverwalter: Ende 2003 beschäftigte die GKB 1287 Mitarbeiterinnen und Mitarbeiter bei einer Bevölkerung von 187100 Einwohnern im Kanton Graubünden. Die Bilanzsumme betrug 2003 12416,1 Mio. CHF mit einem Betriebsgewinn von 164,6 (in Mio. CHF).

Seit dem 1. Januar 2003 arbeitet die GKB nach dem Business-Modell einer prozessorientierten Vertriebsbank. Wie die Pfeile in der Abbildung 1 andeuten, zeigt jede Geschäftseinheit und jede Tätigkeit dieser Geschäftseinheit auf die Kundenschnittstelle hin – ein Symbol für die „neue Kundenorientierung" der Gesamtbank. Neben der erhöhten Kundenorientierung ist für die Prozessorganisation typisch, dass Kernaufgaben möglichst nur an einem Ort für die Gesamtbank ausgeübt werden. Wir sehen den Nutzen dieser Organisationsform zum einen in der Einfachheit und Effizienz (Kostenoptimierung) und zum anderen in der Klarheit der „Leistungserbringung aus einem Guss". Auf diese Weise sind wir schneller, günstiger und besser, wir können unsere Kundenorientierung steigern.

Die Optimierung der Wertschöpfung hat also sowohl positive Kosteneffekte als auch eine verbesserte Kundenorientierung zur Folge.

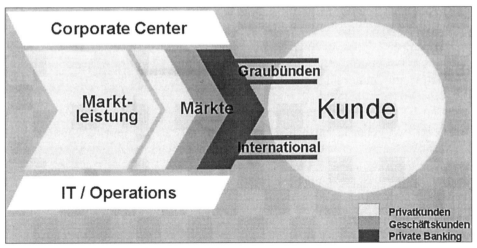

Abb. 1: Prozessorientierung / Kundenausrichtung

Wie war die Ausgangslage für die Einführung des Multiprojektmanagements?

Es gab verschiedene Gründe, die zur Einführung einer durchgängigen Projektmanagement-Methodik führten. Die Ausgangslage für die Entscheidung, eine durchgängige und verbindliche Projektmanagement-Methodik mit der Klammer Projektportfolio einzuführen, war die gleiche wie in vielen anderen Unternehmen:

▼ Mangelndes Controlling und das Fehlen einer einheitlichen Projektmanagement-Methode führten zu dringendem Handlungsbedarf im Projektmanagement.

▼ Es fehlte eine Klassifizierung und Priorisierung der Projekte, was zu ständigen Ressourcenproblemen und Änderungen in den Projekten führte.

▼ Eine Kosten-, Termin-, Leistungskontrolle gab es nicht, Projektcontrolling war angesagt.

▼ Die zielgerichtete Steuerung von IT-Projekten sowie die Messbarkeit des Projektnutzens war nicht gewährleistet.

▼ Ein Phasenmanagement für die Planung und Steuerung der Projekte fehlte.

▼ Die Vorgehensmodelle für die Systemimplementierung waren uneinheitlich.

▼ Die Projektabnahme der Auftraggeber war unvollständig und unterschiedlich.

▼ Es gab keine systematische Auswahl der Projektleiter für die Business-Projekte.

233

- ▽ Änderungen in Projekten waren nicht nachvollziehbar.
- ▽ Eine Beurteilung der Projektrisiken gab es nicht.
- ▽ Die Projektleiter machten zu viele Ausführungsarbeiten, d.h., sie waren viel mehr mit operativer, fachlicher Arbeit beschäftigt und zu wenig mit der Planung und Steuerung ihrer Projekte.
- ▽ Es gab kein durchgängiges Planungstool.

Auf den Punkt gebracht kann man sagen: Methodik, Regeln und Tools waren zum Teil nicht vorhanden, unvollständig und uneinheitlich. Um die Zusammenarbeit zwischen den Fachabteilungen und der IT war es nicht sehr gut bestellt. Die Fachbereiche waren unzufrieden mit den Projektergebnissen und mit den Projektverläufen.

Aus all diesen genannten Gründen hatte die Geschäftsführung eine klare Entscheidung getroffen: Ein einheitliches und verbindliches Projektmanagement-System musste eingeführt werden, um die Probleme zu lösen. Die Geschäftsleitung wollte die Veränderung haben, was sich nicht zuletzt in der organisatorischen Aufhängung des Portfolio-Managements zeigt. Auch ist der Leiter des Portfolio-Managements Mitglied des Strategie-Board der Bank.

Schrittweise Einführung von Multiprojektmanagement und Projektmanagement-Standards

Die Implementierung eines Projektmanagement-Systems erfolgte in zwei Schritten:

- ▽ Als eine der ersten Maßnahmen wurde der Fachausschuss Projekte als Portfoliosteuerungsgremium (FA Projekte) einberufen. Darin sind Business-Vertreter aller Geschäftseinheiten vertreten, um die Interessen der Gesamtbank zu sichern. Das Gremium fällt die Entscheidungen über Projekteingänge, Projektänderungsanträge und Projektausgänge. Zudem ist der FA Projekte für die Priorisierung der Projekte im Portfolio und die Zusicherung der Ressourcen auf Gesamtbankebene zuständig. Das Gremium steuert die Planungsprozesse im Portfolio und überwacht Ressourcenkonflikte. Durch seine Etablierung kam die notwendige ordnungspolitische Komponente frühzeitig in unser Projektmanagement herein.
- ▽ Als zweiter Schritt wurden die Projektmanagement-Standards (wir bezeichnen sie als „PM-Master") mit Definitionen, Regeln, Handbüchern und Templates für die Projektarbeit, inklusive der Schnittstelle zum Multiprojektmanagement, produktiv umgesetzt. Parallel dazu wurden für die Projektarbeit in der Informatik IT-Standards, IT-Prozesse sowie die IT-Strukturen modernisiert, um auf diese Weise effiziente Entwicklungsarbeit und IT-Services für die Bank zu gewährleisten. Der „PM-Master" besteht aus einem

Rahmenwerk und drei spezifischen Bänden. Die Formulare und Templates sind in unserem GKB-Intranet „Diretta" online verfügbar und werden durch die Organisationsabteilung (ORGA) periodisch aktualisiert.
▽ Das Qualitätsmanagement für die Projektarbeit (QMP) wurde zur Ergänzung des PM-Masters eingeführt. Für die Projektphasen „Projektvereinbarung und Projektabschluss" sind obligatorische Audits festgelegt, die von einem definierten QM-Team durchgeführt werden. Die Entscheidungen über Ein- und Ausgänge im Projektportfolio basieren auf den Audit-Empfehlungen und werden durch den FA Projekte getroffen.

Wir sind der festen Überzeugung, dass ein richtig konzipiertes und von allen gelebtes Einzelprojektmanagement die Basis für das Multiprojektmanagement bildet. Dazu gehören nicht nur die Projektmanagement-Prozesse, sondern auch die klare Definition der IT-Prozesse, Es ist wenig Erfolg versprechend, nur die Projektmanagement-Methodik zu beschreiben und das IT-Vorgehensmodell mit all seinen phasenbedingten Detailfragen zu vernachlässigen.

Selbstverständlich müssen das Projektportfolio-Management und das Einzelprojektmanagement eng miteinander verzahnt sein, denn nur dadurch kann die Projektelandschaft wirklich gesteuert werden. Das gilt sowohl für die Planung als auch für das Reporting.

Welchen Auftrag hat das Projektportfolio-Management?

Der Veränderungsdruck auf unsere Bank ist intern wie extern nach wie vor steigend. Sowohl die Anzahl als auch die Komplexität der Vorhaben und Projekte haben zugenommen (unter einem Vorhaben wird in der GKB eine eingereichte Idee für ein zukünftiges Projekt bezeichnet). Wir müssen ständig einen Balanceakt bewältigen: Einerseits sind die für die Umsetzung von Projekten notwendigen personellen und finanziellen Ressourcen stark gestiegen und andererseits sind die für die Entwicklung der Bank zur Verfügung stehenden Ressourcen in Bezug auf Skills und zeitliche Kapazitäten selbstverständlich begrenzt.

Der Bereich Projektportfolio-Management muss primär sicherstellen, dass die in die verschiedenen Initiativen (Vorhaben, Projekte und Change-Requests) investierten Ressourcen die Erreichung der strategischen Unternehmensziele unterstützen. Mit Ressourcen meinen wir sowohl Investitionen als auch der interne Einsatz von Mitarbeitern. Der Bereich Projektportfolio-Management hat deshalb einen Planungs-, Koordinations- und Steuerungsauftrag und bildet mit seinem Instrumentarium eine Scharnierfunktion von der strategischen Planungs- und Steuerungsebene hin zur operativen Umsetzungsebene.

Welche Projektarten und -klassen sind im Portfolio enthalten?

Unser Projektportfolio ist geschäftsbedingt in einem ständigen Fluss. Im Portfolio sind durchschnittlich zwischen 16 bis 20 Projekte enthalten. Im PM-Master ist definiert, ab welcher Größenordnung die Arbeiten als Projekt bezeichnet werden. Kleine Projekte, in der Regel mit einem Gesamtaufwand von weniger als 100 Personentage (gesamt) oder weniger als 50 IT-Tage werden als Change Request (CR) bezeichnet und nicht ins Projektportfolio aufgenommen.

▽ Das Portfolio-Management kümmert sich um Organisationsprojekte, Business-Projekte und IT-Infrastruktur-Projekte, also um solche Projekte, bei denen fast immer ein hoher IT-Anteil (90 %) besteht.
Marketingprojekte oder Liegenschaftsprojekte sind nicht im Projektportfolio enthalten.

▽ Die Projektklassen sind in den PM-Standards (PM-Master) definiert. Wir unterscheiden:
  • strategische Projekte (die von der GL definiert werden)
  • Muss-Projekte (regulatorische externe Zwänge und Richtlinien sowie interne systemtechnische Zwänge)
  • Kann-Projekte (alle anderen Projekte)

Alle strategischen Projekte, Muss- und Kann-Projekte werden im Projektportfolio geführt.

Übersicht aus Jahresbericht (Auszug) Projektportfolio-Statistik 2003:

Projektbestand:

Projektbestand per 31.12.2002	29
Projekteingänge im 2003	13
Projektausgänge im 2003	22
Projektbestand per 31.12.2003	20

(davon 13 Infrastruktur-, 5 Business-, 2 Steuerungsprojekte

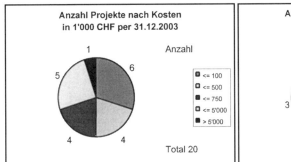
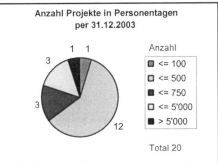

Abb. 2: Prozessorientierung / Kundenausrichtung

Wie ist das Multiprojektmanagement aufbau-organisatorisch geregelt?

Organisation und Instrumente im Multiprojektmanagement

Um die von der Unternehmungsleitung gesetzten Ziele zu erreichen, haben wir unser Portfolio-Management auf folgende organisatorischen Elemente aufgebaut.

▼ *Projektportfolio-Management als Organisationseinheit*

Die Einheit „Projektportfolio-Management" steuert die in der Unternehmensstrategie formulierten strategischen Ziele in ihrer operationalen Umsetzung. Dabei dienen die Planungs-, Priorisierungs-, Controllingprozesse zur Steuerung des Portfolios. Eine wichtige Voraussetzung für das Funktionieren dieser Prozesse ist die Identifikation und Priorisierung der Vorhaben (noch nicht Projekte) und Projekte sowie das Aufzeigen der Projektabhängigkeiten.

Das Portfolio-Management ist im Bereich „Corporate Center Projekt-Projektportfolio-Management" (CCPP) angesiedelt, die per 01.01.2003 organisatorisch zur Geschäftseinheit „Corporate Center" gehört.

▼ *Fachausschuss Projekte (FA Projekte)*

Für das Funktionieren der Projektportfolio-Prozesse ist ein Antrags- und Entscheidungsgremium absolut notwendig. Dieses Gremium muss personell sowohl von der Business-Seite (Fachbereiche) als auch von der Informatik-Seite besetzt sein.

Seine Mitglieder entscheiden im Auftrag der Geschäftsleitung und haben somit die Verantwortung für die Ergebnisse ihrer Priorisierungsentscheidungen – sowohl für die Ressourcen als auch für die Qualität des Projektportfolios. Die einzelnen Aufgaben und Kompetenzen dieses wichtigen

Steuerungsgremiums sind bankweit verbindlich und haben Compliance-Relevanz.

Aufgaben und Kompetenzen des FA Projekte

* Der FA Projekte beantragt im Verlauf des strategischen Planungsprozesses bei der Geschäftsleitung:
  – die Zusammensetzung des Gesamtportfolios Vorhaben und Projekte
  – die Priorisierung des Gesamtprojektportfolios
* Der FA Projekte entscheidet im operativen Umsetzungsprozess während des Jahres über:
  – Freigabe der Projekte im Portfolio
  – Aufnahme von Änderungsanträgen bereits bestehender Projekte bezüglich Scope, Projektdauer, Projektkosten, Projektstruktur
  – Abnahme von Projektabschlussberichten
    (Beim Projektende wird ein Abschlussbericht geschrieben, in dem sowohl der Grad der Zielerreichung als auch die Lessons Learned enthalten sind. Der Projektleiter ist verantwortlich für diesen Bericht.)
  – Prozesse und Standards im Projektmanagement und im Projektportfolio-Management
  – Einsatz von Methoden und Hilfsmitteln im Projektmanagement sowie im Projektportfolio-Management
  – Freigabe von Pauschalbudgets an die Geschäftseinheiten für die Vorabklärungen möglicher Projekte im Rahmen der im Gesamtbudget zur Verfügung gestellten Jahrestranche. Diese wird im Budgetprozess festgelegt.
  – Abnahme der Projekterfolgsberichte
    (In einem Zeitraum von 9 bis 15 Monaten nach Projektende wird überprüft, inwieweit die Ziele des Projekts auf der Grundlage des Business Case wirklich erreicht worden sind. Verantwortlich für den Projekterfolgsbericht ist nicht der Projektleiter, genauer gesagt der ehemalige Projektleiter, sondern der Auftraggeber des Projekts, denn er wollte das Projekt haben. Somit ist er auch verantwortlich für die Realisierung des Business Case.)
* Der FA Projekte initiiert:
  – Projektreviews und Audits im Rahmen des Projektcontrollings
  – den Einsatz von Projektsteuerungsausschüssen (PSA) zur Sicherung des Projekterfolgs
* Der FA Projekte hat ein Vetorecht bei folgenden Punkten:
  – Er genehmigt die Wahl der Projektleiter und hat ein Vetorecht.

– Er genehmigt die Zusammensetzung und den Einsatz von Projektsteuerungsausschüssen (PSA) und hat ein Vetorecht.

Die Abbildung 2 stellt die Prozesse des Projektportfolio-Managements und die
damit verbundenen Aufgaben des FA Projekte dar.

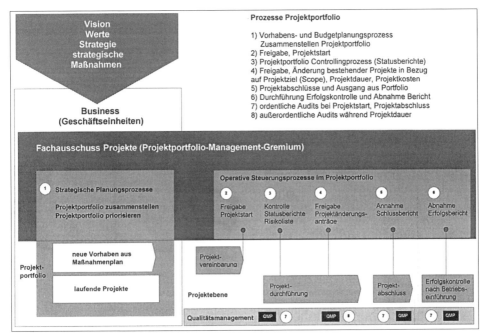

Abb. 3: Der Fachausschuss Projekte

Instrumente im Multiprojektmanagement

▽ **Projektmanagement-Standards**
  Ein wichtiges Grundelement des Projektportfolio-Managements bilden
  unsere Projektmanagement-Standards. Mit diesen Standards wird sichergestellt, dass in der ganzen Bank die gleichen Methoden, Prozesse, Templates,
  Regeln angewendet werden.

▽ **Portfolioprozesse**
  Mit den klar definierten acht Projektportfolioprozessen (siehe Abbildung 2)
  wird das Zusammenspiel der Projektportfoliofunktionen mit den einzelnen
  Projekten und den Projektgremien sichergestellt.

▽ **Projekt-Controlling**
  Projekt-Controlling verstehen wir als Analyse- und zusätzliches Qualitätssiche-
  rungselement. Folgende Fragen müssen jederzeit beantwortet werden können:

- Wie ist das Portfolio zusammengesetzt? (Was ist drin?)
- Welche Bewegungen laufen im Portfolio? (Das Portfolio lebt)
- Wie ist die Qualität des Portfolios?
- Wo besteht Handlungsbedarf für die Steuerung im Portfolio und/oder in den einzelnen Projekten?

Zusammenarbeit und Abgrenzung zu anderen Gremien/Instanzen

Die Aufgabenverteilung und die Zusammenarbeit zwischen dem Fachausschuss Projekte und anderen Stellen in der Bank muss stimmen, um Reibungsverluste oder sich gar widersprechende Entscheidungen zu vermeiden. Für die Entscheidungsprozesse sind vor allem folgende Abgrenzungen wichtig:

▼ *Abgrenzung zu den Aufgaben und den Kompetenzen der Linienorganisation*
Die Führungsentscheidung über die Lancierung eines Vorhabens oder Projekts wird in strategischer und finanzieller Sicht im Rahmen der Kompetenzordnung durch die Linieninstanzen (Business) gefällt. Dies geschieht in der Regel im Rahmen des Strategieplanungsprozesses der Gesamtbank.

▼ *Abgrenzung zur Linienorganisation bei Freigabe der Projektmittel*
Die Freigabe von budgetierten Mitteln (cash out) für die Projektarbeit erfolgt gemäß Kompetenzordnung durch die Fachinstanzen außerhalb des Projekts. Die Projekte müssen die Mittel abholen. Das FA-Projekte-Gremium hat im Gegensatz dazu die Entscheidungshoheit für interne personelle Ressourcen.

▼ *Reporting des Fachausschusses Projekte an Geschäftsleitung als vorgesetzte Stelle*
- Das Projekt-Office rapportiert monatlich mittels Protokoll der Sitzungen des FA Projekte an die Geschäftsleitung.
- Jeden Monat wird durch das Projekt-Office eine Zusammenstellung der Monatsberichte mit Aussagen über Projektfortschritt und aktuelle Risikosituation erstellt.
- Einmal pro Jahr wird ein detaillierter Projektportfolio-Bericht für die Geschäftsleitung und Fachausschuss-Projekte und weitere interessierte Stellen erstellt. Er gibt einen Überblick über das vergangene Jahr, informiert über die Tätigkeiten des Projektportfolio-Managements und gibt einen Ausblick für das kommende Jahr.
- Der Leiter FA Projekte stellt sicher, dass die Geschäftsleitung periodisch über die wichtigsten Projekte und den Stand des Portfolios informiert ist.

▽ *Monatssitzungen mit IT-Projektleitern und IT-Gruppenleitern*

Um die Daten der laufenden Projekte und der geplanten Vorhaben à jour zu halten, findet monatlich ein Meeting zwischen dem Projekt-Office und der IT statt. Dabei wird gemeinsam ein Check-up der Daten vorgenommen, Verschiebungen von Vorhaben und Projekten, Verzögerungen in laufenden Projekten und deren Auswirkungen auf das Portfolio werden besprochen und dokumentiert.

Das Meeting hat im Einzelnen folgende Ziele:

- die Kapazitätsauslastung der IT mit den Anforderungen des Portfolios optimal zu koordinieren
- zu gewährleisten, dass der Fortschritt in den Projekten nicht gebremst wird
- Auswirkungen bei Ausfällen, Verzögerungen, Verschiebungen und Kapazitätsengpässen rechtzeitig zu kommunizieren.

Mit diesen Meetings haben wir eine weitere wichtige Möglichkeit geschaffen, die Schnittstelle zwischen den einzelnen Projekten und der internen IT als Leistungserbringer zum Projektportfolio aktiv zu managen.

Wie wird die Projektelandschaft geplant und gesteuert?

Die Planung des Projektportfolios ist in der GKB Bestandteil des Gesamtbudgetprozesses.

Planungsprozess:

	Aktivität	Was?	Wer? (Verantwortung)
1	**Strategischer Planungsprozess**	Überprüfen, anpassen Strategie und strategische Maßnahmen	GL und Bankrat inkl. Facheinheiten
2	**Finanzplanung**	Finanzplan für die Folgejahre erstellen	Geschäftsleitung mit Controlling

	Aktivität	Was?	Wer? (Verantwortung)
3	Projekte – und Vorhabensbudge-tierung	• Aus Maßnahmen der Geschäftseinheiten Vorhaben definieren. • Laufende Projekte budgetieren. • Ressourcenkapazitäten in FA und IT mit Portfolio abstimmen.	FA Projekte, Projekt-Office, IT-Controller, IT-Accountmanager, Projektleiter, Bereichsleiter
4	Bewilligung Bud-get	Genehmigung des Gesamtbankbudgets und des Projektportfolio-Budgets	Geschäftsleitung und Bankrat
5	Budgetbestäti-gung	Bestätigen der Budgetzahlen an Antragsteller und Projektleiter	FA Projekte, Projekt-Office, IT-Controller

Wer entscheidet über die Prioritäten in der Projektelandschaft?

Der Priorisierungsprozess durchläuft verschiedene Stufen:

▽ Die erste Priorisierung erfolgt durch die Organisationseinheit, die das Vorhaben bzw. das Projekt auf Basis der definierten Kriterien einreicht.

▽ Die Aussagen werden im Rahmen der Konsolidierung von den Mitgliedern des FA Projekte überprüft und notfalls angepasst. Verschiebungen oder Streichungen erfolgen durch den FA Projekte und werden unter Berücksichtigung des verfügbaren Rahmenbudgets vorgenommen.

▽ In besonderen Fällen werden Prioritätenprobleme an die Geschäftsleitung weitergeleitet.

Für die Repriorisierung gelten dieselben Regeln wie für die Erstpriorisierung. Insbesondere müssen die Abhängigkeiten zu anderen Systemen oder Projekten überprüft und dokumentiert werden.

Über die Aufnahme von Vorhaben/Projekten, welche außerhalb der Jahresplanung initiiert werden, entscheidet der FA Projekte.

Prüfverfahren bei Aufnahme eines Projekts ins Portfolio

	Aktivität	Was?	Wer? (Verantwortung)	Resultat
1	**Prüfung**	Strategiekonformität/ Wirtschaftlichkeit Business Case	Leiter Projektportfolio-Management Leiter Finanzen und Controlling	GO oder NOGO Empfehlung an FA Projekte
1	**Prüfung**	Projekt-Setup Projekt-Planung Einhaltung der Standards	Projekt-Auditor QMP (gegenseitige Prüfung aus dem PL-Pool)	GO oder NOGO Empfehlung an FA Projekte
1	**Prüfung**	IT-Architektur	IT-Architekt	GO oder NOGO Empfehlung an FA Projekte
1	**Prüfung**	Ressourcenverfügbar keit für das Projekt	Projekt-Office und IT-Controller	GO oder NOGO Empfehlung an FA Projekte
2	**Entscheid**	Auf der Grundlage der Prüfergebnisse und Empfehlungen	FA-Projekte-Gremium	GO oder NOGO Entscheid Zurückweisung zur Nachbesserung
3	**Eskalations-entscheid GL**	Wenn die Entschei-dung des FA Projekte von Business Unit oder von IT nicht akzeptiert ist, wird sie weitergeleitet.	Geschäftsleitung	Abschließender Entscheid

Einfache Priorisierungskriterien für Vorhaben bzw. Projekte schaffen

Kriterien:	A	B	C
Muss-Projekte: externe Vorschriften	X		
Strategische Projekte	X		
Abhängigkeit	groß	mittel	klein
Wirtschaftlichkeit (Business Case)	hoch	mittel	tief
Auswirkung bei **Eliminierung/Stopp**	nicht möglich	bedingt möglich	möglich
Auswirkung bei **Verschiebung**	nicht möglich	bedingt möglich	möglich

Die Kriterien für ABC-Priorisierung gelten in der GKB für Vorhaben und Projekte.

Als Hilfsmittel steht die *Priorisierungsmatrix* zur Verfügung.

ABC-Priorisierungsmatrix

Sortieren

Projekt-Nr.	Projektname	Muss-Projekt?		Strategisches Projekt?		Abhängig-keitsmatrix	Business Case	Stopp?	Verschie-ben?	Priorität	Punkte
		Ja	Nein	Ja	Nein	[A, B, C]	[A, B, C]	[A, B, C]	[A, B, C]	[A, B, C]	[10-30]
1	Beispiel 1	Nein		Ja						A	–
2	Beispiel 2	Ja			Nein					A	–
3	Beispiel 3	Ja			Nein					A	–
4	Beispiel 4		Nein	Ja						A	–
5	Beispiel 5		Nein		Nein	A	A	A	A	A	30,00
6	Beispiel 6		Nein		Nein	C	A	A	B	B	22,00
7	Beispiel 7		Nein		Nein	A	B	B	C	B	21,00
										C	–
										C	–

Die Aufnahme in das Projektportfolio – Darstellung des Prozesses

In der folgenden Abbildung wird im Gesamtzusammenhang dargestellt, welche Schritte Projekte und Vorhaben in der GKB durchlaufen müssen, um in das Projektportfolio zu gelangen.

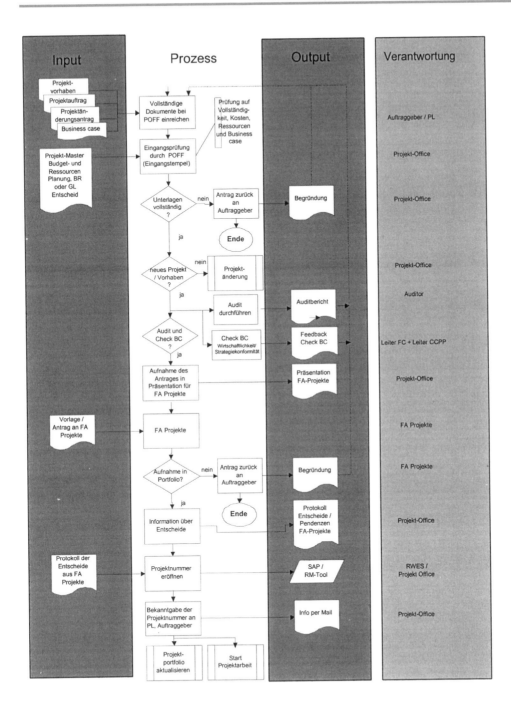

Reporting des Multiprojektmanagements

Um einen richtigen, aktuellen und schnellen Überblick über das Projektportfolio zu erreichen, setzen wir in der GKB folgende Berichte für die Steuerung des Projektportfolios ein:

▼ *Statusberichte der einzelnen Projekte*
Die Projektleiter liefern monatlich ihren Statusbericht an das Projekt-Office. Sie werden mit automatisierter Unterstützung des Ressourcenmanagement-Tools (RM-Tool) erstellt.
In den Statusberichten der einzelnen Projekte sind Hard facts (Aufwendungen in Tagen und CHF) und Soft facts enthalten. Die Soft facts werden in Textform geliefert und der Natur der Sache entsprechend ist eine Beurteilung nicht immer einfach. Verantwortlich für den Inhalt und die pünktliche Lieferung des Statusberichts sind der Projektleiter und der Auftraggeber des entsprechenden Projekts. Die Hard facts werden vom Projekt-Office monatlich „getrackt", Abweichungen oder Unstimmigkeiten werden dem PL direkt mitgeteilt und müssen nachgebessert werden.

Statusbericht		Dezember 2003
Muster Projekt	Ampeln hier entnehmen:	100000 – 100005 (TP 1 – 6)
		A. Müller, ORGA

1. Geschäftsnutzen (Haben sich wesentliche Änderungen im Geschäftsnutzen ergeben?)

2. Anspruchsgruppen (Müssen bestimmte Anspruchsgruppen intensiver beachtet werden?)

3. Projektumfang (Haben sich wesentliche Änderungen des Projektumfangs ergeben?)

Um Klarheit zu bekommen in Bezug auf die Weiterbearbeitung „Umstellung Umsysteme" sowie Stabilisierung des Muster-Systems, wird eine vertiefte IT-Analyse durchgeführt werden (03.02. bis 14.02.04).

Welche konkreten Auswirkungen die Resultate aus der IT-Analyse auf Ziel, Termine, Kosten und Ressourcen haben werden, kann zum jetzigen Zeitpunkt nicht beantwortet werden.

Der PSA Muster wurde am 29.11.03 entsprechend informiert und ist in die weiteren Schritte/ Entscheide eingebunden.

4. Projektteam (Konnte das Team seine volle Leistungsfähigkeit erbringen – Arbeitsplatz, Ausrüstung, andere Bedürfnisse? Ist es möglich, mit den vorhandenen Skills die gesteckten Ziele zu erreichen?)

Punkt 1: Das Projekt-Kernteam MUSTER hat für das Jahr 2004 keine geplanten Ressourcen zur Verfügung. Unabhängig davon findet bis Ende März 2004 monatlich ein Kernteam-Meeting statt, um sich über den weiteren Verlauf bzw. die weiteren Schritte abzugleichen.

5. Risiken und Probleme (Siehe dazu Anhang „Risiken und Probleme". Beschreiben Sie hier kurz die wichtigsten Risiken und Probleme und erläutern Sie diese im Anhang genauer.)

Risiko 1: „Ressourcen (Fach, IT, ORGA)"

Aufgrund der notwendigen IT-Analyse und der daraus resultierenden Terminverzögerung konnte MUSTER 2003 nicht wie geplant per 31.12.2003 eingeführt und abgeschlossen werden. Eine Folge daraus ist, dass die für das Jahr 2003 vorgesehenen Fach-, IT- und ORGA-Ressourcen im 2004 nicht bereits zur Verfügung stehen.

247

6. Nutzen für interne(n) Leistungserbringer (Nur ausfüllen, wenn im Projektauftrag definiert: Haben sich wesentliche Änderungen im Nutzen für den/die internen Leistungserbringer ergeben?)

7. Projektfortschritt (Geben Sie hier in Stichworten die wichtigsten Fortschritte und offenen Punkte bzw. Abweichungen an und füllen Sie im Teil Meilensteinplan den Status pro Meilenstein aus.)

Bedingt durch die Terminverzögerung konnte das Projektziel MUSTER 2003 nicht erreicht und der Projektfortschritt folglich nicht wie geplant realisiert werden.

7.1 Meilensteinplan (nur Auszug aus Meilensteine)

MS-ID	MS-Kurztext	Datum		Kommentar zum Status	Personentage		
		Plan	Revidiert		Ist	Erwartung	Budget
M1	Wenn Projektauftrag, -plan verabschiedet sind	06.03.03	–	erledigt	20	20	20
P1	Wenn Kick-off erfolgt ist	15.03.03	–	erledigt	15	15	12
O1	Wenn Geschäftsprozesse der einzelnen Teilprojekte abgenommen sind	15.04.03	–	erledigt	120	115	110

7.2 Kosten

Kostenart	Jahressicht MUSTER 2003			Gesamtprojektsicht MUSTER 2003		
	Ist	Erwartung	Budget	Ist	Erwartung	Budget
Externe Kosten	266'500	275'000	275'000	266'500	275'000	275'000
Interne Kosten	1'003'500	1'036'000	1'036'000	1'003'500	1'036'000	1'036'000
Summe der Kosten	1'270'000	1'311'000	1'311'000	1'270'000	1'311'000	1'311'000

Unterschriften

1. Projektleiter	2. Stv. Teilprojektleiter IT
....	....
Datum *A. Müller, ORGA*	*Datum* *M. Meier, IT*
3. Auftraggeber	
....	....
Datum *G. Allemann, Logistik*	

Verteiler

Original	Projekt Office erhält Originalexemplar
Kopie	Auftraggeber und PSA-Mitglieder erhalten eine Kopie

248

▼ *Monatsbericht*
Der Monatsbericht wird aus den einzelnen Statusberichten in einer konsolidierten Form durch das Projekt-Office erstellt. Das Reporting über alle Statusberichte und die damit verbundenen Übersichten werden in Word und Excel erstellt. Die Publikation der Statusberichtsübersicht erfolgt in unserem Intranet „Diretta".

Die diversen Berichte werden vom Top-Management (Geschäftsleitung), vom Fachausschuss Projekte, der IT-Leitung, dem IT-Controlling und von den Projektleitern genutzt.

Projekte des Gesamtportfolios auf einer Zeitachse

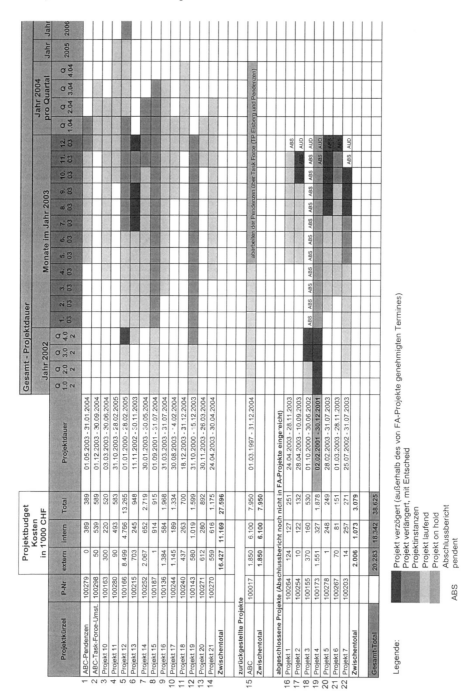

Projektabhängigkeitsmatrix

Mit der Projektabhängigkeitsmatrix haben wir die Möglichkeit, die zwischen den Projekten bestehenden Abhängigkeiten zu erkennen und zu analysieren, um entsprechende Maßnahmen abzuleiten. Wir unterscheiden zwischen funktionalen, technischen und organisatorischen Abhängigkeiten.

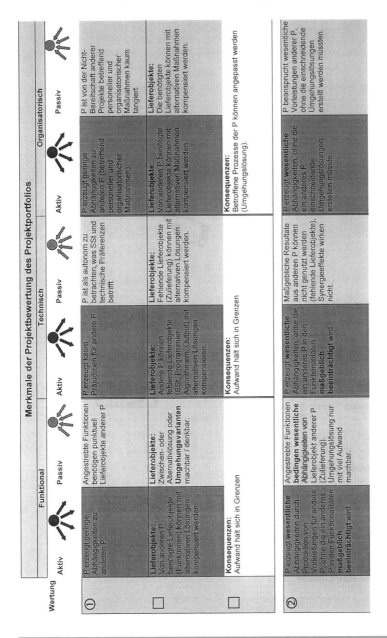

Merkmale der Projektbewertung des Projektportfolios

Wertung	Funktional		Technisch		Organisatorisch	
	Aktiv	Passiv	Aktiv	Passiv	Aktiv	Passiv
☐	**Lieferobjekte:** Von anderen P benötigte Lieferobjekte können nur mit viel Aufwand bereitgestellt werden.	**Lieferobjekte:** Zwischen- oder Alternativlösung mit Aufwand machbar / denkbar, ökonomisch fraglich.	**Lieferobjekte:** Von anderen P benötigte Lieferobjekte können nur mit viel Aufwand bereitgestellt werden, Synergieeffekte reduzieren sich.	**Lieferobjekte:** Fehlende (Zu-)Lieferobjekte können mit viel Aufwand kompensiert werden. Mehrleistungen (Kosten, Ressourcen, Zeit)	**Lieferobjekte:** Von anderen P benötigte, nicht gelieferte Objekte können von diesen nur mit viel Aufwand bereitgestellt werden (Alternativen, eigene Erstellung).	**Lieferobjekte:** Die für den Projektverlauf benötigten Lieferobjekte können nur mit viel Aufwand bereitgestellt werden (Alternativen, eigene Erstellung).
☐	**Konsequenzen:** Beeinträchtigung der Funktionalität spürbar (eingeschränkter Projekterfolg). Zusätzlicher Aufwand für Leistungsabnehmer.		**Konsequenzen:** Schaffung von unerwünschten Präjudizien absehbar (Insellösungen, proprietäre Lösungen).		**Konsequenzen:** Die Aufbau-/Ablauforganisation sowie die Prozesse können **maßgeblich beeinträchtigt** werden. Einschneidende Folgen in Kosten und Projekterfolg, Veränderung des BC.	
③	P erzeugt **große** (neue, andere) Funktionalitäten, ohne die ein o. mehrere P in ihren geforderten Funktionalitäten stark beeinträchtigt werden.	Angestrebte Funktionen bedingan **zwingend** Lieferobjekt anderer P (Zulieferung).	P erzeugt **große** Veränderungen bzw. Vorleistungen oder Präjudizien, ohne deren Nutzung ein o. mehrere andere P in ihrem Nutzen stark beeinträchtigt werden.	P beansprucht zur Erreichung des Projektzieles **zwingend** Lieferobjekte aus anderen P.	P erzeugt **große** Abhängigkeiten (Veränderung der Organisation und/oder Prozesse), ohne die das P bzgl. Organisation und Prozesse stark beeinträchtigt werden.	P ist angewiesen auf Vorleistungen (organisatorischer Art), ohne die das P bzgl. Organisation und Prozesse stark beeinträchtigt werden.
	Lieferobjekte: Von anderen P benötigte Lieferobjekte können nicht bereitgestellt werden.	**Lieferobjekte:** Zur Nutzung vorgesehene Lieferobjekte können nicht eingesetzt werden.	**Lieferobjekte:** Von anderen P benötigte Lieferobjekte oder Basisarbeiten (Voraussetzungen) können nicht bereitgestellt werden	**Lieferobjekte:** Die vorausgesetzten Lieferobjekte können nicht genutzt werden, da das P mit Lieferauftrag im Verzug ist.	**Lieferobjekte:** Von anderen P benötigte Lieferobjekte können nicht bereitgestellt werden	**Lieferobjekte:** Zwischen- oder Alternativlösung können nicht realisiert werden.
	Konsequenzen: Projekterfolg wird gefährdet oder gar verunmöglicht.		**Konsequenzen:** Projekterfolg (Zielerreichung) wird verunmöglicht		**Konsequenzen:** Projektforfführung wird fraglich, BC ist neu zu überdenken.	

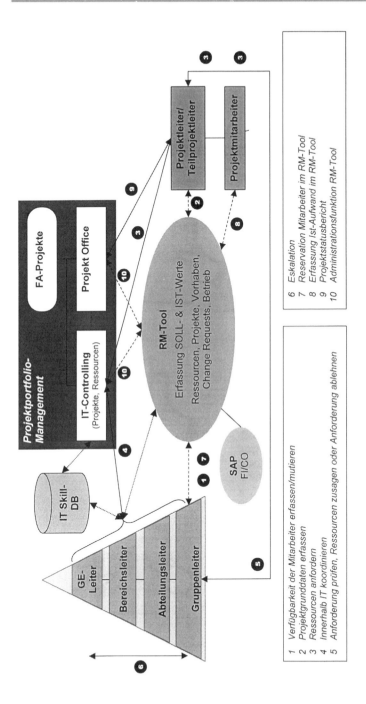

Die Abbildung zeigt die Wechselwirkungen unserer Tools und deren Stellenwert für die Planung und Steuerung der Projekte und des Projektportfolios.

Welche Bedeutung haben Tools für die Planung und Steuerung des Projektportfolios?

Zur Abwicklung unserer Prozesse nutzen wir in der GKB ein Ressourcen-Management-Tool, das RM-Tool.

Für jedes Projekt wird eine Projektkostenstelle geführt. Die Daten stehen im SAP FI/CO zur Verfügung.

Die Leistungserfassung erfolgt im RM-Tool, wobei eine bidirektionale Schnittstelle den Datenfluss von RM-Tool zu SAP und zurück sichert.

Welche positiven und negativen Erfahrungen gibt es?

Ohne Schönfärberei, die positiven Erfahrungen überwiegen deutlich.

▽ Wir haben standardisierte Prozesse für die Genehmigung neuer Projekte, eine wichtige Voraussetzung für die Planung.
▽ Die Standards und Templates werden als Instrumente genutzt – zum Nutzen des einzelnen Projekts und des Multiprojektmanagements.
▽ Dank der klaren Rollenbeschreibungen haben wir eindeutige Verantwortlichkeiten.
▽ Seit Einführung des PM-Master wird ein Projekt erst freigegeben, wenn die Zusicherung der benötigten Ressourcen gewährleistet ist.
▽ Ressourcenkonflikte zwischen zwei Projekten werden vom FA Projekte entschieden. Auf diese Weise vermindern wir Prioritätenkonflikte.
▽ Dank der Abhängigkeitsmatrix können Auswirkungen von Verzögerungen auf andere Projekte schneller identifiziert werden.
▽ Wir nutzen die Erfahrungen aus QMP-Audits für künftige Projekte.
▽ Das Tailoring der Lieferobjekte nach dem IT-Vorgehensmodell (IT-VGM) wird praktiziert. Unter Tailoring bezeichnen wir die Aufteilung der Tätigkeiten auf die Phasen, die im PM-Master definiert sind: Analyse, Vorschlag, Details, Realisierung, Test & Schulung, Einführung.
▽ Der strukturierte Budget- und Planungsprozess wirkt sich positiv auf das Portfolio-Management aus, ebenso die Statusberichte mit dem Reporting an die Führung.
▽ Wir haben ein klar priorisiertes Portfolio, das gesteuert ist.

Zwei negative Punkte sollen nicht verschwiegen werden:
▽ Der administrative Aufwand ist gestiegen.
▽ Die Flexibilität ist im Vergleich zum früheren formfreien und wenig strukturierten Projektvorgehen geringer geworden.

Welche Maßnahmen sind geplant, um das Projekt-management und das Portfolio-Management in der GKB weiterzuentwickeln?

Wir haben einige Maßnahmen vor, um uns weiter zu verbessern.

Wir wollen die Planungskompetenz für die Projektarbeit steigern. Das bedeutet zum einen, dass die Aufwände besser, genauer, realistischer geschätzt werden sollen. Und zum anderen wollen wir ein tieferes Verständnis der unterschiedlichen Genauigkeitsstufen von Schätzung, Planung und Offertstellung bei allen Beteiligten und auch beim Management erreichen.

▼ Wir werden uns vertieft mit dem Thema Risikomanagement in Projekten beschäftigen.

▼ Die periodische Nachschulung aller vollamtlicher Projektleiter und der nebenamtlichen Projektleiter aus den Fachabteilungen ist geplant. Als nebenamtliche Projektleiter bezeichnen wir einen Projektleiter (PL), der nebst seiner Facharbeit nur sporadisch in der Rolle als Projektleiter tätig ist.

Was ist wirklich wichtig, um ein effektives und effizientes Portfolio-Management einzuführen?

Sicher gibt es eine Reihe von Punkten, die den Einführungsprozess von Portfolio- oder Multiprojektmanagement fördern.

▼ Das wichtigste zuerst: MpM muss von Management getragen und verstanden werden.

▼ Notwendig sind einfache, klare und messbare Regeln.

▼ Die Sensibilisierung der Mitarbeiter und Führungskräfte für Projektarbeit ist ein wichtiger Schritt.

▼ Eine klare, eindeutige Steuerung durch das Multiprojektmanagement gehört dazu. Unsere Formel: Führen durch aktives Controlling.

▼ Den administrativen Aufwand im vernünftigen Maß halten. Beim Einsatz von Prozessen, Controllingaufwand, Instrumentarium Konzentration auf die echte Steuerungsrelevanz achten. Benutzerfreundliche, einfache Tools fördern die Akzeptanz erheblich.

▼ Ein realitätsbezogenes Vorgehen im Veränderungsprozess (nicht zu viel aufs mal)

▼ Es ist sehr nützlich, ein Sensorium für die Auswahl der Projektleiter zu entwickeln.

▽ Durch Schulungen, PL-Erfahrungsaustausch und Vertiefungsschulungen muss die notwendige qualifikatorische Basis gelegt werden.

▽ Last but not least: Das Projektmanagement muss zum Unternehmen passen. Es bringt nichts, irgendein System von der Stange zu kaufen. Das bedeutet nicht, dass man alles neu erfinden muss. Selbstverständlich ist es sinnvoll, auf vorhandene Elemente zurückzugreifen, Methoden einzukaufen, aber die Zusammenstellung muss wirklich passen im Hinblick auf

- die Projektart,
- die Unternehmenskultur und
- den Qualifikationstand der Mitarbeiter.

Kapitel 8

Multiprojektmanagement bei der Schweizerischen Mobiliar Versicherungsgesellschaft

Ziele des Beitrages

D er Beitrag zeigt anhand des Beispiels der Schweizerischen Mobiliar Versicherungsgesellschaft auf, wie ein Multiprojektmanagement erfolgreich strukturiert ist, welche Prozesse implementiert sind und welche Instrumente dabei genutzt werden.

Autor
Martin R. Sedlmayer baute das Multiprojektmanagement bei der Mobiliar auf und leitet dieses seit vier Jahren. Zuvor war er elf Jahre als Berater bei einer internationalen Unternehmensberatungsfirma tätig, zuletzt als Partner. Er ist zertifizierter Projektdirektor GPM/IMPA.

Herausforderungen und Lösungsansatz

Herausforderungen

Die Mobiliar, als erste private Versicherung 1826 gegründet, ist ein bedeutendes Versicherungsunternehmen der Schweiz. Mit 3792 Mitarbeitenden, davon 1498 in den beiden Geschäftszentralen in Bern und Nyon, und einem dichten Netz von Generalagenturen bedient sie den schweizerischen Markt in sämtlichen Versicherungssparten. Die Mobiliar ist führend in der Sachversicherung, jeder dritte Haushalt der Schweiz ist bei ihr versichert.

Die Assekuranz zeichnete sich dadurch aus, dass – infolge von jahrelang regulierten Märkten – wenig Produktinnovation zur Differenzierung von Mitbewerbern betrieben wurde. Gleichzeitig fehlte, bedingt durch mangelnden Konkurrenzdruck, ein spürbares Kostenbewusstsein. Als Folge davon entstanden produktspezifische Prozesse und produktspezifische Informatiksysteme. So wird beispielsweise eine Hausratversicherung anders verkauft als eine Autoversicherung.

Für die Verwaltung der Produkte existieren oft getrennte, nicht kompatible Vertriebs-, Bestands- und Schadensabwicklungssysteme. Verstärkt wurde dieses Phänomen noch durch Marktkonzentration bedingt durch Firmenzusammenschlüsse. Der schweizerische Assekuranzmarkt weist heute die höchste Konzentrationsdichte in ganz Europa auf. Auch der Mitte der 90er Jahre einsetzende E-Business-Hype hat die Vielfalt der vorhandenen Prozesse und Systeme noch verstärkt.

Durch die Deregulierung der Märkte in den 90er Jahren einerseits und deutlich schwächere Finanzmärkte in den Jahren 2001 und 2002 andererseits wurde klar, dass dieser Wildwuchs, der zu hohen Kosten geführt hat, nicht mehr akzeptabel war. Der Bedarf, die bestehenden Prozesse und IT-Systeme zu vereinfachen und zusammenzuführen, wuchs markant.

Die Mobiliar hat diesen Trend früh erkannt und durch den Einsatz einer spartenübergreifenden Referenzarchitektur primär die Datenbasis ihrer IT-Systeme bereinigt. In den 90er Jahren hat sie dann in mehreren Anläufen versucht, die gesamte Prozess- und Applikationslandschaft zu vereinheitlichen. Der erste Ansatz, der Einkauf eines Gesamtsystems mit entsprechender Anpassung an die eigenen Prozesse, scheiterte an der Unbeherrschbarkeit der Projektrisiken und an der Projektgröße. Der zweite Ansatz, der Eigenbau einer kompletten neuen Lösung, scheiterte ebenso, diesmal an der Komplexität der Aufgabe und an fehlenden Fähigkeiten.

Ein weiterer zentraler Faktor für das Scheitern dieser Projekte war die ungenügende Beachtung durch das Top-Management. Ohne Vereinfachung und Vereinheitlichung der Prozesse im Kerngeschäft, welches eine zentrale Aufgabe der Fachbereiche ist, lässt sich aber die Informatiklandschaft nicht vereinfachen und ohne größtes Engagement der obersten Führungsebene lassen sich solche Großprojekte nicht erfolgreich umsetzten.

Bedeutung des Projektmanagements

Noch zu Beginn der 90er Jahre wurde das Thema Projektmanagement im Unternehmen kaum beachtet. Selbst vor kurzer Zeit wurde die Überwachung des Projektportfolios als reine Controllingaufgabe beschrieben, in der es alleine darum ging, die Gesamtkosten aller Projekte eines Jahres auf Kurs des Gesamtbudgets zu halten! Leistung, Zeit und Qualität werden bei dieser Sichtweise genauso sträflich ausgeklammert wie der Nutzen, der mit den Projekten erzielt werden soll.

Demgegenüber steht heute die glasklare Forderung des Top-Managements nach der Umsetzung der Projekte gemäß definiertem Leistungsumfang im definierten Zeit- und Budgetrahmen. Dieser hohe Druck auf die Projekte wird durch klare Vorgaben seitens des Projektmanagements dann an die Linie zurückgegeben, wenn diese die Verantwortung selber wahrzunehmen hat. Denn ohne entsprechende Vorkehrungen in der Linienorganisation kann ein Projekt auf keinen

Fall erfolgreich sein. Die Linie muss präzise Anforderungen definieren, genügend und qualifizierte Teammitglieder bereitstellen, etablierte und kontrollierte Qualitätsstandards entwickeln und durchsetzen und stabile Testumgebungen schaffen, um nur einige zu nennen.

Für die Assekuranz ist auf dem Markt noch relativ wenig Standardsoftware verfügbar, für die Kernprozesse Verkaufen, Vertragsführung und Schadensabwicklung gibt es noch keine durchgängige Standardsoftware. Deshalb entwickelt die Mobiliar, wie andere Versicherungsunternehmen auch, ihre Software noch weitgehend selber. Dies führt zwangsläufig zu einem relativ hohen Projektvolumen. Die Mobiliar wickelt rund 50 Projekte parallel, rund 70 pro Jahr ab. Die durchschnittliche Projektgröße beträgt rund 1 Mio. €. pro Jahr und es werden mehr als 30000 interne Personentage in Projekte investiert.

Die Projekte weisen naturgemäß eine starke Informatikorientierung auf und beinhalten typischerweise die Elemente Produktentwicklung, organisatorische Anpassungen und Informatik-/Systementwicklung.

Lösungsansatz

1999 wurde – um die Projekte besser in den Griff zu bekommen – ein neuer Bereich geschaffen: die Geschäftsentwicklung. Neben einer Reihe von kleineren Obliegenheiten hatte dieser primär die Aufgabe, einerseits die Geschäftsprozesse zu vereinheitlichen und andererseits ein Projektmanagement auf die Beine zu stellen, welches die Umsetzungskraft steigert und einen gesamtheitlichen Ansatz zur Überwachung und Steuerung des Projektportfolios im Hinblick auf die Unterstützung der Strategie darstellt.

Die Organisationseinheit Geschäftsentwicklung wurde im Jahre 2001 mit der Informatik zusammengelegt, welche heute die fünf Organisationseinheiten IT-Entwicklung, IT-Betrieb, Geschäftsprozesse, Architektur und Projektmanagement umfasst.

Die Ziele des Projektmanagements sind:

▽ Umsetzungskraft deutlich spürbar erhöhen, Projektumsetzung sicherstellen (on time/on budget/on requirement)
▽ Verbindlichkeit in der Projektumsetzung durch bessere Vorhersehbarkeit der Ergebnisse signifikant erhöhen
▽ Transparenz über den Stand der Projekte schaffen
▽ Synergien zwischen Projekten nutzen
▽ Prioritäten richtig setzen
▽ Projektlandschaft auf die Unternehmensziele ausrichten
▽ Strategische Lücken im mittel-/langfristigen Projektportfolio feststellen und schließen

Das Projektmanagement basiert bei der Mobiliar auf sechs „Pfeilern":

1. *Umsetzung:*
   Bereitstellen eines Pools von erfahrenen Seniorprojektleitern zur Sicherstellung der Projektrealisierung
2. *Support:*
   - Bereitstellen eines Project Management Office (PMO) zur effizienten Unterstützung der Projektleiter in methodischen und organisatorischen Aspekten und zur
   - Schaffung von Transparenz im Projektportfolio
3. *Methoden und Tools:*
   - Bereitstellen eines effektiven Methoden- und Toolsets (Mobiliar Vorgehensmodell MVMplus), welches integral sämtliche gültigen Ansätze zur Umsetzung der Projekte – inklusive Systementwicklung und Produktentwicklung – umfasst und
   - Sicherstellen, dass diese Instrumente angewendet werden
4. *Prozesse:*
   Implementieren und Durchsetzen von Prozessen im Umfeld der Projekte. Dazu gehören u. a. Projektbeantragung, Entscheidungsprozesse und Qualitätssicherung. Wichtig sind dabei:
   - das Request Management, in dem alle Anforderungen (und das sind nicht nur Projekte), die zu einer Veränderung der IT-Landschaft führen, kanalisiert werden
   - die IT-Beschaffung (Hard- und Software, Dienstleistungen)
5. *Organisation und Kultur:*
   - Bereitstellen einer informellen Plattform, um den Erfahrungsaustausch zwischen den Projektleiter sicherstellen zu können
   - Erhöhen der Wertschätzung der Funktion Projektleiter durch Implementierung eines Karrierepfades für Projektleiter inklusive Zertifizierung
6. *Portfolio:*
   Implementieren einer wirkungsvollen Projekt Governance:
   - Definieren und Durchsetzen eines verbindlichen Regelwerkes zur integralen Steuerung des Projektportfolios (Projekte in Umsetzung, Projekte der Mittelfristplanung und strategische Themen längerfristiger Natur)
   - Sicherstellen der Planungsprozesse (Projektportfolioplanung PPP) und Bereitstellen einer Masterplanung mit einem Zeithorizont > 5 Jahre

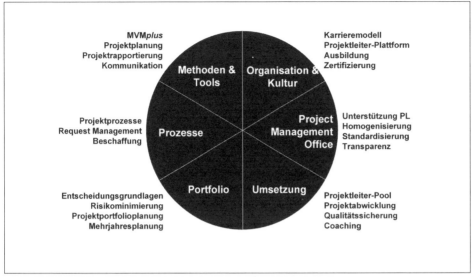

Abb. 1: Die sechs Bestandteile ergeben ein Ganzes[1]

Einführungsschritte

Die sechs Bestandteile wurden in zwei Projekten und einer Vielzahl von Aktivitäten in der Linie erarbeitet.

Projekt PET

Das erste Projekt (PET – Projektmanagement Einfach und Transparent) implementierte die Entscheidungsprozesse und stellte ein Führungsinstrument zur Steuerung der Einzelprojekte zur Verfügung.

Mit der Umsetzung des Projektes wurden folgende Ziele erreicht:

▼ Die Prozesse für die Mehrjahresplanung, die Unternehmensplanung sowie die Projektfreigabe wurden definiert und implementiert (beschrieben ab Seite 275).

▼ Den Projektleitern, Planungs- und Ressourcenverantwortlichen wurde ein effizientes und einfach handhabbares Führungsinstrument zur Verfügung gestellt.

▼ Durch die Einführung eines zeitgerechten Werkzeuges zur Erfassung der

---

1. **PMO** = Project Management Office, PPP = Projektportfolioplanung,
   MVMplus = Mobiliar Vorgehensmodell

> Leistungen konnten die Aufwände für die Erfassung, die Auswertung und das Reporting von Leistungsdaten minimiert werden.
> ▽ Die Tool-Kompetenz und das dazugehörende Know-how wurden im Project Management Office aufgebaut.
> ▽ Schulung der Benutzer
> ▽ Koordination der Projekte mit dem Tagesgeschäft

Das Projekt wurde von einem kleinen, kompakten Kernteam gesteuert. Es bestand aus Mitarbeitern des Projektleiterpools, des Project Management Office sowie des Controlling. Expertenwissen wurde punktuell und bei Bedarf flexibel hinzugezogen.

Projekt MVM*plus*

Das später realisierte Projekt (MVM*plus* – Mobiliar Vorgehensmodell plus) stellte eine einheitliche Methodenplattform unter Berücksichtigung sämtlicher in der Mobiliar gültigen Ansätze wie Informatik-Systementwicklung und Entwicklung von versicherungstechnischen Produkten bereit. In diesem Projekt wurde auch eine Web-Applikation entwickelt. Darin sind alle Methoden, Prozesse und Rollen detailliert beschrieben und darin stehen jederzeit aktuelle Werkzeuge, Formulare und „Best Practices" online zur Verfügung.

Besonderes Gewicht wurde auf eine breite Anwenderschulung gelegt, weil insbesondere in der Informatik verschiedene Prozesse und Instrumente neu definiert und implementiert wurden.

Linienaufgaben

Als Linienaufgabe der Stelle Multiprojektmanagement wurde insbesondere die Definition der Governance, der Aufbau der Rapportierung sowie personalspezifische Aspekte wie Rekrutierung von Mitarbeitenden, Ausbildung der Projektleiter, das Karrieremodell und der Know-how-Austausch zwischen den Projektleitern implementiert.

Einzelprojektmanagement

Methodik

Als Basis für das implementierte Projektphasenmodell diente das in Deutschland übliche V-Modell[2]. Einzelne Elemente aus PRINCE2[3] sowie aus alternativen Softwareentwicklungsmodellen (iterativ/zyklisch) wurden eingearbeitet. Gleichzeitig wurde das Modell auch vereinfacht und den Bedürfnissen der Mobiliar angepasst. Es wird auch weiterhin bei Bedarf angepasst und verbessert, insbesondere werden Vereinfachungen für kleinere Vorhaben laufend eingearbeitet.

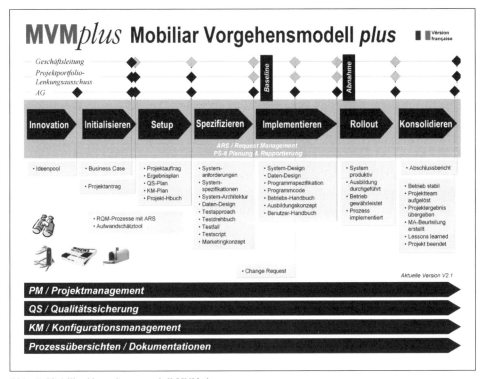

Abb. 2: Mobiliar Vorgehensmodell MVMplus

---

2. Das im gesamten Bereich der Bundesverwaltung verbindliche Vorgehensmodell beschreibt die Aktivitäten (Tätigkeiten) und Produkte (Ergebnisse), die während der Entwicklung von Software durchzuführen bzw. zu erstellen sind. Das Vorgehensmodell ist ein Prozessmodell, mit dessen Hilfe Projekte gemäß der Norm ISO 9001 abgewickelt werden können. http://www.v-modell.iabg.de/

3. Modell zur Steuerung des Projektmanagementprozesses, das vor allem im angelsächsischen Sprachraum oft angewendet wird. http://www.prince2.com/

Projekte werden in der Mobiliar konsequent phasenweise abgewickelt, ein iteratives oder ein zyklisches Vorgehen ist nur innerhalb einer Phase, aber nicht phasenübergreifend zulässig.

Zentral ist der Anspruch, dass jedes Projekt von vornherein klar festlegt, was das Projekt liefern wird. Bei komplexeren Vorhaben kann es deshalb durchaus vorkommen, dass in einem ersten Projekt eine Studie zur Klärung durchgeführt wird, im zweiten ein Prototyp erstellt wird und im dritten Projekt die definitive Version des Prozesses oder der Software zur Auslieferung kommt. Die Realisierung erfolgt dabei immer in separaten Projekten mit klarer Zielsetzung, Budget und Zeitrahmen.

Die Begründung für dieses strikt phasenweise Vorgehen liegt einerseits in der Anforderung der besseren Vorhersehbarkeit der Ergebnisse. Wenn nicht möglichst genau definiert ist, was ein Projekt liefern soll, ist die Wahrscheinlichkeit für eine Fehlinvestition ziemlich groß. Andererseits liegt sie in einer gemachten Erfahrung begründet, als ein Großprojekt mit einem iterativen Ansatz implementiert wurde. Während der gesamten Projektdauer wurde grün rapportiert, beim Projektabbruch waren 97 % der Ergebnisse fertig erarbeitet. Bedauerlicherweise zeigten die letzten 3 % der Ergebnisse, dass das Projekt aus technischen Gründen gar nicht umgesetzt werden konnte. Zugegeben, im Projekt wurde das iterative Vorgehen falsch angewandt, dies hätte beim korrekten Anwenden der Methodik durchaus verhindert werden können. Es nutzt aber nichts, eine noch so gut ausgeklügelte Methode anzuwenden, wenn sie schlicht nicht beherrscht wird.

Selbstverständlich erhöht das strikt phasenweise Vorgehen die Anforderungen an den Fachbereich, indem dieser gezwungen wird, in einer frühen Phase nicht nur das Problem (Anforderung) exakt zu umschreiben, sondern auch auszuarbeiten, wie die Lösung auszusehen hat (Spezifikation).

Projektorganisation

Auf der Ebene der Einzelprojekte spielen naturgemäß Auftraggeber, Projektleiter und der zugeteilte Projektassistent eine wichtige Rolle. Gegenüber oft anzutreffender Praxis wird in der Mobiliar ein Projekt immer von einer Einzelperson und nicht von einem Steuerungsgremium geführt. Der Auftraggeber ist es, der ein Vorhaben realisieren will, und es obliegt schlussendlich ihm, den erwarteten Nutzen in der Linie zu realisieren. Damit er diese Ziele

Abb. 3: Organisation im Projekt

erreichen kann, steht ihm ein Reviewboard zur Seite. Darin werden Vertreter jener Bereiche eingebunden, die den Auftraggeber dabei unterstützen können.

Für große Projekte wird die Projektorganisation in der Regel mit einem Fach-Reviewboard ergänzt, welches die fachlichen Anforderungen des Projekts begutachtet und gutheißt. Zusätzlich verfügen Großprojekte über eine separate Qualitätssicherung.

▼ *Auftraggeber:*
  - ist in der Regel Mitglied der Geschäftsleitung oder Direktunterstellter
  - beantragt Projekte
  - ist verantwortlich für den Business Case (Schätzung und Realisierung)
  - stellt die personelle Besetzung in den Projektteams sicher
  - ist verantwortlich für die Erreichung des Projektnutzens
  - nimmt die Projektergebnisse ab
▼ *Projektleiter:*
  - ist verantwortlich für die Erreichung der Projektziele sowie der mit dem Projektauftrag bestimmten Vorgaben bezüglich Budget, Zeit und Qualität
  - ist verantwortlich für die korrekte, den tatsächlichen Gegebenheiten entsprechende Berichterstattung an den Auftraggeber, das Multiprojektmanagement, das Reviewboard und den Projektportfolio-Lenkungsausschuss
▼ *Projektassistent (Project Management Office):*
  - stellt das Projektcontrolling sicher
  - stellt das zentrale Projektreporting sicher
  - unterstützt den Projektleiter in der Anwendung der Projektmanagement-Instrumente
  - unterstützt den Projektleiter in organisatorischen Belangen
  - unterstützt zum Projektende bei der Projektauswertung

Die Auftraggeber kommen in der Regel aus dem Fachbereich (für IT-Infrastrukturprojekte aus der Informatik). Der Projektleiter kann vom Projektleiterpool, vom Fachbereich oder von der Informatik gestellt werden. Der Projektassistent kommt in aller Regel aus der Organisationseinheit Projektmanagement.

Werkzeuge

Die wichtigsten Instrumente zur Steuerung eines Projekts sind:
▼ Business Case
▼ Projektauftrag
▼ Ergebnisplan
▼ Projektplanungs- und -überwachungstool mit Aufwanderfassung
▼ Change Requests
▼ Monatlicher Statusbericht und finanzielles Controlling

Das Projektmanagement-Handbuch mit Dokumentenvorlagen, Anleitungen, „Best Practices" etc. steht in einer Web-Applikation allen Mitarbeitenden im Intranet zur Verfügung. Eine Papierversion gibt es nicht, weil es viel zu viel Aufwand bedeutet, in einer größeren Organisation eine solche aktuell zu halten.

Business Case

In der Vorprojektphase (normalerweise im Vorjahr) wird für ein Vorhaben, das mit einem oder mehreren Projekten umgesetzt werden soll, ein Business Case erstellt. Darin wird spezifiziert, was gemacht werden soll und warum. Kosten-/Nutzenüberlegungen spielen dabei eine ebenso zentrale Rolle wie die strategischen Unternehmensziele. Der Business Case ist im Abschnitt „Ausrichtung der Projekte auf die Strategie" auf Seite 277 im Detail beschrieben.

Ein Projekt startet formell mit der Freigabe des Projektauftrags. Wenn die Erarbeitung des Projektauftrags nicht innerhalb der Linie möglich ist – beispielsweise falls externe Berater gebraucht werden –, dann kann ein Projektantrag eingereicht werden, um die so genannte „Setup-Phase" aus Mitteln des Projektportfolios zu finanzieren.

Projektauftrag

Der Projektauftrag beinhaltet:
- Referenz zum Business Case (inklusive Bestätigung der Einhaltbarkeit)
- Leistung inklusive detaillierte Ergebnisliste
- Zeit inklusive detaillierte Projektplanung
- Ressourcen inklusive schriftliche Commitments für die eingeplanten Ressourcen
- Detaillierte Risikobetrachtungen und vorgesehene Steuerungsmaßnahmen
- Kosten

Im Projektauftrag wird die Bereitstellung der benötigten Ressourcen von der Linie schriftlich bestätigt. Der Projektauftrag wird vom Projektleiter, vom Auftraggeber und vom entsprechenden Geschäftsleitungsmitglied unterzeichnet.

Jeder Projektauftrag wird vor der Freigabe einer intensiven Qualitätssicherung unterzogen.

Ergebnisplan

Im Ergebnisplan, welcher ein integrierter Bestandteil des Projektauftrages ist, wird vor dem Projektstart im Detail festgehalten, wer wann welches Ergebnis erstellt, wer dieses Ergebnis wann kontrolliert (QS) und wer dieses Ergebnis wann abnimmt.

Der Ergebnisplan ist ein Steuerungsinstrument für den Projektleiter und wird im Rahmen des monatlichen Reportings überwacht und bei Bedarf angepasst.

Durch die Verbindlichkeit des Ergebnisplans gelingt es, involvierte Linienstellen, die in der Regel die Ergebnisse abnehmen müssen, besser zu integrieren. Sie können durch diese Instrumente besser planen, wann von ihnen eine entsprechende Tätigkeit erwartet wird.

200998 / Erneuerung der Planungs- und Rapportierungsumgebung
Projektauftrag   **MVM***plus*

Autor	VN, NN				
Version	1.0				
Klassifikation	☐ nicht klassifiziert	☒ intern	☐ vertraulich		☐ geheim
Bearbeitungsstand	☐ Entwurf / in Bearbeitung	☐ zur Abnahme	☒ definitive Fassung		

Erneuerung der Planungs- und Rapportierungsumgebung
200998

Projektauftrag

Zusammenfassung

Erneuerung der Planungs- und Rapportierungsumgebung durch eine webbasierte Lösung. Migration der aktuellen Planungen.
Eliminierung des operationellen Risikos der heutigen Situation.
Vgl. dazu auch bewilligten Business Case (Beilage 1).

Typ				
☐ Studie	☒ Organisations-projekt	☒ IT-Entwicklung	☐ Produkt-entwicklung	☐ IT-Infrastruktur

Phase				
☐ Setup	☒ Spezifizieren	☒ Implementieren	☒ Rollout	

Verteiler		StaO	Büro
Gem. Standardverteiler MVMplus			

Version	Datum	Änderungsgrund	Autor
0.1	05.09.03	Ersterstellung	VN, NN
1.0	08.09.03	Ergänzungen	VN, NN

H:\Projekte\200998\01 Auftrag   Copyright © 2001 by Die Mobiliar   Seite 1 von 17
Projektauftrag V1 C.doc   29.07.04   PM23 Projektauftrag V2.1

Abb. 4: Der Projektauftrag

MVM-Plus-Nummer / Projekt
Ergebnisplan für QS und Projekthandbuch   **MVM***plus*

	Dokument	Erstellung			Stellungnahme / Prüfung						Freigabe / Bewilligung						MS

(Spaltenüberschriften: Referenz, Ergebnis (Templates, Plane (relev.), inklusive Version (sofern relevant); Geplantes Datum (erstellt), Revidiertes Datum (bewilligte Changes), Effektives Datum (erstellt); PL: VN.NN, TPL Platoon, Externe QS: VN.NN, Benutzer: VN.NN, Mobi24: VN.NN, Providentias: VN.NN, Geplantes Datum (geprüft), Effektives Datum (geprüft); Ausbildung: VN.NN, PL Intern: VN.NN, Auftraggeber: VN.NN, Reviewboard-Platoon, Geplantes Datum, Revidiertes Datum (bewilligte Changes), Effektives Datum; Meilenstein)

Ref	Ergebnis	Gepl.	Rev.	Eff.	PL	TPL	QS	Ben	Mob	Prov	Gepl	Eff	Ausb	PL	AG	RB	Gepl	Rev	Eff	MS
Setup																				
1	Projekthandbuch	17.02.03		17.02.03	S	S	S				28.02.03	13.03.03		F	I		28.03.03			
2	KM-Plan	07.03.03		07.03.03	S	S	S				14.03.03	20.03.03		F	I		28.03.03			
3	QS Plan	07.03.03		07.03.03	S	S	S				14.03.03	20.03.03		F	I		28.03.03			
4	Test Approach	15.04.03			S	S	S				22.04.03			F	I		06.05.03			
Konzipieren und Erarbeiten																				
100	Knotendesign Client	07.03.03	04.03.03		R			I	R		14.03.03			F	I		21.03.03			
101	Knotendesign Server	07.03.03	04.03.03		R			I	R		14.03.03			F	I		21.03.03			
102	Parallelbetriebskonzept (Triv	15.06.03			S		S				29.06.03			F	I		13.07.03			
103	Anforderungen Verschlüsse	31.03.03			S		S		S	S	14.04.03			F	I		28.04.03			
104	Betriebskonzept RAS/VPN	31.12.03			R		R				21.01.04			F	I		04.02.04			
106	Betriebskonzept Verschlüss	31.12.03			R		R				21.01.04			F	I		04.02.04			
105	Produktabnahme Verschlüss	31.08.03			R		R		I	R	21.09.03			F	I		05.10.03			
Realisieren																				
Teilprojekt XP																				
201	Entwicklungsumgebung S B	31.03.03			V		V				15.04.03			F	I		30.04.03			XP1
202	Entwicklung Plattformfunktio																			
	AD (OU)	31.08.03			S		S		S	S	14.09.03			S				28.09.03			XP2
	Unattended, Wake on-La	31.08.03			S		S				14.09.03			S				28.09.03			XP2
	Roaming User / Home / C	31.08.03			S		S				14.09.03			S				28.09.03			XP2
	DFS	31.08.03			S		S				14.09.03			S				28.09.03			XP2
	Security																			
	User, Rollen & Berecht	30.09.03			S		S				14.10.03			S				28.10.03			XP2
	GPO	30.09.03			S		S				14.10.03			F				28.10.03			XP2

Abb. 5: Der Ergebnisplan

Projektplanungs- und -steuerungstool

Die Projektplanung erfolgt heute mit dem Tool Scitor PS8. Es stellt umfassende Instrumente für die Planung der Projekte inklusive Netzplantechnik zur Verfügung. Es ist eine zentralisierte Lösung und erlaubt – im Gegensatz zu anderen evaluierten Tools –, die Bedienbarkeit durch den Benutzer stärker einzuschränken. So kann ein Planer beispielsweise keine neuen Mitarbeiter anlegen (diese werden direkt aus SAP HR importiert) und das Reporting ist derart standardisiert, dass heute 20 Reports zur Verfügung stehen, der Benutzer aber keine Sonderwünsche realisieren kann.

Diese Standardisierung ist für die Effizienzsteigerung in den Planungsprozessen wichtig, denn der Projektleiter soll in der Planung eines Projekts kreativ werden und nicht in der Modifizierung der Planungssoftware! Ebenfalls wichtig ist dieser Aspekt für die Steuerung und Überwachung des Projektportfolios im Multiprojektmanagement, weil nicht bei jeder Auswertung zuerst geklärt werden muss, welche Informationen wirklich dargestellt werden.

Aufwandserfassung

Die Erfassung des effektiv geleisteten Aufwandes für die geplanten Tasks eines Projekts[4] erfolgt direkt durch die Projektmitarbeitenden mittels einer Web-Applikation. Der erfasste Aufwand wird direkt in die Planungen übernommen und dort ausgewertet. Auf eine Zwischenschaltung einer Prüfstelle – sei dies das Controlling und/oder der Linienvorgesetzte – wurde verzichtet, um im Gegenzug die Rapportierung zur Überwachung durch den Auftraggeber und das Multiprojektmanagement früher erstellen zu können. Nicht oder zu Unrecht erfasste Leistungen können im Folgemonat korrigiert werden.

Name: Sedlmayer Martin		ID: 108344			Week ending: 08.06.02								
Task				**Hours**							**Week**	**Task**
Name	ID	Note		S-02	M-03	T-04	W-05	T-06	F-07	S-08	Total	Total
			Actual:	3.00							3.00	72.00
Project: Integrierte Entwicklungsumgebung RE2 (200864)												
Mitverantwortung	296XM1R		Planned:	0.27	0.27	0.27	0.27	0.27			1.34	40.00
			Actual:		3.00			2.50			5.50	18.75
Reviewboard	296XLTT		Planned:	0.13	0.13	0.13	0.13	0.13			0.65	24.00
			Actual:								0.00	9.00
Project: Kostenreduktion IT-Betrieb (200878)												
PL-Meeting	200XM2J		Planned:	0.06	0.06	0.06	0.06	0.06			0.30	9.00
			Actual:								0.00	1.00
ext. MA: Massnahmenleitung	200XM4R		Planned:	0.80	0.80	0.80	0.80	0.80			4.00	40.00
			Actual:							1.00	1.00	17.00
ext. MA: Vorevaluation durchführen	200XM4T		Planned:								0.00	15.50
			Actual:	1.00						1.00	2.00	17.50
Project: PM FP PVS (200880)												
Reviewboard	240XZL6		Planned:								0.00	8.00

Abb. 6: Leistungserfassung

4. Für Linientätigkeiten existieren ebenfalls Planungen. Darüber erfolgt auch die Verrechnung der Informatikleistungen gem. den gültigen Servicelevel-Agreements.

Change Request

Änderungen gegenüber dem definierten Projektauftrag werden mittels eines Change-Request-Prozesses abgewickelt. Änderungswünsche werden dabei im Hinblick auf die Auswirkungen bezüglich Kosten, Zeit und Nutzen im Projektteam hinterfragt.

Change Requests werden mittels eines Workflow-Tools unterstützt und damit transparent gemacht (vgl. Seite 276).

Die hierzu definierten Prozesse werden mittels des Workflow-Tools ARS Remedy gesteuert. Die darin enthaltenen Informationen dienen gleichzeitig als Basis-Input für die wichtigsten Schnittstellenprozesse zur Informatik wie z.B. Release Management, Systementwicklung, Test-, Konfigurations- und Umgebungsmanagement.

Monatlicher Statusbericht

Über den Stand der Arbeiten informieren alle Projekte im monatlichen Rhythmus. Gegenüber dem Auftraggeber ist diese Rapportierung formfrei, enthält aber mindestens jene Informationen, welche für die Steuerung des Portfolios notwendig sind:

▼ Grad der Leistungserreichung
▼ Kosten (aufgeteilt nach internen Personalkosten, externen Kosten und Investitionen in Hard- und Software)
▼ Erwarteter Nutzungs- resp. Einführungszeitpunkt
▼ Nutzen
▼ Kurzkommentar
▼ Kommentare zu Abweichungen, aktuellen Problemen, erwarteten Schwierigkeiten inklusive Lösungsansätzen

Es wird ein Ampelsystem eingesetzt, das nach vordefinierten Grenzwerten die Farben Grün, Gelb und Rot automatisch ermittelt. Da einige Projekte früher umgesetzt werden, weniger Mittel beanspruchen oder mehr Leistung erbringen, ist auch ein Status „Blau" vorgesehen. Neben den Ampeln, welche den aktuellen Stand widerspiegeln, werden mittels Pfeilen Trends angegeben, wohin das Projekt zum Zeitpunkt der Fertigstellung tendiert. Die Stati werden direkt als Input für die Steuerung des Projektportfolios übernommen, verdichtet und gegebenenfalls korrigiert.

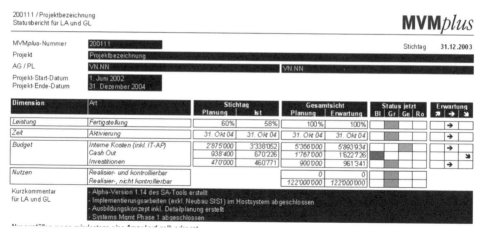

Abb. 7: Reporting

Finanzielles Controlling

Für die finanzielle Steuerung der Projekte wurde ein auf Excel basierendes Tool entwickelt, das dem Projektleiter ermöglicht, das Reporting weitgehend zu automatisieren und trotzdem jeden Monat die wichtigsten Informationen zu liefern:

▼ Jeden Monat korrekt abgegrenzte Aufwendungen

▼ Hochrechnung auf das Projektende

▼ Projektsicht und Jahressicht[5]

---

5. Da alle Aufwendungen für Projekte immer der Erfolgsrechnung der laufenden Periode belastet werden (keine Aktivierung der Projektkosten), hat die Überwachung der Aufwendungen nicht nur pro Projekt, sondern auch pro Jahr zu erfolgen.

Stand per 31.12.2003 / Uebersicht /	200111 Projektbezeichnung				
	interne Kosten	übr. ext. Spezialisten	übr. ext. Kosten	Investitionen	Total
Urplanung	3 981 300	1 650 000	141 600	800 000	6 572 900
Change request	1 374 700	-82 000	57 400	100 000	1 450 100
Gesamtplanung	5 356 000	1 568 000	199 000	900 000	8 023 000
freigegebene Projektplanung Jahr	1 861 048	866 400	72 000	650 000	3 449 448
Change request Jahr	0	0	0	0	0
Total freigegebene Projektplanung Jahr	1 861 048	866 400	72 000	650 000	3 449 448
IST-Kosten SAP bis 2002	779 323	22 684	7 192	0	809 200
im SAP erfasste Ist-Kosten 1. -	2 558 729	608 318	32 032	460 771	3 659 850
Total abzugrenzende Beträge per	0	0	0	0	0
effektive Ist-Kosten per	2 558 729	608 318	32 032	460 771	3 659 850
Restaufwand Jahr 2003	0	0	0	0	0
Total voraussichtliche IST-Kosten Jahr	2 558 729	608 318	32 032	460 771	3 659 850
Restaufwand bis Projektende ab Jahr	2 555 882	811 500	141 000	500 570	4 008 952
Total freigegebene Planung Jahr	1 861 048	866 400	72 000	650 000	3 449 448
Total voraussichtliche IST-Kosten Jahr	2 558 729	608 318	32 032	460 771	3 659 850
Differenz zur freigegebenen	697 681	-258 082	-39 968	-189 229	210 402
Differenz in % zur freigegebenen	37.5%	-29.8%	-55.5%	-29.1%	6.1%
Gesamttotal Planung	5 356 000	1 568 000	199 000	900 000	8 023 000
erwartete Gesamtkosten	5 893 934	1 442 502	180 225	961 341	8 478 002
Differenz zur	537 934	-125 498	-18 775	61 341	455 002
Differenz in % zur	10.0%	-8.0%	-9.4%	6.8%	5.7%

Abb. 8: Finanzielles Controlling

Monatsabschluss

Die Aufwanderfassung wird am ersten Arbeitstag abgeschlossen, der komplette Monatsabschluss erfolgt am dritten Arbeitstag und am achten Arbeitstag liegen sämtliche Projektstatiken – aufbereitet durch das Multiprojektmanagement – den Entscheidungsträgern vor.

Multiprojektmanagement

Project Governance

Die oberste Verantwortung für das Projektportfolio liegt bei der Mobiliar bei der höchsten Managementstufe, der Geschäftsleitung. Sie überwacht das Projektportfolio integral. Zur Entscheidungsvorbereitung und zur operativen Steuerung des Projektportfolios gibt es den Projektportfolio-Lenkungsausschuss (kurz: LA).

Aufgaben, Verantwortung und Kompetenzen der beteiligten Gremien sowie deren Abgrenzungen untereinander sind in der „Project Governance" klar geregelt.

Geschäftsleitung

▽ entwickelt die Unternehmensstrategie, stellt sicher, dass alle Geschäfts- und Funktionalstrategien aufeinander abgestimmt sind, und nimmt die IT-Strategie mit dem strategischen Projektportfolio ab

▽ genehmigt das Jahresprojektportfolio (Investitionsplanung des Folgejahres)

▽ priorisiert Vorhaben

▽ gibt Vorhaben auf der Basis des Antrags (Business Case) eines Auftraggebers in Auftrag

▽ überwacht das gesamte Projektportfolio im monatlichen Rhythmus, hat abschließende Steuerungskompetenz

▽ entscheidet bei Projekten in Schieflage

▽ entscheidet über Projektänderungen, sofern diese den Business Case verändern und/oder einen wesentlichen Ressourcenkonflikt zwischen den Projekten verursachen

Projektportfolio-Lenkungsausschuss

▽ bereitet alle Projektbelange für die Geschäftsleitung vor, inklusive der monatlichen Berichterstattung

▽ koordiniert das gesamte Projektportfolio im monatlichen Rhythmus, rapportiert an die Geschäftsleitung

▽ gibt Studien und Projekte auf der Basis des Projektauftrags frei

▽ beurteilt Business Cases, Projektanträge, Projektaufträge, Projektänderungen im Auftrag der Geschäftsleitung im Hinblick auf:
  - Strategie- und Architekturkonformität (Unternehmens-, Applikations- und Technologiearchitektur)
  - Machbarkeit (Einhaltung der Prozesse und Vorgaben, Verfügbarkeit der Ressourcen, Verfügbarkeit spezifischer Fähigkeiten, Auswirkungen auf andere Projekte etc.)
  - Wirtschaftlichkeit

▽ überwacht den Ressourceneinsatz und weist auf mögliche Konflikte hin

▽ koordiniert alle Projektänderungen; sofern eine Änderung Auswirkungen auf den Business Case hat und/oder einen Ressourcenkonflikt mit anderen Projekten verursacht, wird diese der Geschäftsleitung unterbreitet

▽ schlägt der Geschäftsleitung Maßnahmen bei Projekten in Schieflage vor

Organisationseinheit Projektmanagement

▽ betreibt das Competence Center Projekte für die Mobiliar

▽ ist verantwortlich für effektive und effiziente Prozesse, Methoden und Werkzeuge zur Planung und Umsetzung von allen Projekten im Unternehmen

▽ stellt den Auftraggebern einen Pool von erfahrenen Projektleitern für die Realisierung der Projekte zur Verfügung

▽ ist verantwortlich für eine bedarfsgerechte Unterstützung von Antragstellern bei der Ausarbeitung von Business Cases und Projektaufträgen

▽ ist verantwortlich für die Aus- und Weiterbildung der Mitarbeitenden aller Bereiche der Unternehmung in allen Projektthemen (Ausnahme: Bauprojekte)

▽ ist verantwortlich für geordnete Projektportfolio-Planungsprozesse (inklusive Jahresplanung), den Projektantragsprozess sowie die zweckmäßige Rapportierung an den Projektportfolio-Lenkungsausschuss und an die Geschäftsleitung

▽ führt den Masterplan, die Übersicht über sämtliche realisierte Projekte, die Projekte in Umsetzung sowie die geplanten resp. erwarteten Projekte der nächsten fünf Planperioden.

Organisatorische Einbettung des Multiprojektmanagements

Das Multiprojektmanagement ist in der zweiten Führungsebene direkt unter einem Geschäftsleitungsmitglied angesiedelt. Damit wird deutlich, dass dem Thema Projektmanagement entsprechend Gewicht gegeben wird.

Das Multiprojektmanagement ist im Geschäftsbereich Informatik angesiedelt, obwohl das zu steuernde Projektportfolio nicht nur Informatikprojekte, sondern auch gemischte und reine Projekte der Fachbereiche umfasst.

Der Hauptgrund für diese organisatorische Einbettung liegt in der Überzeugung, dass jener Bereich die Verantwortung tragen sollte, der das größte Interesse am Gelingen hat. Dies ist in der Mobiliar eindeutig die Informatik: Werden Anforderungen nicht kanalisiert, nicht präzise beschrieben oder wird das umzusetzende Portfolio nicht sauber geplant, so steht die Informatik vor der schier unlösbaren Aufgabe, die Fachbereiche effektiv und effizient zu bedienen.

In der Organisationseinheit Projektmanagement sind in der Mobiliar alle drei Steuerungsebenen,

▽ Aufbereitung des Portfolios / Multiprojektmanagement,

▽ Umsetzung (Pool an Seniorprojektleiter),

▽ Support (Project Management Office),

in einer Hand vereint. Das Ganze basiert wie bereits beschrieben auf einheitlichen Methoden und Standards. Dieses integrative Konzept verleiht dem Thema Projektmanagement in der Mobiliar eine große Wirkung. Die Umsetzungskraft in den Projekten ist spürbar erhöht worden, Projekte werden besser realisiert: on time, on budget, on requirement, zum Nutzen des Unternehmens.

Abb. 9: Organisationseinheit Projektmanagement

Derzeit weist der Bereich Projektmanagement folgende personelle Besetzung auf:
- Leitung, Governance, Request Management, Führung des Port-folios: 2 MA
- Projektleiterpool: 12 MA
- Project Management Office: 6 MA

Hauptprozesse

Die wichtigsten Prozesse zur Steuerung des Projektportfolios sind der Projektportfolio-Planungsprozess (als Teil des gesamten Unternehmensplanungsprozesses), der Prozess Request-Management sowie die Qualitätssicherung.

Projektportfolio-Planungsprozess (PPP)

Der Planungsprozess des Projektportfolios ist Teil des gesamten Unternehmensplanungsprozesses der Mobiliar. Er läuft in zwei Phasen ab:

In der ersten Phase reichen Fachbereiche und Informatik ihre Anforderungen
für Projekte für die Folgejahre bei der Organisationseinheit Projektmanagement
ein. Als Basis dazu dient die mittelfristige Investitionsplanung. Das Multiprojektmanagement stimmt die Anforderungen mit den laufenden Projekten und der
Zielvorgabe der Geschäftsleitung ab. Nach einer Qualitätsprüfung werden erste
Entscheidungen im Projektportfolio-Lenkungsausschuss resp. der Geschäftsleitung gefällt, welche Vorhaben nicht weiter verfolgt werden.

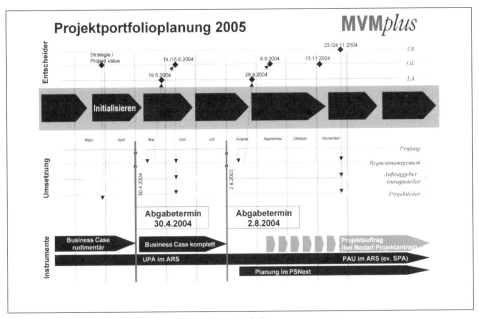

Abb. 10: Der Planungsprozess für das Projektportfolio

In der zweiten Phase wird für die verbleibenden Vorhaben jeweils ein detaillierter
Business Case ausgearbeitet. Diese Aktivitäten werden wiederum durch das Multiprojektmanagement koordiniert und mit den laufenden Vorhaben abgestimmt.
In dieser Phase entsteht der eigentliche Investitionsplan für das Folgejahr inklusive Abstimmung der Ressourcen auf Ebene der Abteilungen. Diese Planung wird
in die Gesamtunternehmensplanung integriert, von der Geschäftsleitung und dem
Verwaltungsrat verabschiedet und im SAP abgebildet. Das Multiprojektmanagement erstellt dabei eine Anzahl Auswertungen wie:

▽ Gesamtprojektportfolio (inklusive Diagramm „Strategiebeitrag" versus
„Wirtschaftlichkeit")

▽ Ressourcenbelastung je Abteilung

▽ Kostenbetrachtungen je Zeiteinheit, je Produkt und je juristische Einheit

Request-Management

Der Prozess Request-Management steuert und kanalisiert sämtliche Anforderungen, die zu Veränderungen in der Informatik führen. Dazu gehören:

▽ Projektaktivitäten (Business Case, Projektanträge, Projektaufträge, Change Requests und Projektabschlüsse)

▽ Tagesgeschäftsaktivitäten, d.h. Wartung und Bugfixes im Rahmen von Service Level Agreements, sowie kleinere Entwicklungsaktivitäten im Rahmen vordefinierter Ressourcen-Kontingente

Die hierzu definierten Prozesse werden mittels des Workflow-Tools ARS Remedy gesteuert. Die darin enthaltenen Informationen dienen gleichzeitig als Basis-Input für die wichtigsten Schnittstellenprozesse zur Informatik wie z. B. Release Management, Systementwicklung, Test-, Konfigurations- und Umgebungsmanagement.

Qualitätssicherung

Jeder Antrag an den Projektportofolio-Lenkungsausschuss (Business Case, Projektantrag, Projektauftrag, Change Requests, Projektabschlussbericht) wird vor der Freigabe einer intensiven Qualitätssicherung unterzogen. Dazu gehören:

▽ Der Architekturbeurteilungsprozess (Geschäftsprozesse, Applikationen und Technologie) bewertet die Konformität eines Vorhabens bezogen auf Geschäftsstrategien sowie die Zielarchitektur hinsichtlich Geschäftszielen, -grundsätzen und -prozessen, Applikationen sowie der technischen Infrastruktur.

▽ Das Multiprojektmanagement unter Einbezug der Informatik-Entwicklung und des Informatik-Betriebes bewertet ein Vorhaben betreffend Realisierungschancen, Ressourcen-Commitments, Risiken und zwingenden Vorgaben aus MVMplus.

▽ Das Controlling unter Einbezug des Informatik-Betriebes (Folgekosten) bewertet ein Vorhaben betreffend Wirtschaftlichkeit, Folgekosten und Nutzencommitments.[6]

---

6. Der in einem Business Case erwartete Nutzen wird durch diejenige Stelle, welche den Nutzen erzielt, schriftlich bestätigt. Diese Nutzenerwartung wird direkt in die Planerfolgrechnungen der Folgejahre übernommen.

Die drei Teams erstellen je ein Befundprotokoll für den Projektportfolio-Lenkungsausschuss, welcher dann über den Antrag entscheidet. Sämtliche festgehaltenen Befunde müssen vom Antragsteller beantwortet werden: Entweder akzeptiert der Antragsteller den Befund und arbeitet ihn entsprechend ein oder er setzt sich mit dem Qualitätssicherer auseinander, um eine machbare Lösung zu erarbeiten.

Ausrichtung der Projekte auf die Strategie

Ein zentrales Ziel des Projektportfolio-Managements ist, die Projekte auf die Unternehmensstrategie auszurichten. Dabei ist das Multiprojektmanagement nicht etwa Entscheider, vielmehr hat es relevante Informationen entscheidergerecht aufzubereiten. Wichtigstes Instrument bei der Mobiliar ist dazu der Business Case.

Für jedes Vorhaben ab 50 Personentagen Aufwand wird ein Business Case aufbereitet. Realisiert wird ein Vorhaben dann mit einem oder mehreren Projekten.

Der Business Case wird in der Regel in der Phase der Projektportfolio-Planung erstellt. Ist dies nicht möglich, ist er der Geschäftsleitung vor Aufnahme erster Umsetzungsaktivitäten zur Genehmigung vorzulegen.

Der Business Case besteht aus zwei Teilen. Der erste Teil beschreibt das Vorhaben so detailliert wie möglich:

▼ Ausgangslage, Umfeld, Bedarf, Anforderungen
▼ Zielsetzungen, strategische Stoßrichtungen
▼ Leistung
▼ Einfluss auf Fachbereiche und auf die Informatik
▼ Grobplanung
▼ Vorbedingungen, Rahmenbedingungen, Abhängigkeiten
▼ Rollen, Sourcing
▼ Risiken
▼ Detaillierung des Nutzens mit Unterschrift

Der zweite, rechnerische Teil[7] umfasst die Investitionsrechnung mit wirtschaftlichen Kriterien sowie die Positionierung des Vorhabens nach strategischen Vorgaben.

Die Investitionsrechnung basiert auf den folgenden Informationen:

▼ Start des Vorhabens, Nutzungsbeginn und Nutzungsdauer
▼ Kosten je Jahr (Investitionen, interne Leistungen, verrechnete Infrastrukturkosten, externe Kosten, Fixpreiskontrakte)
▼ Umsetzbarer und messbarer Nutzen je Zeiteinheit (Einnahmen, Einsparungen in der IT, Einsparungen im Fachbereich)

---

7. Der rechnerische Teil des Business Case lehnt sich an denjenigen der Graubündner Kantonalbank an.

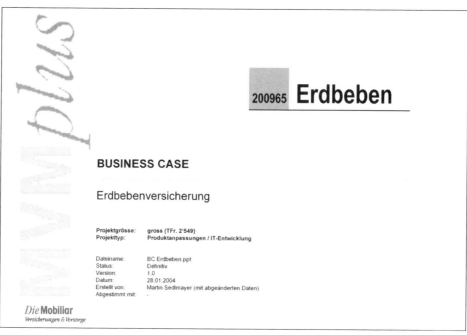

Abb. 11: Der Business Case

MVM*plus* — **200965 / Erdbeben** — *Version x.x mit abgeänderten Daten* — **Investitionsrechnung**

Volumen des Vorhabens		4'183 TFr.			Realisierungsbeginn	01.11.03	
Net Present Value	NPV 1	6'505 TFr.	NPV2	6'505 TFr.	Realisierungsdauer	1	Jahre
Interner Zinssatz		62.7%		62.7%	Nutzungsbeginn	01.01.05	
Rückzahlungsfrist		1.4 Jahre		1.4 Jahre	Nutzungsdauer	5	Jahre

Jahr		Ø	2003	2004	2005	2006	2007	2008	2009	2010	2011	Total
Volumen des Vorhabens	Investition (Hardware, Software, Gebäu											0
	Interne Kosten		176	3'268	169							3'613
	Arbeitsplatzkosten			48	12							60
	Externe Kosten (Spesen, Drucksachen		2	8								10
	Externe Kosten (Beratungen)			500								500
	Externe Kosten (Fixpreiskontrakte)											0
	Total Volumen des Vorhabens		178	3'824	181	0	0	0	0	0	0	4'183
Quantifizierbarer und messbarer Nutzen	Einnahmen (Umsatz / direkte Kosten)	*3'740*			3'740	3'740	3'740	3'740	3'740			18'700
	Einsparungen IT				0	0	0	0	0			0
	Einsparungen Business				0	0	0	0	0			0
	Total Quantifizierbarer und messbarer Nutzen		0	0	3'740	3'740	3'740	3'740	3'740	0	0	18'700
Quantifizierbarer und nicht messbarer Nutzen	Einnahmen (Umsatz / direkte Kosten)				0	0	0	0	0			0
	Einsparungen IT				0	0	0	0	0			0
	Einsparungen Business				0	0	0	0	0			0
	Total Quantifizierbarer und nicht messbarer		0	0	0	0	0	0	0	0	0	0
Betriebskoste	Betriebskosten IT	*837*			837	837	837	837	837			4'183
	Betriebskosten Business				0	0	0	0	0			0
	Total Betriebskosten			0	837	837	837	837	837	0	0	4'183

Abb. 12: Die Investitionsrechnung

▼ Nicht direkt messbarer Nutzen je Zeiteinheit

▼ Betriebskosten je Jahr (Betriebskosten der IT, Betriebskosten der Fachbereiche)

Errechnet werden der „Net Present Value" (NPV), der interne Zinssatz und die Rückzahlungsfrist jeweils nach zwei Varianten: unter Berücksichtigung des direkt umsetzbaren Nutzens (NPV1) und unter Berücksichtigung des Gesamtnutzens (NPV2).

Für die Ermittlung des wirtschaftlichen Beitrags eines Vorhabens werden neben dem direkt umsetzbaren Nutzen und dem nicht direkt messbaren Nutzen auch die Projektrisiken berücksichtigt – als Beeinträchtigung der Wirtschaftlichkeit. Für letztere werden folgende Parameter zu Hilfe gezogen:

▼ Realisierungsdauer des Vorhabens

▼ Komplexität

▼ Erfahrung mit dem Thema, mit der einzusetzenden Software oder dem geplanten Technologie-Set

▼ Größe der Teams

▼ Erfahrung mit und Vertrauen in Umsetzungspartner

Für die strategische Dimension erfolgt die Bewertung der strategischen Stoßrichtungen nach einem einfachen Raster:

▼ Unterstützt strategische Stoßrichtung stark (+2)

▼ Unterstützt strategische Stoßrichtung (+1)

▼ Verhält sich neutral zu der strategischen Stoßrichtung (0)

▼ Läuft der strategischen Stoßrichtung zuwider (-1)

Ein Vorhaben entgegen einer strategischen Stoßrichtung zu lancieren mag auf den ersten Blick widersinnig erscheinen. Da ein Vorhaben aber nicht nur aus strategischen, sondern manchmal sehr wohl aus taktischen Gründen angestoßen wird, ist eine entsprechende Entscheidung durchaus sinnvoll. Beispielsweise wurde in einem Projekt ein neues Produkt am Markt lanciert, welches unter Beachtung der IT-Strategie nicht rechtzeitig auf den Markt hätte gebracht werden können.

Jeder Business Case wird vom Antragsteller, vom Hauptumsetzer und dem Hauptnutzer unterzeichnet, durchläuft die Qualitätssicherung und wird von der Geschäftsleitung freigegeben oder zurückgewiesen.

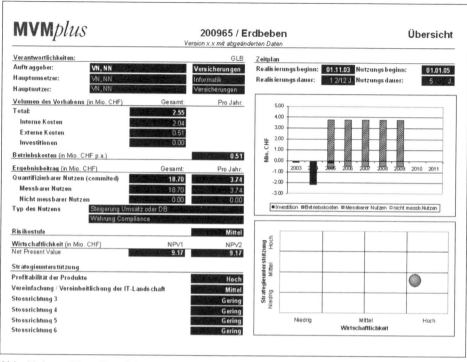

Abb. 13: Investitionsübersicht

Steuerung des Portfolios in Umsetzung

Die monatliche Berichterstattung über den Stand des Projektportfolios erfolgt als Zusammenzug der Einzelberichterstattungen. Neben den Ampeln und Trendaussagen werden textliche Ergänzungen gemacht über:

▽ Abhängigkeiten zwischen den Projekten
▽ Spezielle Risiken auf Ebene des Portfolios

Wichtig für eine korrekte Berichterstattung ist, dass das Multiprojektmanagement den Inhalt und den aktuellen Zustand eines jeden einzelnen Vorhabens kennt. Dabei ist die Integration des Themas Projektportfolio mit der operativen Umsetzung der Vorhaben, wie sie in der Mobiliar realisiert wurde, von großem Nutzen. Ansonsten besteht die Gefahr, dass das Reporting wenig mit der effektiven Situation der Projekte zu tun hat, das Reporting sich nur auf die finanzielle Seite beschränkt oder Probleme zu spät rapportiert werden.

MVMplus   **Projektportfolio in Umsetzung**
Stand DD.MM.YYYY

Nr.	Projekt	AG / PL	Phase	Budget Urplanung*)	Budget Forecast*)	Leistung Real.	T	Finanzen Int.*)	T	Cash*)	T	Inv*)	T	Zeit Aktiv	T	Gesamtnutzen Urplanung*)	Gesamtnutzen Forecast*)	Wichtigste Ergebnisse in der Rapportierungsperiode / Handlungsbedarf
Bereich 1																		
Nr	Projekt 1	AG PL	Abgeschlossen	174	215	100%		7		209		0		30.06.04		490	490	Das Projekt wird bei nächster Gelegenheit dem LA zum Abschluss unterbreitet.
Nr	Projekt 2	AG PL	Implementieren	9'483	9'358	40%		1'314		579		0		31.01.05		135'000	135'000	Die Agentur xy ist per Mitte Mai geschlossen worden. Es sind dezentrale Arbeitsplätze eingerichtet worden.
Nr	Projekt 3	AG PL	Implementieren	1'138	1'157	20%		256		1		0		31.10.04		1'820	1'820	Evaluation der neuen xy Infrastruktur verläuft nach Plan. Redesign xy abgeschlossen.
Nr	Projekt 4	AG PL	Spezifikation	1'035	1'122	5%		46		0		0		31.12.04		2'900	2'900	Verifizierung der Fachanforderungen (einzelne Felder) durch den xy erfolgt.
Bereich 2																		
Nr	Projekt 5	AG PL	Setup	633	633	0%		0		0		0		?		900	900	Statusbericht ab September 2004
Bereich 3																		
Business Case A			Gesamtprojekt	10'072	9'819											73'700	73'700	
			Abgeschlossen	4'416	4'355													
Nr	Projekt 11	AG PL	Spezifizieren	1'149	1'129	35%		295		40		0		03.01.05				fehlt
Nr	Projekt 12	AG PL	Implementieren	3'881	3'855	30%		716		146		826		31.05.05				Das Projekt verläuft nach Plan.
Nr	Projekt 13	AG PL	Spezifikation	146		0%		0		0		0		31.12.04				Statusbericht ab Juni 04
			Rest	480	480													
Business Case B			Gesamtprojekt	32'755	27'498											182'000	224'000	
			Abgeschlossen	17'804	11'800													
Nr	Projekt 21	AG PL	Spezifizieren	13'746	12'803	58%		3'238		1472		470		01.05.04		234		ohne Kommentar
Nr	Projekt 22	AG PL	Setup	1'205	2'895	35%		408		477		4		31.10.04		0		Knotentypen et cible logicielle déterminés, adaptation des applications assurance en attente de l'arrivée des serveurs. Ursachen: xy. Massnahmen: xy. Liefertermin kann eingehalten werden

Abb. 14: Monatsreporting Portfolio

Langfristige Investitionsplanungen / Masterplan

Basierend auf der Unternehmensstrategie respektive daraus abgeleiteten strategischen Stoßrichtungen werden Vorhaben durch Fachbereiche und Informatik eingereicht und durch das Multiprojektmanagement im Masterplan eingeplant. Dabei wird eine grobe Kostenbetrachtung gemacht, welche in der Regel zusammen mit dem Fachbereich und der Informatik diskutiert wird.

Der Masterplan wird jährlich im Zusammenhang mit der Überarbeitung der Strategie sowie nach der Unternehmensplanung nachgeführt.

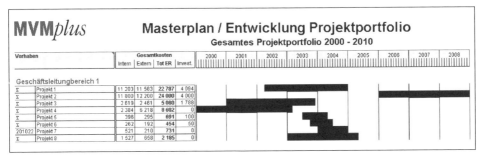

Abb. 15: Masterplan

Wohin geht die Reise?

Kritische Erfolgsfaktoren

Die Einführung des Multiprojektmanagements bei der Mobiliar ist im Großen und Ganzen gelungen. Nachfolgende Elemente waren dabei zentrale Erfolgfaktoren.

▼ *Alles aus einer Hand*
Es ist ein entscheidender Vorteil, die Ebenen Portfolio (Multiprojektmanagement), Projektumsetzung (Seniorprojektleiter im PL-Pool) und Projektsupport (Project Management Office) in einer Hand zu vereinen.

▼ *Unabhängigkeit und Professionalisierung durch einen Projektleiterpool*
Ein zweiter Erfolgsfaktor ist, dass erfahrene Projektleiter bereitgestellt werden. Es reicht nicht aus, nur zu predigen, es ist entscheidend, dass man den Auftraggebern mit fähigen Fachleuten helfen kann.

▼ *Engagement eines GL-Mitgliedes*
Der wohl wichtigste Erfolgsfaktor ist aber, dass sich ein starkes Mitglied der obersten Führungsebene stets aufs Äußerste für das Thema Projektmanagement einsetzt.

▼ *Einbettung in die Organisation des Hauptnutznießers*
Die Organisationseinheit Projektmanagement ist in jenem Bereich angesiedelt, wo das größte Interesse am operativen Gelingen der Projekte besteht.

▼ *Bedeutung des Themas Projektmanagement stärken*
Es ist wichtig, dass das Projektmanagement als Profession anerkannt wird. Es ist zwar schön, wenn alle Leute glauben, sie verstünden etwas von Projektmanagement, es nutzt aber leider nur sehr wenig. Es muss unbedingt geklärt werden, wozu das Projektmanagement dient und wofür es Nutzen stiften kann und wofür eben nicht.

▼ *Transparenz zwischen Projekten und Tagesgeschäft schaffen*
Es ist unerlässlich, die Aktivitäten, die sich aus den Projekten ergeben, intensiv mit denjenigen des Tagesgeschäftes zu koordinieren, solange keine reine Projektorganisation möglich ist. Ansonsten wird es nicht gelingen, Projekte ausreichend mit den fähigsten Ressourcen zu besetzen, denn diese werden immer im Tagesgeschäft absorbiert.

▼ *Beweis antreten*
Daran führt kein Weg vorbei, die Vorteile des Multiprojektmanagements müssen den Entscheidern aufgezeigt werden können. Dies gelingt am besten, wenn die Projekte besser umgesetzt werden: on Time, on Budget, on Requirements.

Würdigung und Zukunftsentwicklung

Es darf festgestellt werden, dass das Thema Projektmanagement die gesetzten Ziele weitgehend erreicht hat:

▼ Die Umsetzungskraft wurde deutlich erhöht, das letzte Großprojekt wurde nach 20-monatiger „Bauzeit" auf den Tag genau am Markt eingeführt.

▼ Das Projektportfolio Stand 31.12.2003 zeigt, dass 86% des Projektvolumens den geforderten Leistungsumfang ohne jegliche Abstriche realisieren, 91% der Projekte im oder unter Budget abschließen, 89% der Projekte ihre gesamten Ergebnisse zeitgerecht abliefern und 62% des vor Projektstart geplanten Nutzens wirklich umgesetzt werden kann.

▼ Der Beruf eines Projektleiters ist etabliert. Es existiert ein Karrieremodell, das im Unternehmen lebt: Ende 2003 sind 28 Projektleiter zertifiziert. Führungskader wollen teilweise lieber als Projektleiter eingesetzt werden; sie geben dafür ihre angestammte Linienaufgabe ab.

▼ Selbst beim größten, je im Festpreis realisierten Informatikprojekt (> 35 Mio. €) ist der externe Partner bereit, das Projekt mit unserer Methode abzuwickeln, ein externer Review durch dessen internationale Muttergesellschaft hat dem Vorgehen nur gute Noten erteilt.

Trotz dieser guten Ergebnisse gibt es noch eine Reihe von Verbesserungsmaßnahmen, die in der Zukunft verfolgt werden.

▼ *Vereinfachungen*
Um Projekte erfolgreicher zu machen, sind in gewissen Teilen die formalen Anforderungen sehr hoch gesteckt worden. Nachdem ein gewisser Erfolg feststellbar ist, gilt es nun, die formalen Erfordernisse zu vereinfachen, ohne aber dabei den hohen Qualitätsanspruch zu reduzieren.

▼ *Nutzen effektiv realisieren*
Eines der wohl schwierigsten Themen im Umsetzen der Projekte ist die Nutzengenerierung. Hier gilt es, eine Balance zu finden zwischen zu stringenten und zu laschen Entscheidungsprozessen: Werden nur mehr Projekte mit positivem NPV1 (also mit direkt messbarem, kontrollierbarem und umsetzbarem Nutzen) umgesetzt, besteht das Risiko, dass keine echte Innovation mehr ermöglicht wird und folglich alle Projekte erst umgesetzt werden, wenn ein nicht mehr tragbares Risiko dazu zwingt. Wird dagegen zu lasch realisiert, erzielen die Projekte nicht den notwendigen Nutzen.

▼ *Abbruch von Projekten*
Noch allzu selten werden Projekte in der Umsetzung (nach der Auftragserteilung) hinterfragt, ob sie sich noch auf dem richtigen strategischen Weg

befinden. Änderungen in der Priorisierung durch die Geschäftsleitung führen noch sehr selten zu Refokussierung und/oder zum Abbruch eines Vorhabens. Hier könnte der aus den USA stammende, radikale Ansatz Stage
Gate^{TM} [8] einige positive Impulse bieten.

▽ *Variantenbetrachtungen*

Derzeit wird noch allzu oft ein Projektvorschlag mit nur einer Variante ausgearbeitet. Hier gilt es, vermehrt Alternativen zu prüfen, um echte Entscheidungen zu ermöglichen.

▽ *Risikoaspekte*

Risiken werden derzeit in den Projekten analysiert und verfolgt. Eine Risi-
koverfolgung zwischen den Projekten auf Stufe des Portfolios erfolgt aber
noch ungenügend.

▽ *Lessons learned*

Die gemachten Erfahrungen in den Projekten werden zwar am Ende des
Projektes aufbereitet. Jedoch werden gemachte Erfahrungen erst am
Schluss des Projektes und nicht bereits im Projektverlauf festgehalten. Eine
Analyse und ein konsequentes Angehen der übergeordneten, unterneh-
mensweiten Problemkreise finden noch nicht systematisch genug statt.

---

8. Portfolio Management for New Products (Robert G Cooper, Scott J Edgett, Elko J Kleinschmidt,
   Perseus Publishing, 2001).

Stichwortverzeichnis